[青春人文读本]

把信写给埃米莉

郑朝晖 选编

文汇出版社

郑朝晖

来一场与阅读邂逅的青春(前言)

一

因为是老师的缘故,经常会有学生跑到我面前,郑重地要求我给他们推荐要读的书。这件事情让我很踌躇,小朋友爱读书是需要大加鼓励的,但是我一直以为读书仿佛恋爱,那个可以让你动情的人,一定是千万人中的一眼情缘,未必能够有个过来人郑重其事地指定你去和某人恋爱的。更何况,我之所爱或许正是彼之所恶也未可知。所以,大凡有人要我推荐书,或者开书单,我一般都是婉言谢绝的。除了上述的原因外,另一个原因则是觉得自己读书少,又没有专攻,胡乱开书单,贻笑大方还在其次,误人子弟就罪莫大焉了。

今年年初的时候,周毅老师和何璟编辑找到我,希望我为年轻人编一本文汇报笔会副刊的"青春读本",我虽有我的踌躇,但对于"笔会"还是信任的,这些文章底子好、味道正,在这里面选,是孙悟空金箍棒划好的圈圈,在这里面就算翻云覆雨也不会有什么差池,应该是对得起年轻人的。踌躇的一方面,则是自己的眼光,会不会有遗珠之恨。文章总之是好的，选谁的也不会对不起年轻人，但是如果把好文章选漏了，则一定对不起文章的作者们了。不过，有一个气味纯正的选本，对于年轻人来说，总归还是好的。

于是开始选文章，我选的范围则是从2005年至今在"笔会"上刊登的文章，因为要顾及年轻人的阅读兴趣和阅读背景，所以选文在文章内容和叙述风格方面就有一定的考虑了。比如过于引经据典、言必有据的文字，比如牵涉到的人事对于年轻人来说过于辽远而无所感觉的，甚至文字过于雅驯而让少年们莫知所以的，就只好忍痛割爱了。但是，不管怎样，我心中还是有自己的标准和目标的，认真计较起来大致有四：

一是人文的导引，在这个纷杂的世界里，我们甚至是在主动的迷失自己，不思不想，不怨不嗔，并不是因为有"不动心"，而是身似浮萍，在世俗生活的波光里漂移，如果按照司马迁的说法就是"从俗浮沉，与时俯仰"。所以，要让大家知道，一件寻常事，应该怎么看，可以怎么看。比如我选了《更有尊严的病名》一文，原因是我们常常忽略了一个疾病应该叫什么样的名字才能够表现出对于患者生命的尊重，把它提出来，能让我们更多地去关注生活中我们习以为常的人和事。

二是想让今天的年轻人知道一点应该有的丰盈雅致的生活。生活的精致、优雅不是用金钱就可以做到的，它体现出的往往是一个民族一群人全部的精神追求，一箪食一瓢饮在陋巷，也未必不能将一个人的优雅展现出来，全看这个人的生命观念里美与尊严所占的比重。顾随先生有时候说话会刻薄，但是却鞭辟入里："现在人不会享福，享福是受用,现在只知炫耀,不知享福,现在人最自私,可又不会自私。"用来替换作"优雅的生活",似乎也照样说得通。所以,我想让更多有素养的学人走进年轻人的生活,让我们逐渐远离粗鄙、颟顸,懂得谦卑与优雅。

三是有更宽的视野和更丰富的生活体验。约翰·多恩有诗云"没有人是一座自全的岛屿"。今天的世界是日益紧密联系在一起的世界,他人的痛苦或者欢乐与我们每个人都密切相关。互联网的世界,因为太容易发表自己的声音,我们反而没有耐心去认真倾听别人的声音。所以,我希望别样的生活、别样的人生、别样的声音可以因为这些文字而进入我们的视界听域,——倾听他人,其实就是认识自己。

第四当然是艺术。艺术不是一种手艺,而是一种态度,所以"笔会"有很多大家谈艺术的文字,"大家"与"专家"的不同,是在于"气格"上的。谈艺术,最重要的是"通",人生与艺术,互为喻体,我们说"人生大舞台,舞台小人生"就是这种打通的智慧。谈艺术的目的也不在于学究的考量,而是人生的体悟,所以选了不少关于艺术的文字,落脚点也还在于激发大家对于生活本身的思考而已。

二

说到"笔会"的文字,我的感觉就是"中年人气质"。70年纪念的时候,主编希望我说一说"笔会",我的文章题目就是"中年的光芒"。全文抄在这里,也算是对于大家读这里面的文字的一种导引吧:

对一个人的认识，往往并不以其客观的年岁来作依据的，少时可以老成，暮年不妨天真。其实，非但人生如此，事物也是如此，迪斯尼已经百年，但是给人的感觉却总是天真快乐，足以成为苦闷人生的绮丽装点。所以，心理年龄其实是和人事物所体现的文化气质相关联的。因此，如果让我来评点70岁的"笔会"，我总觉得应该是一个沉静的中年人。

——对于一个中年人来说，他已经经过了青春期的迷茫与慌张，有了对于人生清醒的理解与认识，所以不管世间风云变幻，他总是可以沉静地去应对。坚守对真理的执着，对每一个生命的尊重，对自然天地的敬畏，这大概就是"笔会"气质的体现。有人会说"笔会"有着浓厚的文人气质，我想这种气质既应该是中国文化所谓的"士林正气"，也应该是西方文化所谓的社会的良知与脊梁。正是这样的气质，使得"笔会"在70年的发展中有着一种知性的坚毅、宽厚与温暖。而这恰恰是这个浮躁的社会最欠缺的。

人到中年，因为有了生命丰厚的记忆，是不免有回望的感伤的，所以，"笔会"常常有所追忆，一段令人唏嘘的故实，一个魂归道山的故友，或者是每个人在黄昏的夕阳里忽然想起的曾经，它们所牵扯的是每个人内心深处的寂寞和感伤，它所触发的是每个人内心深处关于生命和文化的计较与思量。想起某些人，某些事，想起自己已经回不去的往昔……中年的魅力就在于骨子里的那点苍凉和寂寞,属于每一个叙述者,也属于每一个认真的阅读者。

人到中年,其实还很年轻,对于生活有着强烈兴趣,人事风云、花鸟虫鱼、逸闻趣事、家长里短俱来笔底,但不猎奇媚俗、不曲学阿世、更不"矮子看戏"(所谓"矮子看戏何曾见,都是随人说短长"),而是以知识分子的眼光去关怀、去思考、去批判。其涉也广,其守也坚,在风云变幻的时光里,持中守正而不逾,这才是最难能可贵的。

"笔会"创刊是在1946年,70年很长,这点"笔会"的气质就是在这样长的岁月里渐渐形成的,可以说是岁月的赠与吧——其实与其说是赠与,不如说是磨砺。总之,"笔会"闪耀的中年的光芒,是很能够打动人心的,虽然这其中也有它的寂寞,但是这份寂寞或许更增添了"笔会"的气质。

这样的气质,从我一个语文老师的角度看,则还有另外一层的意思。我们常常责备少年的"少不更事",但却又没有法子让他们知道"更事"应该是怎样的一种情形。而"笔会"这样一种气质,则正好可以成为他们"更事"的楷模,借着对于"笔会"种种妙文的阅读,而让自己的心智渐渐走向成熟,学会思考,变得充盈。说是"楷模",倒不能算是阿谀,现在不管是中考还是高考,都喜欢拿了"笔会"的文章来出考题,也算是从一个世俗的角度证明了我之所言不虚……

这里面还有言不及义的地方。说是中年人，不过是一个"便宜法门"而已，其实所说的应该是一种沉静的气度。从容气度其实是最不易得到的，知人、知己、知天命，才能够有这样的气度与境界。其中最重要的就是生活的态度问题。一个人或自卑、或自傲，抑或是从容淡定，关键还是取决于他的生命信念的。其中最不堪的大概是信"他"，这个"他"可以是金钱、地位、影响力之类等等，因为不是由自己决定的，所以是一种"他信力"；但是这些非通过比较不可得，总有"山外青山楼外楼"在，所以这种"他信力"最终只能发展成为"自卑感"，设若还不想让别人发觉，就必须装腔作势、恫吓谩骂。"笔会"的文字不拿腔作势，其实是因为"笔会"的编者、作者内心都具有对于生命的坚定信念。

三

前面已经说了，这个时代实在是一个太容易发声的时代了，微信、微博以及各种社交平台，各种各样的声音此起彼伏。所谓"一犬吠形百犬吠声"，太容易发的声音，多半意思就不大了。而另一方面，我们又会因为太容易发声而急于发声，结果整个社会变得浅薄、粗鄙甚至霸道。

于是，静下心来，认真地阅读一点认真的文字，就变得格外重要了。关于阅读的好处，说的人太多，有时候甚至说得太多反而不能够引起大家的关注了。我在欧洲或者在日本旅行的过程中觉得最让我深受刺激的,就是在他们的地下铁车厢里,总是有很多人(在法国几乎是每个人)在认真读书。我想这大概就是民族与民族之间的差距吧。一个民族要得到其他民族的尊重,不是颟顸自夸可以解决的,而是要让别人一见之下肃然起敬方才可以的。所以,从这个意义上说,阅读,其实是一件很要紧的事情。

阅读的第一件好处,大概就是和聪明人谈话吧。"雾里看花终隔一层",有很多事情说不清道不明,混混沌沌的,这是我们生活的常态,我们有时就因为习惯这样的情况而变得日益平庸起来,这是对于生活的放弃。好在,会有那么一些聪明人有一双"慧眼"把世事看清说明,读这样的文字,就仿佛"醍醐灌顶",一下子清爽明朗起来。又有很多事情,当时却道是寻常,但是聪明人却往往可以在寻常里面看出不寻常来,这个时候,读一点聪明人的文字,就能够发现别人发现不了的世界与道理。而这一切的关键就是要让自己在阅读中变得"聪明"起来,拥有自己看世界的眼光、胸襟和见识。所以,认真的阅读,不是将自己变成别人,而是在倾听别人的过程中发现自己。

阅读的第二件好处,应该是让自己沉浸到审美的生活态度中去,反抗粗鄙,应该是我们民族实现自我救赎的重要内容吧。什么是有尊严地活着、什么是深情地活着、什么是优雅地活着,从我们当今的生活中去找恐怕不易,但是我们或许还能够在那些有尊严的、深情的、优雅的文字里感受到。更何况,娓娓道来,不疾不徐、诚恳温和的态度,风趣而智慧的表达,雅驯而风致的文字本身就是一种关于美好的熏陶,这是"习染"的力量。所以宋朝的黄庭坚说"三日不读书,便言语无味,面目可憎"。每一天容颜举止的变化,虽然可能微乎其微,但是却异常深刻地改变着我们,当你拿起书认真阅读的时候,目光会因此而深邃、温柔,你的呼吸会因此柔顺、平和,你看待周围世界的心情或许也会变得从容而美好。

更有独立的人格,更能优雅地生活,这大概就是今天我们需要阅读的两个理由吧。小而言之,阅读改变我们的气质,大而言之,阅读实现民族的自我蜕变。所以,我也真诚地希望,奉献在各位面前的这本小书能够在阅读改变生活的过程中发挥一点小小的作用,设若能够在公园的草地上、咖啡馆的桌子上、地下铁的车厢里、教室的课桌里看到这本书的影子,看到更多的年轻人从自己的包里非常自然地抽出这本书,从昨天没有看完的那一页继续今天的阅读,那该是多么令人高兴的一件事儿啊。

基于以上的想法,我在编选的时候就常常会有一点自己的认识,随选随写,现在就附赘在文章的后面,如果对于年轻的爱书者们有万一的启示,则也算是一件功德,设若觉得这些文字见短识浅,也正好可以作了原文的"陪衬人"("les repoussoirs")。

目 录

郑朝晖　来一场与阅读邂逅的青春（前言）　/ 1

辑一

毕飞宇　　演唱生涯　/ 3

李　娟　　乡村舞会　/ 11

冯世则　　哎呀斑鸠　/ 16

李天扬　　垂向大地的杨柳　/ 22

刘庆邦　　不让母亲心疼　/ 27

程　怡　　爸爸教我读中国诗　/ 31

薛忆沩　　《空巢》中的母亲　/ 37

柳鸣九　　一次越洋电话（外一篇）　/ 43

陆　秀　　我在山里有群娃　/ 47

曹　宠　　儿子　/ 54

辑二

张新颖	"你们是滚在无边的空间中,我也一样"	/ 61
刘心武	人性中有大片灰色区域——与友人书	/ 65
王安忆	我们教他们什么——写作课程宣言	/ 70
孙 郁	张爱玲与汪曾祺的眼光	/ 79
金宇澄	那是个好地方——为"世界阅读日"而写	/ 86
朱天文	阅读,使我们轻盈	/ 92
赵荔红	书痴的日常生活	/ 94
冷冰川	艺术随笔	/ 99
周玉明	生命的救生圈——周国平谈哲学、写作与阅读	/ 103

辑三

李修文	把信写给埃米莉	/ 115
鲍尔吉·原野	每个人理应赞美一次大地	/ 122
芳 菲	准提庵里有画	/ 125
胡廷楣	一行白鹭上青天	/ 131
徐敏霞	乡愁蓝调	/ 136
张 蛰	黄昏	/ 141
陆蓓容	少年宫	/ 145

高桥治［日］ 潘向黎（译） 虫鸣 / 147

彼得·艾坡博姆［美］ 向丁丁（译） 小书店之殇 / 149

卡特琳·施密特［德］ 袁志英（译）
    我要买一管润唇膏 / 153

布里吉特·杜赞［法］ 黄荭（译）
    那时的他们，都有一点青涩的堂吉诃德的影子 / 158

辑四

资中筠 履历、身份及其他 / 165

陈乐民 "玻尔文件"及其他 / 168

顾 土 守住文化的私人性 / 172

梅桑榆 作家的写作姿势 / 176

陈鲁民 "只为苍生说人话" / 179

章秋农 人生难得是从容 / 182

郜元宝 消失的文人 / 187

柳延延 "为学应是一片欢喜境界" / 191

邵燕祥 这才像读书人的样子——夏末初秋闲笔 / 195

张 辉 读书，读一部完整的书 / 199

郑若麟 不敢苟同"伏尔泰名言" / 204

鄢烈山 为什么要铭记每一个死难者 / 210

辑五

徐皓峰	黎明即起	/ 215
唐 韧	手指与玫瑰花	/ 221
朱正琳	学习死亡——在铁生的烛照下读蒙田	/ 224
王周生	更有尊严的病名	/ 227
陈丹燕	童话	/ 231
张大春	剩下几个字	/ 234
朱天心	用自己的语言和方式	/ 240
李 皖	就当他们是"小清新"	/ 245
邵燕君	"小时代"与"金钱奴隶制"	/ 252
俞晓群	只想听一听音律，娱乐一下	/ 257
恺 蒂	曼特尔的那杆枪	/ 261
孟 晖	苏轼的春梦	/ 265
张 莉	就因为我们有记忆——关于电影《归来》的随想	/ 269

辑六

杨福家	邓斯特先生的追求——从环保建筑说到名校目标	/ 277
黄德海	追随内心的眼睛	/ 281
陈蓉霞	可说的是事实，不可说的是生活	/ 285
严 锋	社交时代	/ 289

叶倾城	浅处与深处　/ 293
黄昱宁	打开窗门讲沪语　/ 296
唐小为	一笑就塌的巴别塔　/ 299
汪涌豪	垂注于断念达观之美　/ 303
边　芹	火,绝望的火　/ 310
谈瀛洲	花为什么开　/ 314
曹明华	嫉妒心　/ 317
胡晓明　张　玲　什么是真正的人格成长?——关于林森浩案的心理学与人文教育对话　/ 322

周　毅　好老师(后记)　/ 332

辑一

毕飞宇

演唱生涯

是哪根筋搭错了呢？1990年，我26岁的那一年，突然迷上唱歌了。

1990总是特殊的，你不知道自己还能干些什么，而我对我的写作似乎也失去了信心。可我太年轻，总得做点什么。就在那样的迷惘里，我所供职的学校突然搞了一次文艺会演。会演行将结束的时候，我的同事，女高音王学敏老师，她上台了。她演唱的是《美丽的西班牙女郎》。她一开腔就把我吓坏了，这哪里还是我熟悉的那个王学敏呢？礼堂因为她的嗓音无缘无故地恢宏了，她无孔不入，到处都是她。作为一个没有见过世面的乡下人，我意外地发现人的嗓音居然可以这样，拥有不可思议的马力，想都不敢想。

我想我蠢蠢欲动了。大约过了一个星期，我悄悄来到了南京艺术学院，我想再考一次大学，我想让我的青春重来一遍。说明情况之后，南艺的老师告诉我，你已经本科毕业了，不能再考了。我又来到了南京师范大学，得到的回答几乎一样。我至今都能记得那个阴冷的午后，一个人在南师大的草坪上徘徊。我不会说我有多痛苦，只是麻木。我怎么就不痛苦的呢?

可我并没有死心。终于有那么一天,我推开了王学敏老师的琴房。所谓琴房,其实就是一间四五平米的小房子,贴墙放着一架钢琴。王学敏老师很吃惊,她没有料到一个教中文的青年教师会出现在她的琴房里,客气得不得了,还"请坐"。我没有坐,也没有绕弯子。我直接说出了我的心思,我想做她的学生。

我至今还记得王学敏老师的表情,那可是1990年,唱歌毫无"用处",离"电视选秀"还有漫长的十五年呢。她问我"为什么",她问我"有没有基础"。当然,她没有谈"费用"的事,那时候,金钱还是一个遥不可及的概念,甲乙双方都羞于启齿。

我没有"为什么"。如果一定要问为什么,我只能说,在20岁之前,许多人都会经历四个梦:一是绘画的梦,你想画;一是歌唱的梦,你想唱;一是文学的梦,你想写;一是哲学的梦,你要想。这些梦会出现在不同的年龄段里,每一个段落都很折磨人。我在童年时代特别梦想画画,因为实在没有条件,这个梦只能自生自灭;到了少年时代,我又渴望起音乐来了,可一个乡下孩子能向谁学呢?又到哪里学呢?做一个乡下孩子没有什么可抱怨的,然而,如果你的学习欲望过于亢奋,你会觉得你是盛夏里的狗舌头,活蹦乱跳,无滋无味,空空荡荡。

我在音乐方面的"基础"是露天电影留给我的,大约在八九岁之后,我在看电影的时候多了一个习惯,关注电影的电影音乐。我不识谱,但是我有很强的背谱能力。——电影的主题音乐大多是循环往复的,一场电影看下来,差不多也就能记住了。

我母亲任教的那所小学有一把二胡,看完了电影之后,我就把二胡从墙上取下来,依照我的记忆,一个音、一个音地摸。摸上几天,也能"顺"下来。可我并不知道二胡一共有七个"把位",我只会使用一种,52弦。这一来麻烦了,每一首曲子都有几个音符对不上,你怎么摸都摸不到,这很要命。旋律进行得好好的,一个音突然"跑"了,不是高,就是低,真是说不出的别扭。我问过许多人,也没人知道这是为什么。他们说,其实也"差不多"。可音乐没有差不多,这是音乐特别不讨喜的地方,它较劲、苛刻,没有半点宽容,你要是跑调了,听的人会想死。——我的"基础"就这些了。

王学敏老师还是收下我了。她打开她的钢琴,用她的指尖戳了戳中央C,是1,让我唱。说出来真是丢人,每一次我都走调。王老师只能视唱:"1——"这样我就找到了。王学敏老师对我的耳朵极度失望,她的眼神和表情都很伤我的自尊,可我就是不走,我想我的脸皮实在是厚到家了。王老师没有把我轰出去,也无非是碍于"同事的情面"。

对初学者来说,声乐最重要的一件事是"打开",它必须借助于腹式呼吸。说出来真是令人绝望,王老师告诉我,婴儿在嚎哭的时候用的都是腹式呼吸,狗在狂吠的时候也是这样。因为"说话",人类的发音机制慢慢地改变了,胸腔呼吸畅通了,腹式呼吸却闭合了。所谓"打开",就是回到人之初。一旦"打开",不仅音色变得圆润,音量还可以变得嘹亮,只要趴在地上,完全有能力与狗对抗。我们身体的内部隐藏了多少好玩意,全让我们自己弄丢了。

我已经用胸腔呼吸了26年了,要改变一个延续了26年的一个生理习惯,这实在不是一件容易的事。王老师不厌其烦,一天又一天,一个星期又一个星期,她一遍又一遍地给我示范,我就是做不到。王老师也有按捺不住的时候,发脾气,她会像训斥一个笨拙的学生那样拉下脸来。是的,我早就错过学习声乐的最佳时机了,除了耐心,我毫无办法。老实说,作为同事,被另一个同事这样训斥,心理上极其痛苦。我得熬过去。

每天起床之后,依照老师的要求,我都要做一道功课,把脖子仰起来,唱"泡泡音"。——这是放松喉头的有效方法。除了唱"泡泡音",放松喉头最有效的方法是睡眠。行话是这么说的:"歌唱家都是睡出来的",和爱情是"睡出来的"其实是一个道理。可是,因为写作,我每天都在熬夜,睡眠其实是得不到保证的。王老师不允许我这样。我大大咧咧地说:"没有哇,我睡得挺好的。"王学敏把她的两只巴掌丢在琴键上,"咚"地就是一下。王老师厉声说:"再熬夜你就别学!"后来我知道了,谎言毫无疑义,一开口老师就知道了,我的气息在那儿呢。我说,我会尽可能调整好。——我能放弃我的写作么?不能。因为睡眠,写作和歌唱成了我的左右手,天天在掰手腕。

如果有人问我,你所做过的最为枯燥的一件事情是什么,我的回答无疑是练声。"练声",听上去多么的优雅,可文艺了,很有"范儿"了,还浪漫呢。可说白了,它就是一简单的体力活。其实就是两件事:咪,还有嘛。你总共只有两个楼梯,沿着"咪"爬上去、爬下来,再沿着"嘛"爬上去、爬下来。咪——,嘛——;咪、咪、咪,嘛、嘛、嘛;咪~~嘛~~。我这是干什么呢?我这是发什么癔症呢?回想起来,我只能说,单纯的爱就是这样,投入,忘我,没有半点功利,它就是发癔症。

王学敏老师煞费苦心了。她告诉我,"气"不能与喉管摩擦,必须自然而然地从喉管里"流淌"出来。她打开了热水瓶的塞子,她让我盯着瓶口的热气,看,天天盯着看。为了演示"把横膈膜拉上去",她找来了一只碗,放在水里,再倒过来,让我拿着碗往上"拔",这里头有一种矛盾的、等张的力量,往上"拔"的力量越大,往下"拽"的力量就一样大。是的,艺术就是这样,上扬的力量有多少,下沉的力量就有多少。老实说,就单纯的理解而言,这些都好懂。我能懂。我甚至想说,有关艺术的一切问题都不复杂,都在"好懂"的范畴之内——这就构成了艺术内部最大的一个隐秘:在"知识"和"实践"之间,有一个神秘的距离。有时候,它天衣无缝;有时候呢,足以放进一个太平洋。

小半年就这样过去了,我还是没有能够"打开"。我该死的声音怎么就打不开的呢?用王老师的话说,叫"站不起来"。王学敏老师在琴房里急得团团转。我估计,她用一把斧头把我劈(打)开来的心思都有了。终于有那么一天,在一个刹那里头,我想我有些走神,我的喉头正处在什么位置上呢?王老师突然大喊了一声:"对了对了,对了对了!"怎么就对了呢?我有些措手不及。26年前,当我第一次嚎哭的时候,我身体的发音状况就是这样的么?我不可能记得的。我只是知道,经过不懈的努力,我发明了一种极其亲切的回忆。难怪博尔赫斯说:"不是历史照亮了现在,而是现在照亮了历史。"是的,历史被照亮了,它是一条不用训练就能"打开"的狗。

哪有不急躁的初学者呢。初学者都有一个不好的心态,不会走就想跑。我给王老师提出了一个要求,想向她学唱"曲子"。王老师一口回绝了。根据我的特殊情况,王老师说:"前两年还是要打基础。"我一听"前两年"这几个字按捺不住了,那要等到什么时候呢?夜深人静的时候,我一个人来到了足球场。它是幽静的,漆黑、空旷,在等着我。我知道的,虽然空无一人,但它已然成了我的现场。我不夸张,就在这样一个漆黑而又空旷的舞台上,每个星期我都要开三四个演唱会。学生宿舍和教工宿舍离足球场不远,我想我的歌声是可以传递过去的,因为他们的声音也可以传递过来。传递过来的声音是这样的:"他妈的,别唱了!"

别唱?这怎么可能,我做不到。唱歌是一件很特别的事情,一首曲子你就可以上瘾,你停不下来。我的心想唱,我的身体也想唱。不唱不行的。

可我毕竟又不是唱歌,那是断断续续的,每一个句子都要分成好几个段落,还重复,一重复就是几遍、十几遍。不远处的宿舍一定被我折磨惨了——谁也受不了一个疯子在深夜的骚扰。他们只是不知道,那个疯子就是我。

事实上,我错了。他们知道。每个人都知道。我问他们,你们是怎么知道的?一个年纪偏大的女生告诉我,这有什么呀,大白天走路的时候你也会突然撂出一嗓子,谁不知道?就你自己不知道。很吓人的毕老师。我们都叫你"百灵鸟"呢。

我不怎么高兴。我怎么就成"百灵鸟"了?一天夜里我终于知道了。王学敏老师有一个代表作,《我爱你,中国》,第一句就是难度很大的高音——"百灵鸟从蓝天飞过"。有时候我也唱的。当我铆足了高音唱出"百灵鸟"的时候,嗨,可不是百灵鸟么。

写到这里我其实有点不好意思,回过头来看,我真的有些疯魔。我一个当老师的,大白天和同学们一起走路,好好的,突然就来了一嗓子,无论如何这也不是一个恰当的行为。可我当时是不自觉的,说情不自禁也不为过。难怪有不少学生很害怕我,除了课堂和操场,你根本不知道那个老师的下一个举动是什么,做学生的怎么能不害怕呢。我要是学生我也怕。

一年半之后,我离开了南京特殊师范学校,去了《南京日报》。我的生活彻底改变了,我的演唱生涯到此结束。我去看望我的王老师,王老师有些失望。她自己也知道,她不可能把我培养成毕学敏,但是,王老师说:"可惜,都上路了。"

前些日子,一个学生给我打来电话,我正在看一档选秀节目,附带着就说起了我年轻时候的事。学生问:"如果你是这个时代的年轻人,你会不会去参加?"我说我会。学生很吃惊了,想不到他的"毕老师"也会这样"无聊"。这怎么就无聊的呢?这一点也不无聊。事情往往就是这样,不经历"难以自拔"的人永远也不能理解,有些人来到这个世界就是为了发出声音的。我喜爱那些参加选秀的年轻人,他们的偏执让我相信,生活有理由继续。我从不怀疑一部分人的功利心,可我更没有怀疑过爱。年轻的生命自有她动人的情态,沉溺,旁若无人,一点也不绝望,却更像在绝望里孤独地挣扎。

二十多年过去了,我再也没去王老师的琴房上过一堂声乐课。

说到这里我必须老老实实地承认,我其实并没有学过声乐,充其量也就练过一年多的"咪"和"嘛"。因为长期的熬夜,更因为无度的吸烟,我的嗓子再也不能打开了。拳离了手,曲离了口,我不再是一条狗了,我又"成人"了。我的生命就此失去了一个异己的、亲切的局面。——那是我生命之树上曾经有过的枝丫,挺茂密的。王老师,是我亲手把它锯了,那里至今都还有一个碗大的疤。

【微评】其实,痴迷一件事有时候是一种幸福。昆德拉说:生命中难以承受之轻,没有痴迷与偏执,一切可然可不然,其实也是一种"轻",而在这样的状态下面,很多意义都消逝了,岂不是一种可惜?

李　娟

乡村舞会

  我在乡村舞会(拖依)上认识了麦西拉。他是一个漂亮温和的年轻人,我一看就喜欢上他了!可是我这个样子怎么能够走到他面前和他跳舞?——我的鞋子那么脏,裤腿上全是做晚饭时沾的干面糊。我刚干完活,脏外套还没换下来。最好看的那一件还在家里放着呢……
  于是我飞快地跑回家换衣服,还洗了把脸,还特意穿上了熨过的一条裙子。
  可是,等我再高高兴兴地、亮晶晶地回到舞会上时,麦西拉已经不在了,他已经走了!真是让人又失望又难过。但又不好意思向人打听什么,只好在舞会角落的柴禾垛上坐下来,希望过一会儿他就会回来的。
  等了好长时间,不知不觉都过了午夜两点——舞会是十二点半开始的。
  始终是那个在河边开着商店的塔尼木别克在弹电子琴。轮流有人上去唱歌,一支接着一支。围着圆圈转着跳的月亮舞跳过了,

"黑走马"也跳过了,三步四步也过了好几轮了,年轻人的迪斯科正在开始。院子里围簇的人越来越多,可是麦西拉就是不来。我在那里越等越难过,可为什么舍不得离开呢?总是会有人上来邀我跳舞,因为想跳而站起来笑着接受了。但心里有事,就是不能更高兴一些。

以往这样的时候呀,简直说不清有多兴奋,觉得拖依真是太好了,又热闹又能出风头,一个劲儿地在那唱啊跳啊的,玩累了就找个热气腾腾的房间休息一会儿,吃点东西喝点茶。和一群人围在大炕上弹冬不拉(双弦琴)呀,拉手风琴呀,喝喝酒唱唱歌什么的,暖和过来了再出去跳。就这样,三个通宵连在一起也玩不够似的。

今夜似乎没什么不同,场场不缺的阿提坎木大爷仍然来了,所有人都冲他欢呼。这个七八十岁的老头儿有趣极了,总是出不完的洋相。他不停地做鬼脸,脸拧到了几乎不可能的程度——我是说,他的眼睛和鼻子的位置都可以互相交换。他看向谁,谁就会不由自主地笑起来。更有意思的是,无论是什么舞曲他全都半蹲在地上扭"黑走马",边跳还边"呜呜呜"地大声哼哼黑走马的调,并且只跟着自己哼的调踩舞步,电子琴那边的旋律再怎么响彻云霄也影响不到他。

他兀自在喧闹的、步履一致的人群缝隙里入神地扭肩、晃动双臂,又像是独自在遥远的过去年代里与那时的人们狂欢。他半闭着眼睛,年迈枯老的身体不是很灵活,但一起一落间稳稳地压着什么东西似的——有所依附,有所着落。好像他在空气中发现了惊涛骇浪,发现了另外一个看不到的,和他对舞的情人。音乐只在他衰老的、细

把信写给埃米莉 12

微的、准确的,又极深处的感觉里。舞蹈着的时光是不是他生命最后最华丽最丰盛的时光?

漂亮的姑娘娜比拉一身的新衣服,往电子琴边招眼地一站,仰起面庞唱起了歌。歌声尖锐明亮,一波三折,颤抖不已。那是一首我们经常听着的哈语流行歌。全场的人都跟着低声哼了起来。

我大声地向阿提坎木大爷打听娜比拉正唱着的那支歌是什么意思。他凑过耳朵"什么!什么!"地嚷了半天,最后才听清了并回答道:

"意思嘛,就是——喜欢上一个丫头了,怎么办?唉呀,喜欢上那个丫头了,实在是太喜欢了,实在是喜欢得没有办法了嘛,怎么办?!……"

我心里也说:"怎么办?……"

但是胖乎乎的家庭主妇阿扎提古丽却说:"这歌嘛,就是说'你爱我、我爱你'的意思。"

那些嘻嘻哈哈瞎凑热闹的年轻人则这么翻译:"——要是你不爱我的话,过一会儿我就去死掉!"

麦西拉又会怎么说呢?这真是一个奇妙的夜晚,我一个劲地想着一个人,并且不知为什么竟有希望,可是在这样的夜晚发生的一切都无凭无据的啊……我从人群中溜出来,找了个安静些的房间坐了一会儿,房间里火墙边的烤箱上搁着几只干净碗,我倒了碗黑茶,偎着烤箱慢慢地喝,又把冰凉的手伸进烤箱里面暖和。越想越难过,犹豫着要不回家算了。这时外面换了一支慢一些的曲子,我把剩下的茶一口喝尽,重新出去走回跳舞的人群里。

人更多了。气温也降得更低了，所有人嘴边一团白气，没有跳舞的人站在空地里使劲跺脚。但是个个脸庞发光，神情兴奋，一点也没有嫌冷的意思。往往是两个人跳着跳着就停下来，携手离开人群，去到挂满彩纸的树下、门前的台阶旁、柴禾垛边、走廊尽头的长凳上、安静的房间里……进行另外的谈话……没完没了……今夜真正开始。

电子琴边换了一个小男孩在弹，和着曲子有一句没一句地唱着歌。他不唱的时候，会有暗处的另外一人接着下一句唱下去。院子角落煮过抓肉的篝火快要燃尽了，星星点点地在灰烬中闪烁着。我又呆了一会，胡思乱想了一会儿，真的该回家了。

终于，凌晨三点钟时，我的"男朋友"库兰来了。他实在是一个令人愉快的伙伴，我们一见面就抱在一起，大声叫着对方的名字，边喊边跳、又叫又闹的。所有跳舞的人也都扭过脸看着我们笑。到现在为止，感觉才好了一些，以往在舞会上感觉到的那种出于年轻才有的快乐又完整地回来了。我们跳着跳着就会大声地笑，也说不出有什么好笑的。这支舞曲像是没有尽头似的，节奏激烈。我浑身都是汗，但是停不下来，也没法觉得累。我旋转的时候，一抬头，似乎看到了星空。而四周舞者们的身影都不见了，只剩一片热烈的舞蹈。

库兰刚满五岁。脏兮兮、胖乎乎的，是个小光头。他和阿提坎木一样，也只跳黑走马，两支胖乎乎的小胳膊扭得跟蝴蝶似的上下翻飞。更多的时候是扯着我的裙子满场打转，根本就是在疯闹嘛。我也不想一本正经地好好跳舞，就随他乱蹦乱扭着。音乐迫在耳旁，身体不得不动起来。再加上这周围这么多的舞蹈的身体呀,这么多的暗示……

我也不会跳黑走马的,我只会随着音乐拿架式。大家都说我架式摆得蛮像的。但我自己也知道,其中那种微妙的,微妙的……或者说是"灵魂"一样的东西吧,是自己所陌生的,是自己永远拿捏不稳的。

……今夜永无止境,年轻的想法也永无止境。但是——库兰太厉害了,一支接一支地跳,精力无穷。快四点钟时,我已经跳得肚子疼了,他还是跟刚刚开始一样起劲,一分钟都不让我休息,拽着我的裙子,一圈一圈地打转。而麦西拉还不来……我在这儿干什么呀!尤其是当我看到我的浅色裙子上被小家伙的小脏手捏黑了一大片的时候,突然一下子难过得快哭出来似的。

【微评】少年心事是最有诗意的,憧憬与惆怅,仿佛天边幻化的云霓。这是久处红尘的人们所不能感受的纯净,不杂一丝儿尘滓。李娟的文字有着一种不疾不徐的安稳劲儿,但她的安稳的深处,却依然有着少年的心绪和美好的梦想。

冯世则

哎呀斑鸠

今年暮春时节,紫藤花谢了。某日晚饭桌上,女儿和帮忙家务的小胡报信说,紫藤架顶飞来一对斑鸠,正在那里咕咕地絮窝。饭后,女儿领着我轻手轻脚地去架下仰面观看,老眼昏花,终于看不明白。反正随后的日子里断断续续听她们说,它们在那里产卵、抱窝,从春到夏养大了一窝咕咕的鸠雏。

忽然有了如此可喜的房客,超出一向的奢望,因此再次想起名叫乔伊斯·基尔默(Joyce Kilmer)的美国人以《树》为题的诗——诗人显然是个爱树者——它开头的两行我曾在他处引过:"我相信我永远不会见到/一首诗有一棵树那么美好";这次想起来的是比较靠后的两行——

A tree that may in summer wear
A nest of robins in her hair.
(一棵树啊,她也许会在长夏
戴一窝旅鸫,妆扮她的鬓发。)

鬓发如云而以鸟为饰,风姿何其嫣然而诗人的想象令人叹绝,我们的紫藤架如今居然也有了如此的盛装,真是高兴事。

在女儿家院子的西南角竖起L形的大木架,是我的主意,不种葡萄而种紫藤,也是我的主意,为的是记得徐渭的青藤书屋,只不过一时之间找不到青藤,种了紫藤也就是了。也许,紫藤青藤原就一回事,无非我不知道?架下用装修剩余的瓷砖铺就一张大书桌,放几把折叠椅,这就可以不时前去坐坐、看书写字了。无奈紫藤长得慢,一年两年三年,还是稀稀疏疏,所以头些年只得在紫藤蔓下拉起一张大大的布幔遮阳庇荫。今年可不同了。不知道是因为环球气温变化,春来早,雨水多,还是因为给它们一棵棵上足了有机肥,三月里,江南莺飞草长,这北国的紫藤也开始吐芽舒蔓。到五月,已经枝繁叶茂,疯长起来,柔韧的藤蔓带着浅绿色的嫩芽从南西两面争先恐后攀上L形的藤架,形成两道浓密的绿墙,再覆盖上一座绿色大屋顶,枝柯交错,层层叠叠,竟有一二尺厚。阳光洒不下来,从下往上看,目光也透不上去,用了三四年的布幔于是无人提起。一对斑鸠就落户在这一片深深浅浅、明暗掩映的绿色藤萝丛中。我跟着女儿去到紫藤架下,她指指点点,我仰头这看那看,但见深绿浅绿迷离一片,什么也看不清楚。最多,无非有一团绿色特别浓郁而发黑罢,但我确实知道那儿真有一对斑鸠安居,正是:只在藤蔓中,绿深不知处。稍后,每逢清晨或黄昏气温适宜时,我夹着笔记本去紫藤架下写字,偶或听见它们的咕咕啼声,有时还听见扇动翅翼的声音。女儿说,是鸠爸鸠妈在轮流外出觅食,喂养它们的鸠儿鸠女。

城里生城里长的儿童天然一桩不利之处,是未能"多识于鸟兽草木之名"。斑鸠却是我童年所知不多的鸟儿中的一种,而且确乎是因为"学乎诗"——因为上个世纪30年代初的小学国文课上,先生曾细细讲解《卫风·氓》里的两句:"于嗟鸠兮,无食桑葚"。为什么"无食"?先生解释说,桑葚糖分高,甜,尤其是盛夏烂熟的桑葚,斑鸠特别贪吃。它们不知道夏日炎炎,地表湿热,高糖分的桑葚掉到地上就会发酵成酒,斑鸠个子小,"饮少辄醉",不用吃多少就会像醉鬼一样东倒西歪站不直飞不起,遭到捕食。"贵阳农业实验场的桑树林,那地方你们去过的,就有人去捕捉斑鸠……"

"逮它们干嘛?"

"杀肉吃。"

"哎呀——"好几个同学齐齐惊呼一声。

贵阳农业实验场的桑树林我们的确去过,除了三五同学结伴去玩耍,春秋两季我还跟家里人去上坟——爷爷冯懋棠公的坟墓就在桑树林的那一边。密密匝匝的一大片桑树,述说的已经不止于孟夫子"五亩之宅,树之以桑"的儒家小农经济之梦,而是从遥远的沿海地区传来的发展蚕桑复兴农村的理想。那地方的桑树是按细致的规划栽培的,植株大小一致,行距株距整齐划一。桑叶长齐时密不透风,形成一条条有绿色天幕覆盖的胡同。任凭你挑哪一条从哪个方向穿行,前后左右的绿色通道总是一个样子,我们路过或者专门去桑树林里玩耍,有时看见胡同远远的那一头的禽鸟;"树林阴翳,鸣声上下",那就是斑鸠在啄食桑葚了。虽然,不等人走近它们就腾飞起来,避开了不让仔细打量。但无论怎样,总是可爱的罢,尤其是三分酩酊、歪歪斜斜走路的模样。那样的一只只鸟儿，怎么可以去捉了来变成一盘菜？城里的孩子，且能上学读书，家道总不会太贫寒，也就不知道生活艰难，更不明白饥饿毁人——它先抽空人的胃，再抽空人的心；只觉得捉斑鸠杀吃肉是真正的杀风景，残酷，而且意外。

听得"哎呀"一声，先生举眼看看我们，接着说："'哎呀'说对了。'于嗟'就是'哎呀'的意思：'哎呀鸠呀，别去吃桑葚了！'可惜，斑鸠听不懂诗人的劝告，还是会去吃桑葚的，它们饥饿，而且它们不知道人也会像它们那样忍饥挨饿，会像它们那样熬不住饥饿，更不懂得人有机心……"

为酩酊的斑鸠叹息和担忧，是上个世纪30年代初童年时期的事，相去已经太遥远。那时，蒋委员长的中央军还没有开进西南三省，贵州还在由王家烈或毛光翔（哪一位军长？记不清了）统治，周西成——又一位割据一方的传统军阀，行事却带三分传奇色彩——塑像还竖在铜像台。故乡贵阳如今还有那个地名么？至于诗经记录的那一声长叹，那就更早，距离现在至少两千五百年，而今的世道可不同了，人均GDP若干美元的中国，还会有人捕捉酩酊的鸠么？

有啊！而且同样地意外而残酷，尽管华北没有发酵的桑葚，鸠也并不酩酊。

去秋十月，某日下午四时，我和老伴按时去小区门口取报纸，出门走不多远，一拐弯便望见左侧列道树丛中异常的律动，仿佛两棵树之间系上一张吊床，在那里上下左右大幅度摇摆，但又不是吊床，比吊床小了许多。我心中一动，情知事情不好，赶紧快步上前。果然是一张粘鸟的丝网张在那里，一只斑鸠已然落网，正在拼命挣扎，羽毛凌乱，不复常态。我上前一步，左手轻轻托起了它，想用右手帮它解脱，但那网丝如此之细，秋阳之下这一段闪闪发光，那一段却全然无形，我当然根本看不见。也就在这一瞬间，它婴儿高烧似的体温和急如鼓点的心跳都传到我手上，还有它的眼睛，惊恐而且绝望。它没有向我求救，它只是奋力挣扎，但它显然已经开始脱力……

怎么办？

忽然有了主意，我朝前方50米处小区门卫室小跑：当值的保安应当能够解决问题——这些河北汉子都是当地人，各自的一亩三分耕地和宅基地都让给了开发商，成了无地农民，都住进了开发商给他们修建的七层楼房，少数几个幸运儿还当上了一月八百工资、一年一套制服的保安，在小区值班看门。张网粘鸟只能是他们干的事：小区住户不会这宗营生，粘鸟的网也惟有本地人才有，而别的本地人进不来小区。

当值的河北汉子保安从远处看着我小跑过来，此前大约也已看见了我想要解脱小鸟而未果，明白我的来意。"那网……"我气喘嘘嘘，一时还说不清楚，他就笑着接口了，"是我粘着玩的，"笑容带三分羞涩，三分尴尬。

"放了罢，行么？"

他点点头，随即快步过去，我跟在后面，他背朝我，我看不见他的动作，也赶不上他的脚步。等我走到跟前，斑鸠已经握在他手里，举手向空一掷。

请求保安释放斑鸠,是十月间的事。秋天已经来了,冬天还会远么?果然,现在已经是严冬。紫藤不常绿,一岁一枯荣,冬天里的枯枝败叶不再能提供庇护,即使一切平安,我们的小小的房客一家子也该迁居了。而即使下一个春天如期而至,藤萝再次转绿而且孕育着一串串紫色的小花,它们还敢再来这里营巢、与我们结邻么,既然遭遇了今秋那样的凶险?

恐怕不会了。

但也未必。"南山有鸟,北山张罗",如今张着罗网的岂止北山?不来,又往哪里去?

这心情,是该轻松,还是该沉重?我不知道。

于嗟鸠兮,于嗟人兮!

【微评】面对自然,人们实际上有两种悲哀,一方面是远离自然,对此茫然无知的悲哀,另一种则是肆意杀生浑然没有慈悲。——忽然想起了《列子》里那个能够和海鸥嬉戏的小孩,因为那一点点的机心而失去了海鸥的友谊的故事。

李天扬

垂向大地的杨柳

今年11月9日,是丰子恺先生诞辰115周年纪念日。地铁方面说,开行"丰子恺文化专列",一则,是向大师致敬,二则,欲传递"讲文明树新风"的文化正能量。丰子恺先生的艺术,蕴含深远,远非"讲文明树新风"可概括,而欲用半个多世纪前的旧作,来树今日之"新风",倒也不无幽默滑稽,当然也说明,好的艺术作品能超越时空。

丰子恺先生有一名篇,曰《车厢社会》。先生在描绘了火车车厢里的种种情状后,总结说:"凡人间社会里所有的现状,在车厢社会中都有其缩图。"今天,仍可以把地铁车厢喻为小社会,有了丰先生的画,这个"车厢社会",会清朗许多罢?

这两年,丰子恺先生的画很热。由某家机构推出的"讲文明树新风"公益广告,在全国的报纸上遍地开花,隔几天,就登一回,一登就一整版。大报一个整版的尺幅,几乎就跟原作一样大了。广告发布者的自我定位是"中国精神、中国形象、中国文化、中国表达",口气不小,移来形容丰公画作,倒也贴切。

在网络世界,丰子恺先生同样广受追捧。在微博上,有几个账号常常发表子恺漫画,粉丝量大、转发者众;在微信上,"朋友圈"里,关于丰先生的帖子,很不少,也很受欢迎。

子恺漫画受欢迎,原不算什么新闻。但近一两年来,似乎特别热门,特别能击中世人的内心。为什么?我想,这恐怕与戾气横生、信任缺失的时风有关。老人倒地要不要扶成为问题,因为年轻人不让座老人也会大打出手,医闹频频导致医生护士要习武防身……常常看到类似新闻,总不免会有窒息之感。于是,丰子恺先生的画作,像冬日阳光,像新鲜空气,让人温暖、神清。今天,确实需要这样的正能量。

对丰子恺先生,我们从来就不陌生。描写、称誉他的文章,不知凡几。我以为,还是朱光潜先生说得最妙:"子恺从顶至踵是一个艺术家,他的胸襟,他的言动笑貌,全都是艺术的。"

丰子恺先生的第一本画集,出版于1925年,距今,88年了。对当年的情状,编者叶圣陶先生有过生动的描写:"画都没有装裱,用图钉别在墙壁上,一幅挨一幅的,布满了客堂的三面墙壁。"

子恺黑白漫画,就是这样以相当简陋的面目面世了,也有人将丰子恺先生誉为中国漫画的"鼻祖"。对此,丰先生说过:"我不能承认自己是中国漫画的创始者,我只承认漫画二字是在我的画上开始用起的。"

抗战爆发以后,丰子恺先生改画彩色风景人物画,原因之一,是彩色画装裱之后,像个样子,可以卖画贴补家用。为此,丰先生曾订过几张"润例",但是,他的画润一直很低。自己的画这么受欢迎,为什么要"贱卖"呢?丰子恺先生在给友人谢颂羔先生的信中曾说:"艺术品犹米麦医药,米麦贱卖可使大众皆得疗饥,医药贱卖可使大众皆得疗疾,艺术品贱卖亦可使大众皆得欣赏。"持有如此想法,并坚持这么做的大画家,还有第二人否?

接触过丰公后人的朋友,都感叹丰氏温厚家风代代递传。2002年底,丰公后代一起在天山茶城开了一家画廊性质的小店铺,叫"丰子恺艺林"。丰子恺先生的幼女丰一吟老师只要有空,便会在周六下午去那里坐坐,会会朋友、见见读者。如此,坚持了好几年。那些年里,我想见丰一吟老师,便于周六去"艺林"。店里最受欢迎的,便是丰一吟老师临摹父亲的画作和她的书法作品。订的润格,也极低。甚至,比所谓"下真迹一等"的印刷品还低。但是,丰一吟老师老怕价定得高了。

一个周六下午,巧遇裱画师傅送来一个刚裱好的手卷《大道将成》。我看了,十分喜欢,想请。可是,丰一吟老师拦着不让买,说:"你是工薪阶层,这手卷要好几千,你不要花这个冤枉钱,让有钱人买吧。"我只好听她的话。可是,因为实在太喜欢,心里老是放不下,又不敢悄悄买回家。如此纠结数日后,发短信恳请丰老师俯允,终于如愿请回手卷。几年后,丰老师说,这样的长卷,她爸爸画得极少,她也只临过这一幅。

另有一次,见一位顾客要请一幅丰一吟老师的书法作品,问清价钱之后,他觉得开价实在太低,硬是多付了好几百。丰老师笑着对我说:"我们这里像不像君子国,讨价还价是反着来的。"

虽然丰子恺先生秉持"贱卖"的原则,但是,他的画在大家的心里,即使仅以金钱论,也从来不"贱"。在拍卖市场上,早已是天价了。要论丰画的艺术价值,相关鉴赏文章也汗牛充栋。其中,还数叶圣陶先生说得最为到位:"子恺的画开辟了一个新的境界,给了我一种不曾有过的乐趣。这种乐趣超越了形似和神似的鉴赏,而达到相与会心的感受。"

相与会心,也正是一代又一代读者读子恺漫画的感受罢?

子恺漫画为什么会有这样的魔力?这是与丰子恺先生的人生观、艺术观分不开的。熟悉丰公画作的人们都知道,丰先生最喜画杨柳。这又是为什么呢?先生于1935年专门写了一篇散文《杨柳》,回答了这个问题。

丰子恺先生是这样写杨柳的:"听人说,这种植物是最贱的。剪一根枝条来插在地上,它也会活起来,后来变成一株大杨柳树。它不需要高贵的肥料或工深的壅培,只要有阳光、泥土和水,便会生活,而且生得非常强健而美丽……杨柳不要吃人的东西,且有木材供人用,因此被人看作'贱'的。"看到这里,你们一定和我一样,想到了丰先生那封信里说的"贱卖"。

那么,杨柳的优点,仅仅是"贱"吗?当然不是,请看丰先生接下来的描述:"杨柳的主要的美点,是其下垂。……千万条陌头细柳,条条不忘记根本,常常俯首顾着下面,时时借了春风之力,向处在泥土中的根本拜舞,或者和它亲吻。好像一群活泼的孩子环绕着他们的慈母而游戏,但时时依傍到慈母的身边去,或者扑进慈母的怀里去,使人看了觉得非常可爱。杨柳树也有高出墙头的,但我不嫌它高,为了它高而能下,为了它高而不忘本。"

丰子恺先生画了那么多杨柳，是画"千万条陌头细柳，条条不忘记根本"。丰先生品格高、艺格高、地位也高，但他"高而不忘本"。他，不也像是一棵垂向大地的杨柳吗？正因此，一代又一代的读者那么喜爱他的画，与他相与会心。

丰先生虽然因为那场动乱，未享高寿，没能等到苦尽甘来的那一天，更不会想到，今天的人们会看着他的画、拉着他的画坐地铁，但是，自己的画能穿越时空，温暖后人的心田，洗涤后人的心灵，丰先生或许在作画时，就想到了呢。

1925年的那个秋天，丰子恺先生用图钉把一幅幅画别在壁上，恰似亲手插下一根根杨柳枝。今天，插枝人虽然早已不在了，但那根根枝条，早已经长成棵棵大杨柳，绿树成荫，翠拂今人，泽被后世。

【微评】丰子恺先生的艺境和为人，是时时为人所称道的，这就是风范。但更重要的是要透过这些看到其为人的精神追求与价值取向，这在浮躁油滑的今天，弥足珍贵。

刘庆邦

不让母亲心疼

父亲去世那年我九岁,正读小学三年级。有一天,母亲对我说:以后在外边别跟人家闹气,人家要是欺负了你,你爹不在了,我一个妇女家,可没法儿替你出气。要是母亲随口那么一说,我或许听了就过去了,并不放在心上。那天母亲特意对我叮嘱这番话时,口气是悲伤的,眼里还闪着泪光。这样就让人觉得事情有些严肃,我一听就记住了。

从那时起,带刺的树枝我不摸,有毒的马蜂我不惹。热闹场合,人家上前,我靠后。见人打架,我更是躲得远远的。以前放学后,我喜欢和同学们到铺满麦苗的地里去摔跤,常摔得昏天黑地,扣子掉了,裤子也撕叉了。听了母亲的话,我不再去摔跤,放了学就往家里跑。有时同学拉我去摔跤,我很想去,但我没去,我忍住了。

我这样小心,还是被人打了。打我的人是我的同班同学,一个远门子的叔叔。那年我已经上小学五年级,每天早上和中午要往返好几里路到镇上的小学去上学。那个同学在上学的路上打了我。我至今都想不起他打我的理由是什么，我没招他，没惹他，他凭什么要打我呢？后来我想到，他比我大两三岁，辈分又比我长，学习成绩却比我差得多。我是班里少先队的中队长，他在班里什么干部都不是。他心里不平衡，就把气撒到了我身上。我也不是那么好欺负的，我打不过他，就骂他。我越是骂他，他打我打得越厉害。他把我按倒在地，用鞋底抽我的背，以致把我的后背抽得火辣辣的疼。

我在第一时间想到母亲对我的叮嘱，这事若是让母亲知道了，不知母亲有多心疼呢！我打定主意，要把挨打的事隐瞒下来。到了学校，我做得像没受任何委屈一样，老师进课堂上课时，我照样喊着口令，让同学们起立和坐下，照常听课和写作业，没把无端挨打的事报告给老师。晚上回到家，我觉得后背比刚挨过打时还要疼。我看不见自己的后背，估计后背是紫红的，说不定有的地方还渗了血。我从小长到十几岁，母亲从来没舍得打过我一下。母亲要是看见我被别人打成这样，除了心疼，还有可能拉上我去找人家说理，那样的话，事情就闹大了。算了，所有的疼痛还是我一个人受吧。为了不让母亲看到我的后背，晚上睡觉时，直到吹灭了油灯，我才把汗褂子脱下来。第二天早上，天还不亮，我就把汗褂子穿上了。一天又一天，一年又一年，几十年过去了，直到母亲去世，我始终没把那次挨打的事对母亲说出来。

后来又发生了一件事，我却没能瞒过母亲。在放学回家的路上，一个外村的同学，拿起一块羊头大的砂礓，一下子砸在我头上。我意识到被砸，刚要追过去和他算账，那小子已经像兔子一样蹿远了。我觉得头顶有些热,取下帽子一摸,手上沾了血。坏了,我的头被砸破了,帽子没破,头破了。我赶紧蹲下身子,抓了一把干黄土,捂在伤口上。砸我的同学跟我不是一个班,我在五年级二班,他在五年级一班,他跟我的堂哥是一个班。他砸我的原因我知道,因为我堂哥揍过他,他打听到我是堂弟,就把对堂哥的报复转嫁到我头上。背后砸黑砖,这小子太不像话!可是,我受伤流血的事万不敢让母亲知道。还是那句话,我宁可让自己头疼,也不能让母亲心疼。我把伤口捂了好一会儿,直到不再流血,我才戴上帽子回家。

有一天下雨,母亲对我说:来,我看看你头上生虱子没有?母亲让我坐在她跟前,她用双手在我浓密的头发里扒拉。说来还是怨我,好几年过去,我把头皮上受过伤的事儿忘记了。母亲刚把头发扒拉两下,还没找到虱子,却把我头顶的伤疤发现了,母亲甚是吃惊,问:这孩子,你头上啥时候落了个疤瘌?我心里也是一惊,才把受过伤的事想起来了。但我说:我也不知道。我想把受过伤的事遮掩过去。母亲认为不可能,人不说话疤说话,自己受了伤,怎么会不知道呢!母亲让我说实话,什么时候受的伤?怎么受的伤?见实在瞒不过,我只好把受伤的过程对母亲讲了。母亲心疼得嘴啧啧着,问我:你跟老师说了吗?我说没有。母亲又问:你跟那个砸你的同学讲理了吗?我说没有,他一见我就躲。母亲说:躲也不行,一定得问问他,为啥平白无故的砸你!我说:只砸破了一点皮儿,很快就好了。母亲说:万一发了炎,头肿起来,可怎么得了!你当时为啥不跟我说一声呢?我跟母亲讲理:你不是说不让我跟人家闹气嘛!母亲说:说是那样说,你在外边受了气,回来还是应该跟娘说一声,你这个傻孩子啊!母亲把我的头抱住了。

【微评】如果人类的行为都能够从逻辑上说得通的话,人类的情感是不是就失去了动人的魅力了呢?深情有时候就是不可理喻的。这是一篇读着让人感动又有些伤心的文章,写母亲的文字只要发乎真情,无论如何都是催泪的啊。

程 怡

爸爸教我读中国诗

上海师范大学人文学院要举行我父亲程应镠百岁冥寿的纪念会，要我们写些纪念文字。想起父亲教我念中国诗的情景，父亲的音容笑貌如在眼前。

我十个月的时候，得了一场可怕的脑膜炎，高烧刚退，同病房住进了一个出痧子的小孩，于是我又因为感染，炎症卷土重来，结果在广慈医院的隔离病房住了四十多天。当时父母在浦东高桥教书，每天他们轮流在探视的时间渡江来看我，"只能隔着一扇玻璃窗户看你哭，看你睡，看你玩自己的小手小脚，看你自己吃饼干，"爸爸说，"心都是痛的！"据说抱我回家的时候，医生说不确定将来会不会有残疾。我到了一岁半还不会说话，走路也比别的孩子晚得多，父母非常担心。有一天，爸爸看报，我坐在他的膝上，指着某一个标题中的"上"字，爸爸说："上？"我对他表示满意，赶紧从他的膝上爬下来，拽着他走到他的书箱前，那是中华书局印行的《竹简斋本二十四史》，两个书箱摞在一起，上面一箱为"函上"，下面当然就是"函下"，我得意洋洋地指着"上",表明我知道什么是"上",这对我的父母来说,简直就意味着"上上大吉"!于是,爸爸就指着书箱上的字——念了一遍。据说只此一回,我就能分辨书箱上全部的字,哪个是哪个,从不出错。于是爸爸认定我有很好的记忆力,当然就不再担心我有智力障碍了。

以后,爸爸总是教我背诗,往往他念两遍,我再跟着念一遍,记一遍,也就记住了,过几天,爸爸只要念出第一句,我就能接着往下背,这使爸爸非常高兴,我为了让他高兴,背得也很积极。这些童年时跟爸爸念过的诗,至今还能脱口而出。爸爸常常教我念两个人的诗,一个是杜甫,一个是陆游。据母亲说,抗战时漂泊西南,父亲刚刚认识母亲的时候,曾经手录他所喜欢的《剑南诗钞》送给她。我的母亲是联大心理系的,中国文学的底子很差,但父亲手录陆游的诗送给她这件事本身,让她喜欢,虽然,她后来还是不读中国诗,当年父亲送她的手抄本,也早就丢了。

我现在只要读杜甫和陆游的诗,想到的就是我的父亲。好多年以前,我曾经对一个外国朋友说,爱国主义是一种文化血液,我自己造了一个很生硬的词:cultural blood,他对我说,这个比喻让他感动。确实,在我尚未识字的时候,父亲教我念过的那些诗,就和父亲对我的关爱一起,融进了我的血液,塑造着我的灵魂。"文革"当中,在未被抄走的书里,发现了朱东润先生作于五十年代的《陆游传》,那时对于书有一种饥渴感,抓到什么看什么。冯至先生的《杜甫传》,也是那时候看的。小时候还看过一本小人书,讲的是钗头凤的故事,当时印象很深,觉得陆游的母亲太坏了。还由此想到了孔雀东南飞的故事,很不理解陆游为什么很像那个焦仲卿,而唐琬为什么不能成为刘兰芝。问我父亲,父亲觉得我小小的年纪,这事儿跟我讲不清,说是以后你长大了就知道了。"城上斜阳画角哀,沈园非复旧池台,伤心桥下春波绿,曾是惊鸿照影来。"很多年以后,当我懂得了陆游此诗中的深切情感,真的很为他在七十五岁的高龄,仍能如此苦吟而感动。人生无非家国之情,杜甫、陆游,我父亲他们这一代的知识分子,对家国,都有一种深情。

我小时候一直体弱,有什么传染病,就得什么传染病。三年困难时期,我得了百日咳,当时妈妈大病住院,爸爸就在家里照顾我们。一开始,怕传染弟弟,爸爸让姐姐带着弟弟睡在另一个屋子,而我就睡在爸爸身边,晚上我常常整夜地咳,气管里发出鸱鹩般的啸鸣音,咳得剧烈的时候,鲜血和胃囊中的食物一起呕吐出来,喷得爸爸的枕头上、身上都是。我记得爸爸不停地拍我的背,喂我喝水吃药,给我换上干净的枕巾,擦干净我的呕吐物。因为是"百日咳",我这一番折腾的时间也很久。不过,爸爸后来从来没有跟我们谈起那一段艰难。那是1959年的上半年。

我是1959年秋天上小学的。记得那年的冬天,爸爸和妈妈都不在家,妈妈出院以后,因为学校到家要斜穿整个上海市区,她的体力难以支撑,就住在了学校的集体宿舍里,每星期只能回家一次。当时上海市委统战部把高校划了右派的教授集中在颛桥的社会主义学院学习,所以爸爸也有很长一段时间不在家。哥哥上初中,父母不在,他正好自由自在,经常住在几个要好的同学家。小学六年级的姐姐带着我和弟弟在家里,晚上我们害怕,就三个人一起睡在爸爸妈妈房间的大床上,大床正对着房门,房门上有个气窗,正对着走廊那头的家门,老式的学校公寓的大门上也有一个气窗,气窗外是楼梯顶棚上的电灯,但那个灯长年都是坏的。冬天的晚上,非常冷,我们三个孩子早早地就钻进了被窝。我小时候非常怕黑,姐姐关了灯以后,我睁着眼睛想着种种可怕的故事,真的害怕了,就会闭上眼睛,就会睡着。可那一天,我怎么也睡不着。突然,气窗上有淡黄的光晕一闪一闪的……"也许是贼,他大概想趁我们家没有大人的时候进来!也许是强盗?他会不会拿着刀子?"我闭上眼睛,心"蹦蹦"地跳,再睁眼,气窗上的光不见了,我高兴地拍打着睡着了的姐姐,大叫:"好了!好了!那家伙走了!"姐姐被我弄得摸不清头脑,生气地说:"再吵把你踢下去!"我说:"刚才有光在气窗上闪,现在没……"话还没完,气窗上又有亮光在晃动,姐姐也看见了,她一声不响地抓住我的手……突然,我仿佛觉察到了什么,跳起来光着脚冲到走廊上去了,果然我听到大门外有钥匙哗啦啦响动的声音!"爸爸!爸爸!是爸爸回来了!"姐姐也跑出来了,她一把拉住我,我们俩在门边站了几秒钟,这时候,我们听见爸爸轻轻地叫:"小妹,小妹呀!快给爸爸开门!"我们争先恐后地扑过去给爸爸开门。爸爸穿着一件列宁装大棉袄,地上放着一大捆行李,行李上放着一只打开的手电筒。爸爸说:"我在门口找了半天钥匙,不知道把钥匙塞在哪里了。又开不开门,你们上了保险吧?你们这么早就睡啦?"爸爸摸摸姐姐的头,她是长女,爸爸妈妈不在家的时候,她照顾我和弟弟。我和姐姐欢天喜地合力把爸爸的行李往屋里拽,爸爸把行李带回来了,说明爸爸不会很快离开家。"快!快!快!回到床上去,看看,衣服都没有穿,要生病了!"爸爸把我们赶到床上,掖了掖我们的被子,看了看熟睡的弟弟,就关了灯,出去了。我和姐姐很久都没有睡着,姐姐说:"爸爸叫的是我!"我说:"是我最先想到那是爸爸!"不管怎么说,明天我们醒来的时候,爸爸在家!

后来跟爸爸念杜甫的诗:"遥怜小儿女,未解忆长安。"爸爸问我懂不懂这一句的意思,我说:"我懂的,不过爸爸想念我们的时候,我们也想念爸爸的。那天晚上爸爸从颛桥回来的时候,是我最先想到门外是你!"爸爸说:"你怎么知道外面是我呢?"我说:"因为你的手电在外面闪了半天,你不敲门,不叫我们是因为你不想叫醒我们。"爸爸不再说话,只是听我继续背他教我的诗。

小时候念过的大多数诗都是夏夜乘凉时跟爸爸学的。"僵卧孤村不自哀,尚思为国戍轮台……"依稀记得,念陆游的这首诗,是在一个夏天的晚上,我已经困极了,还不肯回屋子睡觉,趴在爸爸的膝盖上,爸爸摇着大蒲扇,满天的星斗都朦朦胧胧的。突然,爸爸那江西乡音很重的深沉的声音使我睁开了眼睛,我不知道那奇特的吟啸中有什么,但我一下子记住了这首诗。我记得我还没有上学的时候就会背那首《示儿》:"死去元知万事空,但悲不见九州同。王师北定中原日,家祭无忘告乃翁。"爸爸问我懂不懂最后那句,我很得意地嚷嚷说:"那意思就是烧香磕头的时候别忘了告诉你爸爸!"爸爸笑得眼泪都流出来了。

爸爸生命最后的那几年,因为"文革"中受的伤而瘫痪了,一开始,右手还可以动,他就每天用小楷抄陆放翁的诗,五大本诗集,他能背诵的几三成,可是他还要我一本一本拿给他,然后说:"好的我都读过的,好句子常常在这里那里重复。"那时候我已经在华东师大教古代文学作品选,已经能够感觉到父亲教我念过的杜甫、陆游的诗中儒家精神的一脉相承。然而其时我真正感兴趣的已不再是他们的诗，而是阮籍与陶渊明的诗。"独坐空堂上，谁可与亲者？出门临永路，不见行车马……日暮思亲友，晤言用自写。""壑舟无须臾，引我不得住。前途当几许，未知止泊处……"我都活到了念这种诗的时候，爸爸的心境就可想而知了。

爸爸完全卧床不起的时候，我就让他躺着听音乐。我们的老邻居、老朋友杨立青从上音给我录来了德沃夏克的大提琴协奏曲，那悲怆的旋律在蕉影婆娑的窗边响起的时候，爸爸会吟诵杜甫的诗。他告诉我，那音乐让他想起了故乡老宅，想起了祖母和母亲；可惜的是，我不记得他当时吟诵的是杜甫的哪首诗了。我把这事告诉一起听音乐的朋友，他们都让我好好想一想，但我无论如何想不起来了。然而那音乐与爸爸吟诗的声音，却永远留在了我心底。

很多年以后，我看见报上某篇文章里引了一首非常有味道的绝句，我的感觉就好像遇到了一个老熟人，我没有念过那首诗，但我熟悉那种风格，那种非常流畅的朴素与自然的风格，回来一查，果然是陆游的诗，"驿外清江十里秋，雁声初到荻花洲。征车已驾晨窗白，残烛依然伴客愁。"我当时的感受真是难以名状，爸爸在我童年时便种在我生命里的东西，突然宣告了它的无可移易的存在！

【微评】家国情怀，是老一代知识分子的追求，可以说虽九死而犹未悔。常常想，要多么丰盈的精神积淀，才能让一个人在那样的黑暗、压抑和痛苦之中保持精神的高贵与独立啊。一声"爸爸"，让作者和我们都只能用小辈的仰望去面对那一代知识分子。

薛忆沩

《空巢》中的母亲

一切始于2010年9月14日,北美东部的深夜。

临睡之前,我突然想起好几天没有打电话问候母亲了——自从我八年前远离之后,母亲大部分的时间都独住在深圳,是严格意义上的空巢老人。平常,我差不多每天都会给她电话,哪怕只是为了几句毫无意义的交谈。我知道,我的电话是维系母亲生命的必需品。

我马上拨通了电话。母亲迅速接起了电话。我本来只是想向她解释一下这几天没有打电话的原因,然后再询问一下她这几天的生活状况……没有想到,母亲却如临大敌,语气紧张又僵硬。听得出来,她根本就不想知道我没有打电话的原因,也根本就不想让我知道她这几天的生活状况。她说她有很重要的事情要办,马上就要出门。她说她没有时间与我交谈。

母亲是一位有三十多年教龄的退休中学老师。她生性有点清高,不喜欢也不善于与陌生人打交道。在已经居住了二十多年的深圳,她既没有什么故交,更没有多少新知。她一天中的大部分时间都是独自坐在空巢里的沙发上,看书看报看电视。以前每次在电话里听到她对"忙"的抱怨,我就会感觉心安。我不愿意母亲整天都将自己闷在空巢之中。我希望她每天都有很多的活动,很多的应酬,都忙得不亦乐乎,忙得忘记了此起彼伏的病痛,忘记了绵延不休的孤独,忘记了远在天涯海角的孩子。但是这一次,我的感觉非常不好,非常非常不好。母亲从来没有用如此僵硬和紧张的语气与我说过话,也从来没有对我的电话表示过如此强烈的戒备和抵触。

我整个晚上都没有睡好。我的感觉非常不好。我不知道发生了什么事情。

第二天清早起来,我再次拨通了深圳家里的电话。与六个小时之前相比,母亲的语气已经轻松了许多。但是,我依然能够感觉得到她对交谈的戒备和冷淡。在我的不断追逼之下,母亲才支支吾吾地向我透露她白天的遭遇。她说她遭人陷害,已经卷入了犯罪集团的活动。母亲是从公安机关打来的电话里知道这一"绝密"的。刹那间,她的世界分崩离析。她说,她一辈子都清清白白地做人、兢兢业业地奉献,没有想到最后竟会落到"晚节不保"的下场。她极度愤慨,又极度恐慌。她说幸好公安机关及时发现了犯罪分子的阴谋,已经在对她的名誉、生命和财产进行特殊的保护,否则后果将不堪设想。

当然,公安机关对母亲也提出了特殊的要求。他们要求她严守秘密、积极配合。母亲告诉我,与她通话的警官态度诚恳,分析透彻。他立刻获得了母亲彻底的信赖。这让我的感觉更加不好。我急于想知道母亲到底会积极到什么程度，会配合到什么程度。在我进一步的追逼之下，母亲终于泄露了一些她与公安机关积极配合的细节。她说她已经将能够集中起来的存款都集中起来，安全地转移到了警官提供的账号上。母亲还很遗憾有两笔金额更大的定期存款没取出来，否则就都可以交托给公安机关，她就不会再有对财产安全的担忧了。这"安全的转移"显然就是六个小时前母亲在电话里说要急着去办的重要事情。

不需要再多写什么了，读者们现在应该已经非常清楚，在危机四伏的现实生活中，又有一位"空巢老人"中招上当，成了"电信诈骗"的受害者。

我费尽了口舌才让母亲相信她根本就没有卷入犯罪集团的活动，那虚构的险境只不过是诈骗者设下的陷阱。然而，真相大白不仅于事无补，反而将母亲推进了更深的痛苦。真的"上当"比假的"陷害"对自尊心具有更强的摧毁力。母亲更觉得抬不起头来。

在母亲含含糊糊地说出她已经"安全地转移"的金额之后，我一度非常冲动，对她说，那么多钱差不多够我在加拿大生活整整两年了，接着我又说，那差不多是我前半辈子得到过的全部的稿费。母亲知道我在加拿大的生活有多么简朴，更知道我前半辈子的写作是多么艰难。她当然很清楚我的折算是对她的责备。她突然沉默了。那令人窒息的沉默让我立刻冷静下来。我马上意识到母亲的心理状况已经濒临崩溃的边缘，我不应该再用任何方式给她施加压力。我建议她走出空巢，先可以去广州走走亲戚，然后可以回湖南老家住一段时间，去陪陪我已经九十五岁的外婆。我知道，只有离开和遗忘能够让母亲慢慢摆脱从天而降的灾难。

每次听到老人受骗的案例，我总是想起在罗素自传里读到的一个细节。罗素二十年代在中国访问的时候，赵元任一路上担任他的翻译。在一次闲聊中，大名鼎鼎的哲学家与当时还只是一个青年教师的赵元任谈起了他正在写作的政论。罗素说出那篇政论的题目后，赵元任做出了迅速的回应。那睿智的回应给极富英式幽默的罗素留下了深刻的印象，他将它当成是中国人颇有幽默感的例证。罗素政论的题目是"当前混乱的根源"。而赵元任回应说："当前混乱的根源就是从前的混乱。"套用赵元任的这种思路，我相信，今天的受骗也根源于先前的受骗，或者说，任何的受骗都有一定的理由，都有历史的原因。

我用三年多的时间完成了对母亲的"心理分析"，或者说完成了对母亲那一代人的"心理分析"。去年圣诞节那一天，我刚在从北京飞往多伦多的飞机上坐下，一直被压抑着的创作欲望突然爆发，我马上手忙脚乱地在笔记本上涂画下了如岩浆般喷发的灵感。

六十四天之后，长篇小说《空巢》"定稿"在我的电脑上。作品第一人称的叙述者是一位遭受电信诈骗的空巢老人，她在备受羞辱的一天里，重温自己异化和扭曲的一生，现实和历史在生命的幻灭感中猛烈相撞。

不少的朋友相信《空巢》是一部将会引起广泛关注的作品。他们热情的预测恰好成了我的顾虑。母亲一直坚信她是我最忠实的读者。她说连《遗弃》那样"不可读"的作品，她都完整地读过两遍。但是，忠实让母亲非常敏感，很容易就会进入角色。她曾经向我表达过对《白求恩的孩子们》中叙述者"母亲"形象的不满。"你怎么可以把我写成那种样子？！"她说。我用她很难接受的方式解释文学与现实的关系：我告诉她，那住在加拿大并且从事写作的第一人称叙述者并不是我。我是小说中的另一个孩子，那个在十三岁自杀的孩子。"你的儿子十三岁就自杀了你难道不知道吗？"我甚至这样说。

《空巢》会不会将母亲再一次推进那深不可测的灾难？这是伴随着灵感的第一次猛烈喷发就已经出现的顾虑。在整个的写作过程中，我还是差不多每天都与母亲通电话。她很早就猜到了我在写一部新的作品，但是她却始终无法获得包括作品的题目在内的任何信息。"你这一次怎么这么神秘？"她曾经这样问我。这不是神秘，这是现实。我必须非常小心，我不能够因为自己新的创作导致母亲心灵上新的创伤。

直到作品付印的前夕，我才决定开始做母亲的思想工作。出乎我的意料，我们在电话里的长谈进行得非常顺利。我告诉母亲，新作品中的主人公虽然与她的经历有某些相似，里面的绝大多数人物和细节却都"纯属虚构"。我请求她不要对号入座。而母亲表示，她永远都是我文学事业最忠实的支持者。为了文学，她对任何形式的"加工"都做好了心理的准备。我没有想到，让我顾虑重重的《空巢》会这么顺利地获得母亲签发的"准生证"。

通过《空巢》的写作，我觉得自己更加理解了女性，更加理解了母亲，更加理解了中国历史上的那一代人：他们在青春期迎来了新社会，他们在历次政治运动中耗尽了自己的精力和智慧，他们又在一个浮躁的社会里遭受着最后的病痛和孤独……我相信，通过《空巢》的阅读，读者们也会对我们所处的时代和与这个时代密切相关的历史有更多的理解，也会对自己的父母有更多的理解。

八年前，我将小说集《流动的房间》献给母亲，理由是"她对我的轻信成全了我的宿命"。而现在，我将长篇小说《空巢》献给"所有像我母亲那样遭受过电信诈骗的空巢老人"，因为我知道，"那一天的羞辱摧毁了他们一生的虚荣"。

在小说的最后，所有那些受害的空巢老人都出现在"母亲"的梦中，他们站在一个巨大的舞台上，绝望地发出了"救救老人"的呐喊。

【微评】一场在很多人已经司空见惯的电信诈骗里，作者的母亲成为了又一位受害者，而这引发了作者对于受骗本身的思考。我欣赏这样的思考，因为除了愤怒与同情，我们最缺少的恰恰是对于人性与社会认真的思考，对于经历了那些时代的老人心路历程的思考。

柳鸣九

一次越洋电话(外一篇)

儿子在美国英年早逝,撇下了他年轻的妻子与幼小的女儿。

有一段时间,亲人之间没有像往常一样有越洋电话来往。大家都需要缓解与沉静。在北京的老父亲稍微缓过一口气后,终于一天拨通了美国儿子家的电话,那远隔重洋的小孙女实在让他牵肠挂肚,他一直担心一个仅四岁多的小女孩在心理上如何承受这次沉痛的打击。

往常,他与小孙女的对话很是简单,他最高兴的是听她用银铃般的童音叫一声"爷爷",接着就是互致问候。他总要夸她的中文讲得好,她就大声地说声"谢谢",然后,就是一两句意思再简单不过的小孩话了。如此简单的交流,就足以使他高兴,使他满足了。

这一次是悲痛事件后第一次与小孙女通话,他想小心翼翼地避开事件本身却又对小孙女能起到一点安慰的作用,他想,也许最能安慰她的是对她说爷爷、奶奶等所有的亲人都特别爱她,疼她,这样可以多少在语言上弥补一点她失去父爱的不幸。他用小孩能懂的最直白的语言对小孙女说:"你是爷爷最疼爱的小孙女,在这个世界上,爷爷最疼爱的人就是你。""你最疼爱的是我爸,"小孙女的回答使老祖父心里不禁一揪。他有意识离开悲伤的事远一些,没有想到这个四岁刚出头的小女孩却主动地直触伤痛。她的这一认定是来自她自己的观察?从小远在美国,她实在没有见过几次老祖父与自己父亲相处的情况;是曾经偶尔听她的父亲母亲讲过这个话题?那她的记忆力与人生理解力可就有点使人惊奇了;是她自己为了要讲一句安慰自己那可怜的父亲亡灵的话?怀念他的话?不论怎样,她需要主动地跟电话里的这个老人谈一谈她自己的父亲,因此,她主动触及伤痛,或者是因为,她仍无法摆脱伤痛的阴影……

她停顿了一下继续说,有些伤感,有些无奈,有些想要为自己找到一点慰藉:

"……他不在了,我见不着他了,他去了天堂……"

老祖父觉得这是可怜的小孙女在大洋彼岸在怀念、在追思可怜的父亲,是她在向他这个老人倾诉,是在他面前自己安慰她自己……

话语很简单,但其中的意蕴、内涵、感情以至哲理(虽然她自己并不懂,甚至浑然不知)却向一大股水波向他猛然扑来,使他应接不暇,招架不了,一时语塞,竟不知道如何答话才好,他迟疑一会,好不容易才答上一句:

"他在天堂里会保佑你……"

这是年已古稀的他,生平第一次用非无神论的语言说话……

小孙女的家信

老夫人从美国探亲回京,交给老先生一个纸封,说:"这是小孙女要我带给爷爷的一封信。"

小孙女还很幼稚，不大懂事，竟然给远隔重洋的老祖父写了一封信！这本身就是令人激动的亲情之举，要知道，她还只有五岁，此举在疼爱小孙女到了发傻程度的老祖父看来，岂非可与五岁就能作曲的莫扎特比美？！

但老祖父对小孙女给亲人写信的自主创意多少有点没有把握："是你们要她给爷爷写信的吗？"他问，"你们"是指小孙女的奶奶与妈妈。

没有谁要求她写信，她听说奶奶要回北京了，自己事先写好了这封信后交给了奶奶。老夫人所能提供的解释就是如此。

老祖父赶快把手头的事都放在一边，急不可待地想打开纸封看看信里是什么内容。那纸封是用一张稍为厚实点的绛色纸折叠而成的，马马虎虎呈一荷包形，一看就是一双笨拙小手折出来的。可是，要打开它可很不容易，折叠处贴了胶条，胶条也是胡乱剪切出来的，很不整齐，粘得更是歪歪斜斜，操作的那双小手显然是生平第一次做这样的手工活，但在折叠处的下方却用另一种颜色笔署了一个名字"EMMA"，字母大大的，清晰突出，特别醒目，那是发信者的芳名。

老祖父唯恐把纸封撕坏，只能细心地去拆除那封口的胶条，但它偏偏粘得特别严实，愈难拆开，老祖父好奇心愈加急切："粘这么牢，小丫头写了些什么"？"谁也不知道她写了些什么，她没有告诉我们。"老夫人解释说。老祖父不知道小孙女的葫芦里究竟是什么药，面对难拆的信封不禁陡生感慨："小小美国公民，年方五岁，就这么讲究个人信件的保密性。真是两种文化的差异！"他庆幸自己还算有足够的理解力理解美国小孙女迥异于中国小女童的行为方式。

他终于把胶条拆除,打开了纸封,里面果然有一张小纸片,看来,这便是小孙女给老祖父的重要信函了。然而没有想到的是,小纸片又是折叠着并用胶条粘贴在绛色的封纸上,虽然又是歪歪斜斜的,但可以看得出来,那位五岁的发信者是极其郑重其事的,老祖父只得又耐心拆胶条……

最后,终于大功告成,老祖父打开了折叠着的那个小纸片,那上面有拙拙的笔迹,写着这样一句英文:WE LOVE GOD(我们爱主)。而且,取下那张纸片,发现那张绛色封纸的内面,也写着同样的这句话,这就是小孙女给老祖父的家信的全部内容。

老祖父本来猜测这封信是小孙女玩的捉迷藏的游戏,没有想到是这样的内容,一时把老祖父又震撼得半天也平静不下来。眼前这封很特别的信函,正是悲痛事件后母女特定精神历程的一个投影,它清楚地显示出这个精神历程是深沉的,而且似乎将是悠悠的,无尽期的……

老祖父把信函的内容告诉老伴,老太太也没有想到是这么一句话。她回忆起在美国所见到的小孙女的生活:在其母的带领下,她养成了饭前祷告的习惯:对着桌上食物,她两只胖乎乎的小手合掌,眼睛认真地闭上,嘴里念念有词;遇上她童心轻快的时候,还补充一句:"正好我现在饿了。"

老唯物主义者闻此讯后,久久难以平静……

【微评】有时候,我们不是需要上帝的照拂,而是某种情愫从天而降,让我们破碎的内心有一点慰藉与温暖。

陆　秀

我在山里有群娃

　　我和孩子们在一块空地上,突然两个男孩打起来,我拨开人群去劝架……

　　我和杨老师约好了,带孩子们去爬山,趴在野花零落的山头看山……

　　我在没有院墙的老屋里,天完全暗下来了,我一个人跨出亮着灯的厨房,心里说:今晚要和妈妈睡……

　　手机铃声乍响,把我从梦中唤醒。我艰难地张口,那边却一片沉默。意识浮出地表,想起现在天刚亮,来电显示对方是陌生号,于是问:"你是不是打错了?"我听见自己的声音涩哑如破锣。

　　那边竟然惊战地开口了:"是……是陆老师吗?……我是马雪花!"清亮的普通话。

　　我振奋起来,顾不得室友翻动时床嘎嘎响的声音,提高嗓门,润圆嗓音呼应:"是雪花啊!你好啊!老师还睡着呢……"

　　"老师,我正要去上学呢!"和一年前一样,孩子们已在我窗台下喃喃读课文,我还在被窝里挣扎。

"我也想你啊!雪花,我中午打给你我们再聊好吗?"我若是室友,我也恨这通电话。

"好的。……老师,你什么时候再回将台啊?我真的好想你!"

将台,西吉,娃娃们——大学毕业后的一年,我参加学校支教队在宁夏西吉县将台中学教了一年语文。

我挂断电话,直挺挺躺在被窝里,过去一年被他们充实的生活再次涨满了我的回忆,泪水不自觉地滚落。

雪花

雪花个子又高又瘦,束一个马尾,束不进的短发团团圈成一个圆,走起路来扎着头一劲前冲,两个大手掌往身后一甩一甩的,像个男人。

一个班七十个娃,上课时黑压压一片,她坐在里面很不显眼。记得她是因为她托同桌给我送礼物。那个女生突然冲进来,二话不说塞给我一个东西。等我从惊愕中醒来,追去的目光只映下她头上亮粉色的头箍,手里是一卷"深情"字样的字画,字画里卷着一张小纸,大意是:小学时她每年过生日都会送给语文老师一份小礼物,今年她也想送给我这个"奇怪"的新老师。看到"奇怪"两字,我扑哧笑出声来:原来我这个支教老师在她看来有点"奇怪"。

下午我在练习课上搜寻那个"头箍",课后把她叫来才知道她可不是马雪花本人。让她去把雪花叫来,她却跑回来笑着说:老四,她不肯来。——娃娃们只肯勉强用普通话念课文,课上回答问题都是又快又轻的西吉方言,更别说课后和我交谈了。幸好我在经历了千番锤炼后,虽登不了堂,但至少推得开大门了。

我装怒:今天放学前,我见不到她的话,叫她明天别来上老四的课!

快放学时,门外窸窣有声却迟迟不敲门。我拉开门,正对着的是戴粉红色头箍的袁沛菲,顺着她笑盈盈的目光,我发现墙后阴影里的雪花。她低着头一声不响。我一边和她打招呼,一边牵起她的手往屋里走,这时才发现她双手攥拳,手背上汗湿了一层。在我的询问声中,她屏不住抽噎起来。我说:我是跟你开玩笑的,不然怎么把你请过来啊?你今天生日,老师祝你生日快乐!并把从上海带来的一个小玩意递给她。

她猛地抬头,红红的眼睛里泪水未干却透着一道光,整个人活过来似的,摇晃着,响亮而干脆地向我道谢,然后大踏步冲出去了,飘回来一句"老师再见!"是普通话。

她是那种认真听话的女孩,成绩很好,我除了正常上课改作业,课余时间多被调皮、马虎和基础差的学生占用了,很少与她打交道。两个月后,我即被学校调去初三教毕业班语文。

一次听说雪花上课迟到,挨了班主任板子,手有些痉挛。我路过六年级教室时,顺便把她叫出来,问她手怎么样了,那天迟到是不是家里有事?她嘴一撇,左手拇指用力搓着掌心,好像还很疼的样子,眼泪"唰"下来了。我要看她手,她藏到身后,说:没事,老师,真没事了。

我结束支教服务快回上海时,她兴冲冲拉我去她租的房里坐坐。我才知道,她家在马莲八代沟,离将台约12公里。上小学时每天五点起床,背上馍馍和水,翻两座山,跨一条深沟去上课。"老师,你不知道那条沟多难走！是你的话，肯定走不过去！"她语气里一股神气。中午赶不回来，就着凉水吃馍馍，就算午饭了。所谓的馍馍，就是面粉烙的饼，热的时候松软香，放冷了，又干又硬又没味儿。入了中学，父母在镇上租了间房，父亲开货车养家，母亲在身边照顾她和弟弟俩的饮食起居，才不用翻山越岭去上学。

小武

小武作业本上的名字是错的。武字的"止"部，总是横竖颠倒，扫一眼挺像，细一瞧才觉出不对劲来。我至今为没教他改正而愧悔。早知我只能教六年级两个月，就该无论如何让他把名字写对了再说的。

上课时，他抬着头木然望着我，眼神淡得没有一丝味道。遇上我的眼睛时，他低下头，看他手里一直捏着的钢笔，仍面无表情。

他的词语默写几乎全错，我把他叫来谈心，才真正注意到他：中等个子，头大面黑肤色却不匀，白色的斑块似是虫斑，眉浓、眼圆，却愣愣地无神，也不怎么眨。嘴总微张着，露出细白的牙。耳根一股汗渍绘就的黑线直画到脖颈，那里也是黑黑一片。我知道，这不能怪他，西吉这地方缺水在全世界有名，山沟沟里的孩子既没洗澡洗脸的习惯也没那条件。

开始，他只是点头摇头，那代表我听得懂你的课，我没复习课文，我不会说普通话……我鼓励他开口说话，从他嘴里进出的土话因为简短又微弱而极费解，半天我才琢磨明白。他在说，回家要帮家里做饭、喂牲口、挖土豆、割玉米……

我让他把错的词语每个抄二十遍,可交上来的抄写字迹大小不一、遍数不对,前十遍抄对的字,后十遍就错了,而且越错越离谱。我把着他手教他笔画,然后遮掉写好的,放手让他自己写,可他悬着笔尖又落不下去了。

期中考,100分的卷子,他只拿了3分,其中作文2分,因为写了题目——作文是全命题作文,题目照抄就行。整张作文纸满满地写了一半多,可从头至尾,没有一句表达了明白完整的意思。他把他会写或模糊会写的字拼凑出了一篇"作文"。

我不知该怎么教他了。

后来在学校看见他,和另一个成绩不好的孩子一起玩,那个孩子会笑会跑,他却只是跟着他,脸上依然看不到什么表情。

如果我没被调走,我想会再多教他认识几个字,多开口说几句话,多笑笑。还有就是把名字写对了。

小艳

小艳是个回族姑娘,双颊的高原红衬得一张脸生动鲜活,可一笑,眼睛周围就撒开密密的皱纹——西吉太干燥了。她左手食指短了一截,是小时候下地割玉米割断的。

小艳生母早逝,父亲另娶,继母的女儿嫁给了小艳哥哥,母女俩却合伙刁难她哥,逼得她哥不愿回家。小艳在家也受排挤,一回家就被指派干各种活儿,嫂子还把女儿丢给她带,小艳没时间也没心情在家做功课。她向她父亲诉苦,她父亲才开口说两句,就被她继母顶回去了。

每到周五她就开始担心，不想回家却又不得不回家，因为下周的口粮还得问继母要。她家在深山里，将台中学在乡镇上，平时住学校附近合租的一间房，几个学生挤一张炕，吃饭、睡觉、做作业都在上面，每学期300元，几个学生分摊房租。学校没食堂，所有学生都自己解决吃饭问题，一般都是周日晚从家里出来时带上一周的馍馍，每顿就啃馍馍。天热的时候，馍馍到周四就"完了"，长绿毛，有点钱的孩子买泡面吃，没钱的只能忍着，用学校一早发的一枚白煮蛋填一天的饿。小艳的馍馍是后母做的，高兴的时候做点，不高兴就不做了。小艳的馍馍三天两头不够吃，她就养成了不吃早晚饭只吃中午饭的习惯，饿着饿着也就不觉得饿了。

那次看她在操场上捧着书却皱着眉，我问她她才嗫嚅地说继母又没做馍。问她爸呢，她说她在新疆打工的大哥工地上出了事，没了，她爸赶去新疆料理后事了。我不知如何安慰，塞给她十块钱，她不肯要。我说这是我借给她的，她才犹豫着接过来，买馍去了。

快中考了，她成绩不稳定。我找她聊天，问她以后的打算，她说她继母不支持她读书，打击她一定考不上高中，初中毕业后就要她嫁人，反正回族女孩十六七岁嫁人的多得是。据说，人家已在物色中。我告诉她，读书自立是她摆脱家庭的唯一方式，终身大事不能任人摆布。她点头。

后来她考上了西吉县一所高中，回家一次来回二十块钱，路费贵，一学期也就难得回去一次，家里的烦恼暂时远离了她，可以安安心心读书了。

一年在黄土高原上支教的日子转眼已逝，如今，我重新走在摩登都市、高墙学府灰扑扑的人流里。每当我从忙碌而压抑的生活缝隙里抬头，总禁不住想起那群曾经出现在我生命中的娃娃们。一年太短，我给他们的远比不上他们给我的丰富和珍贵。如果说我给他们的是坚硬的知识，那么他们用无瑕的真诚回馈给我的是一片温软的情感；如果说我勉强给他们指出了一个前进的方向，那么他们以自己真实的生命状态为我打开了观察世界的另一个角度——从一个更低的视角所看到的更多的或欣喜或悲哀的可能；如果说我所做的一切只是为了让他们意识到一个人应享的尊严和权利，那么他们用黄土地般的深沉告诉了我一个生命可以有多强的韧性。

　　也许时间可以一步步拉开我和娃娃们的距离，若干年后，我们将淡忘了彼此的名字相貌，我不知道我曾经在他们生命中短暂的停留，能否对他们的一生起到一点点积极的作用，但我确信，我的心灵已抓住了他们一闪而过却鲜活生动的形象，并且这种形象只会在时光的启迪中，承载越来越丰富的内涵。

　　【微评】认真地生活，真诚地记录，是最好的人生状态，在充满爱怜的文字里，有着最深的关切与沉重。每一个支教的老师，都有一段悲喜互掺的心路历程。

曹 宠

儿 子

这两天,我病房里的护工打工妹小范,总有些心神不定,一有空闲就在一旁坐着愣愣地发呆。

一次,我问她:"小范,你有心事吗?"她醒过神来说:"没得。没得。"接着就转身工作去了。

我因患"脑梗"住进病房也快半月了,就是很少看见她的笑容,后来在闲谈中得知,她家因前年发大水,家里承包的"虾塘"让大水冲了,破了产;银行的贷款也无法还,无奈才来上海打工。去年情况平平,不赔不赚,就指望今年了。她有一个儿子,今年暑假后就要升初中了,她平常不能回家,只在过年时回家住上四五天,又忙着出来了。这"儿子""虾塘"是她日夜挂念的心事。不久前,乡下快小学毕业的儿子打电话要求,让他来上海看妈妈,因为自己马上就是中学生了,他希望能看看妈妈打工的地方。这使小范为难了,自己是睡在被陪护病人的病房里的,儿子睡觉如何解决,天气又这么热,怎么办?

她终于耐不住了,小心翼翼地对我说:"曹伯伯,我儿子来了,就让他睡在你床前的地板上,行吗?"我说:"可以呀。"这时候,我抬头看到一丝隐隐的笑容在小范眉梢上展开了。

儿子是跟着出外打工的堂姐从高邮坐长途汽车来的。那天,小范正勤奋地埋头工作着,但我发现在她脸上带着笑容,人好像也光彩了不少,原来苍白的脸上泛起了一片微润,我不禁脱口而出:"小范你今天怎么变漂亮了。"她只掩着嘴吃吃地笑,很多病友也都惊奇起她这反常的欢欣。

中午时分,在开饭端送病号的饭菜时,我看小范脸上有了一丝愁容。我悄悄问她:"儿子还没到吗?"她有些泄气地说:"刚才来手机说,还没上车呢!"整个下午是沉闷的,小范不声不响地忙碌着,不时去看看病房走廊里的挂钟。知道她儿子要来的病友,也都默默地盼望她儿子的早些到来。

傍晚时分,小范的儿子终于到了。从我们病房门外走进了一个皮肤黝黑发亮、浓眉大眼小平头的大孩子,个头比她妈要高,要不是那还有些带着奶气的声音,人们真会把他当小伙子了。小范略带腼腆地对我们说,"你们看,黑不溜秋的,像个小黑人,跟他爸在虾塘干活晒的。"

孩子才十四岁,从来没到过上海,他是抱着一种对上海新奇的感觉来看望妈妈的。小范在晚饭后忙完一切事务后,带孩子去了南京路和外滩,让儿子领略一下这五光十色的城市,这就是妈妈打工的地方。

回来时已是深夜,大小伙子在我床边的地铺上倒头便睡,这一日一夜的奔波,小伙子是累着了。我静静地躺着,我邻床八十五岁的老爷子也静静地躺着。其实,我们都睡不着,为此,我们看到了一幕感人的母子情。

小范在洗涮间洗完儿子换下的衣服后,像猫一样轻轻地来到儿子身边,凝望着儿子趴着熟睡的身体,轻轻地把滑落在儿子身边的单被捡起盖好,而后又像猫一样地悄悄地侧身躺在了儿子身边,半个身子睡到了床垫外面。

夜半了,我还是睡不着,轻轻地翻了个身,侧身后看到小范半仰着身子,注视着儿子的睡态,又一次去拉那滑落下来的单被……这时,在昏黄的病房的脚灯光下,我看清了妈妈那种特有的慈爱的笑容。

清晨,小范忙着为病人泡水、搞清洁等杂活,我招呼孩子陪我出去散散步。路上,我问他:"昨夜在外滩看到些什么?你来上海的第一个感觉是什么?"大小伙愣了一下,腼腆地说:"就是人多。"我接口说:"你可知道,你妈在这么多人的社会里,奋斗可真不容易啊。"孩子听了一脸茫然。

在绿化区的一座木板桥上,我们看见了好多个还在睡觉的人,我看着孩子不解的眼神,解释似的对他说:"天气热,他们家里房子小,就搬到这桥上来睡了,有些人可能还是出来打工的吧!"孩子先有些困惑,而后吁口气说:"上海真挤。"

早餐后,孩子随他堂姐去鲁迅公园玩,到近两点才回来,洗过脸,小范开了只小西瓜让他吃,孩子狼吞虎咽,妈妈在一旁会心地微笑着。吃完后孩子就趴在我床上睡着了,醒来时已是五点。

小范来叫孩子上路,随堂姐一起去静安寺一家也是来上海打工的老乡家,然后就随这恰好准备回老家的老乡一起回去,父亲还在高邮老家守着"虾塘"呢。大小伙子悻悻地向我们告别,好几个病友都责怪小范:"怎么不让孩子再玩几天!"小范抱歉似的回答:"不啦!不啦!"一手紧紧地拉着孩子往外走,但脸上仍旧挂着微笑,不过我觉得那笑容里多添了一丝惆怅。

小范和孩子上电梯了,孩子向我们招招手表示道别,电梯门关上了。

我呆呆地站在电梯门边,用手指掐算了一下,自昨天下午五点到今天下午五点,孩子来见母亲的时间,总共只有二十四小时,这母子相会是多么短暂呀。我心中不免升起一缕悲凉。

【微评】城市的诱惑,艰难的生活,隐忍的亲情,都在不动声色的叙述之中。这是所有高头讲章所不能比拟的。

辑二

张新颖

"你们是滚在无边的空间中,我也一样"

一

好几年前,来自韩国的女生李喜卿在复旦大学读中国现代文学研究生,论文是研究巴金的《随想录》。很多地方不懂,她的导师就一篇一篇地讲解。我跟她聊天的时候,问她,为什么要选巴金做论文呢?因为对于她来说,这实在是困难的。

她回答说:"巴金是我的文学初恋。"

这句话让我一惊,却也一下子就明白了,她是从哪里出发走到对一个作家晚年思想的理解和探索的道路上来的,也明白了她为什么要做一个很难的题目。

《随想录》平白如话,可是不容易懂,不仅对外国人如此,对中国人也同样如此。因为它浅显的文字下面蕴藏着丰富复杂的信息。这些信息,不仅仅是巴金对自我喝了"迷魂汤"的严厉谴责和忏悔,对"文革"这样的民族大悲剧的深刻反省;还有另外一个层次。

今年春天的一个周日,我事先没打招呼就敲开了陈思和老师的家门,进来一看,才知道打搅了一个课堂。围坐了一圈的研究生正在讨论《随想录》，我也坐下来听。陈老师说，《随想录》包含着《随想录》写作的时代的信息，而这个方面的信息，被忽略了。

我想这是一个重要的提醒:《随想录》不仅仅是关于过去时代的信息，而且就包含了与巴金写作《随想录》同时进行着的时代和社会复杂变化的信息，以及在这个过程中巴金本人的心灵信息。一百五十篇随想录，第一篇《谈〈望乡〉》写于一九七八年十二月，最后一篇《怀念胡风》写于一九八六年八月，"文革"后的这些年份，中国社会的变化、个人心灵的变化，那是多么丰富、曲折和艰难。

二

六十多年前，在一篇非常短的散文《星》里，巴金写道：

> 在一本比利时短篇小说集里，我无意间见到这样的句子：
>
> "星星，美丽的星星，你们是滚在无边的空间中，我也一样，我了解你们……是，我了解你们……我是一个人……一个能感觉的人……一个痛苦的人……星星，美丽的星星……"
>
> 我明白这个比利时某车站小雇员的哀诉的心情。好些人都这样地对蓝空的星群讲过话。

最后，巴金说："在我的天空里星星是不会坠落的。想到这，我的眼睛也湿了。"

一九九九年七月二十八日,经国际小天体命名委员会批准,1997 WA22小行星(国际永久编号8315)被命名为巴金星。"你们是滚在无边的空间中,我也一样,我了解你们……我是一个人……一个能感觉的人……一个痛苦的人……"

三

一九八八年五月十日,巴金的老朋友沈从文去世,巴金让赴京的女儿李小林前去吊唁。一连几天,巴金翻看北京和上海的报纸,想知道老友最后的情况,可是他却找不到这个名字。后来才看到短到不能再短的报道。熟人跟巴金说,领导不表态,不知道用什么规格发表消息。巴金对这样的"规格学"表示了强烈的愤怒。

巴金把他的愤怒写进了《怀念从文》。接着他又写道:"这个时候小林回来了,她告诉我她从未参加过这样感动人的告别仪式,她说没有达官贵人,告别的只是些亲朋好友,厅子里播放死者生前喜爱的乐曲。……没有哭泣,没有呼唤,也没有噪音惊醒他,人们就这样平静地跟他告别,他就这样坦然地远去。小林说不出这是一种什么规格的告别仪式,她只感觉到庄严和真诚。我说正是这样,他走得没有牵挂、没有遗憾,从容地消失在鲜花和绿树丛中。"

《怀念从文》写到结束的地方,巴金又陷入到严厉的自谴之中。他是那么清醒——

> 我还记得兆和说过:"火化前他像熟睡一般,非常平静,看样子他明白自己一生在大风大浪中已尽了自己应尽

的责任,清清白白,无愧于心。"他的确是这样。

  我多么羡慕他!可是我却不能走得像他那样平静、那样从容,因为我并未尽了自己的责任,还欠下一身债,我不可能不惊动任何人静悄悄离开人世。那么就让我的心长久燃烧,一直到还清我的欠债。

  经过了漫长的精神的煎熬、衰老的侵蚀、病痛的折磨,巴金,五四新文化的产儿,一个痛苦的老人,终于能够安息了。

  【微评】在诸多怀念巴金的文章里,我很喜欢这一篇,因为它如此直白地写出了一个历经时光折磨的人内心的痛苦。

刘心武

人性中有大片灰色区域
——与友人书

××女士：

村中匆匆一别，不觉已有一月，因我进入三月后诸事猥集，忙个仰翻，所以一直没有给你写你要的文字，直到今天才能抽出点工夫，来还欠你的债，请谅！

那天我们谈到人性问题。现在一般人口中的"人性"都指正面的秉性，"人性化（设计、服务）""人性的光辉""没有人性""灭绝人性"……这些话语里的"人性"都只具有正面内涵。其实，依我看来，人性是极其复杂、诡谲的东西：良知（良心）、善、感恩、善解人意、同情心、恻隐心、爱与被爱、见义勇为、舍生取义……固然是人性；嫉妒、贪欲、霸道、自私、吝啬、偏狭、恶毒……这些负面的东西也是人性。而且，人性也并非只由善、恶的黑白两极的对立板块构成，人性中实在有着非常宽阔的灰色区域。这区域里有微光闪烁，也有云遮雾罩：比如仇恨，就很难简单地往人性善或者人性恶里归并；再比如生的欲望、死的恐惧，在一般俗人的平淡俗世生活里，你就很难说这种东西究竟是善还是恶。

尽管中外的哲学家多有论及人性的言论甚至著作,但真正把人性阐释透彻的似乎很少。英国休谟的《人性论》我读后很失望,总觉得他分析的还并不是人性的核心,还只停留在人与社会的互动关系研究的层面上。后来有心理学、精神分析学甚至论情感的学问出现,它们接近甚至部分进入了人性领域,但也还都不能够称之为人性学。

我觉得艺术创作倒能比较深入地探取到人性的核心,尤其文学。中外古今文学流派多矣,时下文学更呈多元状态,我最心仪的是探究人性的这一元,比如鲁迅先生的小说,《弟兄》是写人性最成功的一篇,但奇怪的是几乎所有的鲁迅研究专家都对这篇非常地轻视,我以为现在应该有人专门为这一篇来做研究,写出有分量的研究文章。还有李劼人的《死水微澜》,虽然也有人评论,有人觉得这部长篇小说情节上戏剧性强,加以改编(川剧、话剧、电影、电视剧),但似乎很少人注意到,这是中国现代文学里写人性最出色的长篇小说。张爱玲的《金锁记》好,就好在揭示人性上(小说后半部才出味,如二道茶),她倒是终于被人正确地认知了。

写人性,写善写恶,写见利忘义写舍生取义都不难,难的是写人性中的灰色部分,写压抑的部分,写不自知的部分。你说喜欢我的《四牌楼》,感谢!天下难得是知音。我自己最得意的作品就是《四牌楼》。《班主任》不过是以小说的形式承载社会性诉求,《钟鼓楼》懂得不必以小说承载沉重的社会性思考,懂得写生活原生态,懂得了一点暧昧性朦胧味,但还没有进步到探究人性的层面,而《四牌楼》

做到了,其中《蓝夜叉》一章,刚刚出了法译本,译者戴鹤白非常喜欢这个作品,就因为它写了人性,写了人性中的灰色领域,而且,充溢着忏悔意识。

我不是基督徒。王小波跟我两个人在小饭馆里把酒深谈时,他就正色告诉我:"如果不相信耶稣被钉死在十字架上后还能复活,那你就永远进入不了基督徒的意识。"我不知道他把这个精辟见解写在他的文章里了没有,但我永远感念他能那样坦诚地跟我讨论到许多问题,包括人性探究。记得我问到他《东宫·西宫》的剧本写作,是否有某些个人的生命体验在里面?他坦言还没有过同性恋方面的体验,他是根据一些社会调查中获得的素材写出来的。我那时刚被张元邀到他家看过那部电影的录像带不久,我就也坦白地告诉王小波,《东宫·西宫》对"同志族"的内心探究,未免概念化(因受虐快感而生爱),没有他的小说《黄金时代》好,后者那么自然而浑厚地表现了人性,令人悟在心中而无言评说。

我现在深深地意识到,我自己的人性里有远比以前觉察到的更宽阔的灰色区域,而在最深处,有稠酽的恶,我有与基督徒不甚相同但相通的原罪感。我现在时时提醒自己,要注意压抑、制约自己人性中的丑恶。所谓高尚,其实应该就是特别能够自觉地压抑自己人性中的阴暗面。我在长篇纪实作品《树与林同在》(2003年出了法译本)里写出了自己深深的忏悔:在"文革"的两派"群众组织"的恶斗中,有着决定宣布哪派才是"真正的无产阶级左派组织"大权的"军宣队"(他们有"支左"表态的责任),一天忽然宣布与我们对立的那派里的一位女教师,是某机构"走资派""伸进群众组织中的黑手"，立即对其进行隔离审查！我听到这个宣布后，竟高兴得跳了起来！因为这等于宣布了我们对立面那派是错误的一派。那女教师被隔离后，因为不能忍受随之必然要遭遇到的批斗，就在一个夜里趁看守者打瞌睡，喝"敌敌畏"自杀了。一个生命的被囚禁和即将被批斗，竟然会被我这另一个生命认为是一桩大快事，现在想到我当时的那种心情和表现，我仍很惊异。平时我跟她虽然没什么交往，但知道她自身并无历史问题，也绝谈不到政治上反动，只不过性格比较有棱角罢了。"军宣队"那样宣布她是"黑手"，我心里也明知逻辑上有问题（那"走资派"是她伯伯而已），但"军宣队"不惜以那样的逻辑摧毁他们不喜欢的那一派"群众组织"，还是让我欣喜若狂！你说我在生命的那一时段里，人性中的什么东西被调动起来浮升起来膨胀起来了？现在那女教师已经屈死三十多年了，除了她的至亲，谁还记得她？这世界每天都在死人，谁真觉得别人的生命是珍贵的？清夜扪心，我为当年的欣喜丑态而愧疚，我觉得这种愧疚可以帮助我在时下的生命时段里，不至于再让人性黑暗角落的污浊再次泛起。

你那天来村里访我，看到了我的生存状态。我就这样承载着自己的全部人性，包括耻感，罪感，静静地活在一隅。我为自己高兴的是，我现在可以完全依着自己的性情生活。我可以不敷衍，可以对不情愿的人和事说"不"，也可以在朋友或合得来的人面前尽情挥洒——那天我跟你谈到兴浓处，竟因为大笑而将椅子错位，往后摔了个仰巴脚（幸好没摔伤）——你一定不会忘记，也该是你采访史上第一回遭遇到的怪现象吧？

随手写了以上这些,供你参考。

颂

春祺!

刘心武

2005年3月22日

【微评】许多时候,活着就是一种妥协。妥协,实际上不过是以一种貌似智慧的方式为恶,然后给自己一个足以哄骗自己,让自己相信非此不可的理由。要看清这一点,除了自身要有足够的勇气外,还应该有些别的什么……

王安忆

我们教他们什么
——写作课程宣言

经过两年努力,高教部终于批核了复旦大学中文系的文学写作硕士点,今年初(2007年)开始招生,九月开学。已经有文学爱好青年来投考问询,寄希望实现作家梦想,同时,又有更多怀疑的声音,不相信学府能指出作家的成功之道。要让我说,我也不以为作家是可教授的。凡创造性的劳动似都依仗天意神功,不是事先规划设计所能达到的。比如,普希金的小说《黑桃皇后》,伯爵夫人的故事相当神奇,这一位社交界的明星,有着"莫斯科的维纳斯"美名,她在巴黎宫廷和奥尔良公爵打牌,输了一大笔钱,伯爵不肯为她的荒唐买单,只得去求她的朋友圣热尔曼伯爵。圣热尔曼伯爵也无法替她偿还赌债,但是他送给伯爵夫人一个秘诀,三张牌的秘诀。在奥尔良公爵下一轮牌局上,伯爵夫人连续摊出这三张牌,果然大获全胜,彻底翻本。这已经很有趣了,光怪陆离的社交场拉开帷幕,登场两个尤物,上演一出小剧,然而,这才是开头——这样开头,大约是可总结经验,归纳出教义的。接下去的推进,也可依逻辑而寻迹——近卫军的工兵赫尔曼听进了这故事，就设法接近伯爵夫人，其时她已是年过八旬的老夫人，在那个时代，八十岁可是能成精了。和通常的情形差不多，年轻的工兵勾引了老夫人的养女，在幽会的夜晚，按养女提供的路线潜进住宅，但是中途拐了个弯，进了老夫人的内室——这也是可以预计——当然，老夫人大大受了惊吓，死过去了。工兵很失望，但更迫切的问题是如何潜出门去，参加舞会的人们都回来了，这幢宅子里四处都是仆役。但工兵赫尔曼是镇定的，他来到养女的房间，将一切和盘托出，可怜的养女伤心之余，还是为他指出一条秘密通道。当工兵摸到糊墙纸后面的暗门，走在暗梯上，我们和他不由地一同兴奋起来——"他想，也许在六十年前，有那么一个年轻的幸运儿，穿着绣花长袍，梳着仙鹤式的头发，把三角帽拿在手里，紧贴在胸口上，也在这个时刻，同样从这座楼梯偷偷溜进这间卧室……"这一笔真是神出，与故事情节几乎全无关联，有它没它事情照样向下走，它有什么意思呢？它不过是一个晚辈所能想象的上上代人的苟且之事。这一个德国人，近卫军里军阶最低的工兵，可以想象家境不怎么样，所以生性节俭和谨慎，从来不摸牌，因为不想把钱打水漂，要不是有十分的把握，是决不会走出这一步险招，而就在他丧气而回时，六十年前的浪漫剧却涌上眼前，那是何等的风流和旖旎啊！就是这一笔不可教，它就好像是一时兴起，信手涂来，可这一笔几乎使整个局面翻盘，赌徒的故事笼罩上青春的危险的韶华。

再比如新发现的张爱玲的佚作《郁金香》，不过是常情故事，然而，那男主角多年之后，成家立业，再回到往昔寄居的亲戚家公寓，乘在电梯里，听见拥挤着的一簇女佣奶妈中，有人在叫当年心上人的名字,不等找见旧面容,那一簇人已经一拥而出,不见了。这最是"张腔张调"的,不在技巧,亦不在风格,而是直指人世观念,苍茫的空间和时间里,有情人均是一瞬间地擦肩而过。就是这,无疑是张爱玲所作。也惟是这,不可学也不可教。

还比如,在我们近处身边的莫言,他的小说《姑妈的宝刀》,你都看不清他的手势,题目是"姑妈的宝刀",开篇却是关于铁匠的歌谣——"娘啊娘,娘,把我嫁给什么人都行,千万别把我嫁给铁匠",接下来才讲到姑妈,姑妈的孙女儿,还有姑妈的玉石,宝刀是由麻风女人的儿子、力大无穷的张大力敬畏地说出——这有些类似武侠小说,道高一尺,魔高一丈,也像《老残游记》白妹说书的铺垫,这就渐渐摸着了些路数。姑妈家的二兰子馋上了小铁匠的吃食,姑妈出场了。摸出一条银色的铁,让打把刀,走南闯北的老铁匠问打什么刀,姑妈亮出宝刀了,犹如"一束丝帛",老铁匠立刻认输,当天夜里打铺盖走人。照理,宝刀的威仪展示了,"白妹"终于登场,可还没有完。最后姑妈家的哑巴三兰子嫁给了张大力,嫁妆就是宝刀,据说,那宝刀用起来并不如一把两块钱的菜刀称手——于是,宝刀一如山中高洁士,堕入人间红尘,绝技无所用。这一笔实在难得,调门高上去,再高上去,还能高上去,这就要靠写作者的膂力,是从生命的元气生发,更不是教得了的。迟子建的小说《亲亲土豆》,写一对种土豆过活的夫妻,土豆的生计可说微言大义,将人生提炼到简单扼要,又知疼知暖。当丈夫患绝症不治,妻子落葬了亲人,将土豆堆起坟冢,离开时,一颗土豆滚落下来,妻子提脚轻轻一踢,说道:还跟脚呢!——民间常有这样的传说,匠人做了一个美人,毫发毕肖,却只是个木胎泥胚,

把信写给埃米莉

但等仙人吹一口气,美人便活了起来。那一口气,是无法传授的,能传授的,仅只是匠人的手艺。这人力可为的部分,却也需要精进的努力,至少,当神意选择降临时,我们能够做好准备。

现在,就让我试着归纳一下,我们应做又能做的准备大概有哪些。我想,第一,是对我们文字的理解。文字,是我们写作者创造世界的材料,我们应当对这材质有所认识。我向以为我们很幸运地拥有着我们中华民族最优秀的创作材料——文字。在马来西亚的马六甲,华人的住宅、会馆、商铺的门楣和窗楣,总刻着一些汉字,传说在郑和下西洋的年代就来到这里的华人们,早已经与当地人文风土水乳交融,形成一个独有的族群,人称"峇峇娘惹"。他们乘了大木船漂洋过海,随身带着渔农生涯中攒起的钱财用物,箱笼瓶罐,岁月流逝,多少积累消耗殆尽,许多记忆都遗失了,包括这些汉字的含义及读音,却留下了这些字形,成为一个历史的徽印。这是结实不易损朽,便于携带收藏,内存极大,储有着种族起源,文明教化的密码,最终又实现于感情的生活。我们的文字就是这样灵敏有弹性,独自个、独自个地存活着。小时候,我们弄堂里的男女孩子很热衷于一个游戏,叫做"猜电影名字",方法是庄家心里想好一个电影名字,由对方提问,每一个回答必须按次序隐藏一个字,聪明的孩子就能从答案中捉出这个字,然后连接起来,正好是那个电影名字。这其实是一场文字的捉迷藏,我们的文字就像一个活物,联起来,可结成青纱帐,拆开来,又可匿身其中。你简直看得见它活泼的身影,鬼精灵似的。如此自由的生性,实在很难琢磨。我曾问一个出生美国的中国孩子,学习汉语的困难在哪里,她回答我,最大的困难是没有时态。我《长恨歌》的法文翻译与我商讨行文,他们的质疑基本来自一个问题,就是,什么是句子的主语。很多事情都是不确定的,于科学政治可能不够,于想象力却有深广的容纳量。上世纪七十年代末八十年代初,傅聪先生到上海音乐学院教授钢琴,我去旁听。听傅聪先生辅导学生弹奏肖邦时,用了一个字"惘"。这个"惘"字,在肖邦,在傅聪先生,真是有无限的蕴藉。李后主的词,"独自莫凭栏,无限江山",前句和后句无论是事实还是句法,都无关联,可是却潜在着贯通的感情秩序。我还喜欢《诗经》,"所谓伊人,在水一方",方位也是不明确的,究竟在水的哪一方,可就是这"一方"才是虚无缥缈,可望不可及。《七月》一篇中,"七月在野,八月在宇,九月在户,十月蟋蟀入我床下"一句,主语也是令人疑惑的,可要我看,管它是什么,都可以。七月,八月,九月,十月的序列,然后,在野,在宇,在户,然后床下——总是越来越近,直近到身边,无论是什么,也是携了季候,节令,永恒中的一小截时间。我喜欢傅雷先生翻译的《约翰·克利斯朵夫》,漫无边际的汉语,为传达制度严谨的西语,竟能够俨然有序,并且不损语言的光华。当克利斯朵夫临近生命终点,对音乐的认识再上一阶,是这样写道:"自然界无穷的宝藏在我们手指中间漏过。人类的智慧想在一个网的眼子里掏取流水。我们的音乐只是幻象。我们的音阶是凭空虚构的东西,跟任何活的声音没有关联。这是人的智慧在许多实在的声音中勉强找出来的折衷办法,拿韵律去应用在'无穷'上面。"我们就是拥有这样可简可繁可质可文的文字,它经得起磨砺和锻炼,是我们不该放弃的努力。

我们可做的准备还有安排情节,这需要想象力,但小说的想象力来自于现实生活的普遍规律,要合理合法。所以,这想象力又可称作是对现实逻辑的推理。我喜欢看推理小说,尤其是阿加莎·克里斯蒂的推理小说,原因就在于此。她的离奇杀人案多是发生于常态的生活和人性,然后运用常态的逻辑解开悬疑。不像现代推理小说中的侦探,往往有一个神通广大的线人,可提供线索;犯案人又往往有着畸变的心理,于是,任何疑团都有了解释,犯罪动机且都莫须有;没有证据也不要紧,可来一场拳击与追杀,反正有"法外正义"作支持,万千沟壑都空中一跃,而小说家要做的恰恰就是脚踏实地一步步渡过沟壑。余华曾在讲演中说到,他顶佩服《搜神记》,那神是乘着风雨下来,就是这个意思。即便是神,也要有舟筏摆渡。余华的《许三观卖血记》,要认老婆的私生子作儿子,是多大的沟壑?余华他就得动脑筋,想办法渡过去。许三观是凡人,风雨不会来帮忙,余华只有做现实的舟筏。许三观还是凡人中的凡人,知识也不会帮他的忙,凭靠的是日常生活的教化,这教化又不是空口说,需要有事实,这就是情节——小说看的是这个,做的也是这个,就是这,小说所以是小说,而不是生活。于是,余华就让那私生子的生身父亲得了重症,万般良药都试过,只剩下一条有神论的路,让亲生儿子喊魂,必要爬到屋顶烟囱口喊。偏不巧,那父亲就生了这一个私生儿子,其余都是女儿,只得央告许三观。许三观应许了,救人一命胜造七级浮屠,乡下人信这个,可儿子却不认识亲爹,还要许三观哄他上去,口对口地教他喊。这一大一小爬在人家的屋顶上喊亲爹,简直是在向俗世宣告,父与子生恩不如养恩。这沟壑一旦渡过,竟就到了彼岸。朱苏进《绝望中诞生》,写一个现代哥白尼,人物的活动都是在思维领域里进行，设置情节难度就很大，但是，我们欣喜地看到这种内部生活的外部景观——小说中的"我"在收拾一空的房间里发现了一道墙缝，透过墙缝看见的是周围三百里地区内的制高点莲花峰，正是这一带大地测绘的控制点，由此而想到，曾经有人在这房间里进行过某一项测绘。作为测绘必要的三个可视觇点，那么就应该还有其他两个，还有，此人究竟想测绘什么？一系列的情节就此繁衍开来。这就是写作者的功力所在了，他将一种抽象的存在作出具体的表现——这也是小说的特别要求。我常说，小说是"曲"，它就是蒸腾人世上瓦肆勾栏里，与看客短兵相接的活儿，演的就是你我他。它不是诗词赋，唐明皇和杨贵妃，在白居易《长恨歌》是"云鬓花颜金步摇，芙蓉帐暖度春宵；春宵苦短日高起，从此君王不早朝"，到了洪昇的《长生殿》里，就是吃醋，怄气，发回娘家，甚而至于捉奸，再有中人说合。张爱玲在《我看苏青》中曾写到这一节，说"简直是'本埠新闻'里的故事"，大约就是看的《长生殿》。所以，小说就是俗气的，这俗气的性格规定它必是以现实生活的外部形态为摹本，而内里却应尽力接近万物万事发展变化的真理，如何寻找到最有含量又最生动的情节，是我们需下苦功的地方。

  第三，就是故事，它可说是小说写作的目的。我记得，爱尔兰文学博物馆，开门第一句话就是：爱尔兰是一个有着悠久的讲故事传统的民族。看起来，故事几可说是文学的起源。叙事艺术里有着人类孩童时代的天真趣味，至今也没有泯灭，以此我们可以断定故事是有着无穷的魅力。它常是以悬念开头，经过曲折的过程，终于水落石出，真相大白。要说是因好奇心吸引，可是很奇怪的，我们又常常不厌其烦地重复听和读一个故事,最典型的是小孩子,他们总是指点大人讲述同一个故事。这时候,讲述便成为故事的意趣所在。这种温故而知新的属性很可能演变为另一种形式,就是"旧瓶装新酒",在同一种人物关系和行为模式里面装进不同的生活形态。比如罗密欧与朱丽叶式的故事,比如美女和野兽式的故事,基度山伯爵式的故事,比如妓女和恩客的故事——中国有《玉堂春》《杜十娘》,西方有《茶花女》,今天的时代曲,则是《胭脂扣》——在此,故事的兴味似又在于具体的情节和细节。故事就是这样全面性地满足着人们的爱好,也因此它就有着极大的创造空间,可供我们施展能量。看看这世界上已经有多少故事,又正在源源不断生出新的故事,就能证明这一点。

南朝梁时的吴均,写过一个《阳羡书生》,说的是一个行者担一对鹅走在山间,遇到一个书生,说脚痛,央求坐在鹅笼里,捎他一程,行者以为是玩笑,不料书生真就坐了进去,而且,书生不见小,鹅笼不见大,行者也并不见得重。走了一程,歇脚打尖,书生说要宴请,说罢口中吐出一个盒子,装有各色酒菜。喝了一会,书生说随行还有妻子,让她一同坐席,果然从口中吐出一美貌女子,又喝一会,书生醉倒,熟睡在地。书生妻便对行者说,她私藏一个相好,也想请来坐坐,于是口中吐出一男子,形貌相当可爱,再喝一会,书生妻也醉了,睡到书生身边。男子和行者说,他其实也私藏一个相好,口中吐出又一个女子。过了一时,男子吞回女子,书生妻吞回男子,书生再吞回妻子,以及杯盘碗盏,与行人作别远去。这大约就是所谓"中国盒子"式的,一个套一个。德国格林兄弟童话中有一则,说的是一个姑娘到酒窖去拿酒,久久不回,母亲去找,见女儿坐在酒窖里哭,问她哭什么,女儿指着酒窖壁上的一个桶说：假如将来我的孩子到酒窖来拿酒，这个桶掉下来，砸在他的头上，他就要死了，母亲便也哭了起来。父亲见母女俩久久不回来，也下酒窖去找，看见母女俩在哭泣，问她们哭什么，母亲说，假如将来我们的孙子到酒窖来拿酒，这个桶掉下来，砸在他的头上，他就要死了，于是父亲也哭了起来——这是锁链式的，一环扣一环，而前提都是假设的，然后一个莫须有的事情就发生了。日本著名作家水上勉先生生前，我曾拜望他，他对我说："我是一个大骗子！"然后他又说："我是一个可爱的大骗子！"他说得不错，故事就是无端生是非，无中生有，但要将谎言说成事实，是要费一番功夫的。这还像万花筒，略一转动，百花盛开；再一转动，千树万树；再再转动，繁花生锦，这就是我们要做的事情。

  这些大约就是人力可为的范围。既是人力可为，我们就要求至勤至优，做到可做的一切，然后等待神灵降临。倘命运不肯眷顾，不仅做不成作家，也许从此望而生畏，因是知道个中深浅，所以，说是教写作又其实只是告诉对写作的认识，并不敢负责诞生作家。好在，天才是可在任何境遇中成就事业，但天才总是极少数人，大多数人都是铺路，我们就是培育铺路的石子。

  【微评】热爱文字，精心地设置情节，讲好故事；这些大概都是最简单的道理。但是，一旦这些简单的道理与生活相遇，要做好却并不容易，因为大概没有比生活更无聊也更精彩的所在了，要依靠的只是你的一点悟性而已。而悟性有时候却必须祈求命运的眷顾。这就是文学的艰难。

孙　郁

张爱玲与汪曾祺的眼光

　　小说家要是谈文学，总有些批评家难见的细节，那是过于敏感的缘故，还是别的什么，就不好说了。张爱玲离开大陆后，对故土的文学评价不多，大概是道不同者众的原因。熟悉张爱玲的人都知道，她的文字，不免有些挑剔，语态冷酷，有时多的是一种苛求。但也有温情的时候，并非人们想象的那个孤寂的样子。一次，她读到汪曾祺的《八千岁》，颇有感慨，于是说了些汪曾祺研究者没有的话：

　　　　前两年看到一篇大陆小说《八千岁》，里面写了一个节俭的富翁，老是吃一种无油烧饼。我这才恍然大悟，四五十年的一个闷葫芦终于打破了。
　　　　二次大战上海沦陷后天天有小贩叫卖："马……草炉饼！"吴语"买""卖"同音"马"，"炒"音"草"，所以先当是"炒炉饼"，再也没有想到有专烧茅草的火炉。卖饼的歌喉嘹亮，"马"字拖得极长，下一个字拔高，末了"炉饼"二字清脆迸跳，然后突然噎住。是一个年轻健壮的声音，与卖臭豆腐干的苍老沙哑的喉咙遥遥相对,都是好嗓子。卖馄饨的就一声不出,只敲梆子。馄饨是消夜,晚上才有,臭豆腐干也要黄昏才出现,白天就是他一个人的天下。也许因为他的主顾不是沿街住户,而是路过的人力车三轮车夫,拉塌车的,骑脚踏车送货的,以及各种小贩,白天最多。可以拿在手里走着吃——最便当的便当。

战时汽车稀少,车声市声比较安静。在高楼上遥遥听到这漫长的呼声,我和我的姑姑都说过不止一次:"这炒炉饼不知道是什么样子?"

"现在好些人都吃。"有一次我姑姑幽幽地说,若有所思。

我也只"哦"了一声。印象中似乎不像大饼油条是贫民化食品,这是贫民化了。我姑姑大概也是这样想。

有一天我们房客的女佣买了一块,一角蛋糕似地搁在厨房桌上的花漆桌布上。一尺宽的大圆烙饼上切下来,不过不是薄饼,有一寸多高,上面也许略撒了一点芝麻。显然不是炒年糕一样在锅里炒的,不会是"炒炉饼"。再也想不出是个什么字,除非是"燥"?其实"燥炉"根本不通,火炉还有不干燥的?

《八千岁》里的草炉饼是贴在炉子上烤的。这么厚的大饼绝对无法"贴烧饼"。《八千岁》的背景似共产党来之前苏北一带。那里的草炉饼大概是原来的形式,较小而薄。江南的草炉饼疑是近代的新发展,因为太像中国本来没有的大蛋糕。

显然，汪曾祺在民俗地方刺激了张爱玲，她内心感谢《八千岁》这样的作品也是自然的。汪先生的小说在调子上有异样的声音，平和的美和洞察人世的惬意，总能唤起想象的。况且对民间食品的了如指掌，那是只有美食家才有的笔法。他对乡下的美食过于敏感，就像张爱玲对声音、色彩敏感一样。两个敏感的人发现了不那么让人敏感的话题。其实好的小说家，就是细节敏感的人。在别人看不到内容的地方，他发现了故事。

汪曾祺是看过张爱玲的作品的，他怎么评价这位女作家，我们不太知道，但会注意到她的敏锐的文字是必然的。我相信他未必欣赏这个民国女子的阴郁，而那些富有画面感的都市的雨与暗地里的冷意是不能不佩服的。与汪曾祺这样的儒雅的文人比，张爱玲是更内敛的人物。她的作品也非社会结构的宏伟描述，情感多是身边的问题的盘绕，去革命话语甚远。

张爱玲的世界，是内部的角斗者居多，灰色天空下的一个人的战争。她眼里不乏恶意的泛滥，作者对此且有咀嚼的快慰。许多作品是家常的因素的描绘，一面也有了紧张的旋律。我们读张爱玲，觉得演绎的是无望的人生的苦剧。她看人入木三分，绝不是温情的流溢，而是直逼人心的病态，《倾城之恋》《金锁记》压抑中流动的是市井的秋意，变态的人性里也含忧思，遂唱出一曲暗夜之歌。《十八春》叙述几个男女青年的爱情，繁琐而细致，通篇是沉郁的调子。而我们却看出作者有滋有味的打量，无聊的生活也会生出趣味，何以如此？那大概是画面的作用。她用浓浓的笔墨，画出上海、香港、南京等地的凡人的衣食住行，楼台雨意，街市流风。丑也可生出幽情,在审视那些无奈的存在时,她或许是获得了一种审视的快感。

汪曾祺对江南水乡风情的表述,有几分飘逸的韵致,不是压抑在里面的。他的文字是笔墨间的思绪,空蒙中见出几分安详。张爱玲没有这样的闲情,她在宁静的时候也有苦意,无边的虚无就那么流动着。在她的眼里,人注定在一种死亡与幻灭里,最靠不住的恰是人自己。汪曾祺的态度恰取其反,是另外的美丽。感人的是人间的爱意与亲情。那才是自己活下去的动力。张爱玲在残忍地审视我们的历史与民间的时候,无情的目光是寒气习习的。人的怎样的利己、无情,都尽收眼底。琐碎里的人生是一道浊流,慢慢把青春洗污了。可是我们在汪曾祺那里却看见了美丽的乡间,那些飘忽的印记是彩虹般跨在思想的天幕里,一点点渲染出清晰的图景,美丽得让我们心动。这样的时候,我们感到活着的喜悦,感官是一片温情的渲染。张爱玲的笔触也不乏诗意,画面的浓烈映着晦气。她的作品使我们进入自我的审视,士大夫的温吞完全消失了。那些文字透出丝丝凉意,人的阴郁灰暗的一角完全呈现出来了,看出了我们自己的渺小。在认识论的层面,张爱玲的世界给我们的是无边的苦楚。但正如有学者所说,她缺少的是承担感和对绝望的拒绝。比起鲁迅那种明暗相间、有深的关怀在的空间,张爱玲却只有自己,对他人的自我的敬意总是隐隐的。

若是细细分析就可发现,汪曾祺是从现代派小说而进入士大夫文本里,张爱玲则是从旧小说来到新派艺术中,路途的方式迥别的。起点与终点的不同,态度也会迥异,至于审美上就更有些路径不同了。汪曾祺对现代派的理解，有一点皮毛，未必进入精神的深层领域。只是那些感觉吸引了他而已。张爱玲的现代主义感受是真的，可是却包藏在古典的语境中，以很东方的方式出现，味道就新鲜了。用旧式的语言谈论洋场的太太小姐，就有一点像晚清海派的绘画，一面是洋风下的街市和楼台，一面是古中国儿女的劣态，殊为庞杂。文本里的情调就丰富了。张爱玲给我们的是暮色下的苦命男女的变态的背影，每个动作都散着晦气。汪曾祺显然没有这样的复杂的语态，他倒是把爱欲净化成山间流水，洗人心肺。那些无望的、黑暗的影子统统消失了。人是有一种纯粹的精神的，不该把自己染在黑暗里。他乐于凡俗又跳出凡俗，以逍遥的心境漫游于世，于是精神的天空一片朗然。中国士大夫的雅趣加上一点现代人的荒诞，不从根本上害义，士大夫文章反而更开阔美丽了。

读张爱玲的书，发现她不太愿意谈同代的文人，对现代的作家最看重的是胡适和知堂。喜欢胡适，那可能因为都属于自由派的人士；欣赏知堂，则是审美上的心有戚戚焉。1950年，知堂在《亦报》以"十山"的笔名开专栏，张爱玲看了颇为感动。那些文章都很短，学识与诗意都有，平静里有无边的苦楚在。她便写下《亦报的好文章》，其中有云：

> 我到店里去买东西，看见店伙伏在柜台上看《亦报》，我马上觉得自己脸上泛起了微笑。又有一次去找医生，生了病去找医生，总是怀着沉重的心情的，但是我一眼瞥见医生的写字台上摊着一份《亦报》，立刻有一种人情味，使我

微笑了。一张报纸编得好,远远看见它摊在桌上就觉得眉目清楚,醒目而又悦目。报纸是有时间性的,注定了只有一天的生命,所以它并不要求什么不朽之作,然而《亦报》在过去一年间却有许多文章是我看过一遍就永远不能忘怀的。譬如说十山先生写的有一篇关于乡村里的女人,被夫家虐待,她在村里区里县里和法院里转来转去,竟没有一个地方肯接受她的控诉,看了这文章,方才觉得"无告"这两个字的意义,真有一种入骨的悲哀。

那时候她是否知道十山的真名,我们难以考据。从轻松的谈吐里,能够看出一种心境,对知堂的态度,也正如沈从文。我暗暗猜测,汪曾祺也是这样吧。汪氏在上世纪50年代后不太谈知堂,但走的路子,有一点像。对女性、野史、民风都有好奇心,其间也不免流溢着淡淡的哀愁。那些不经意散出的惆怅和悲悯,张爱玲自己也是有的。孤寂的文人面对同样的事物的时候,总有同样的眼神,假如他们都有幻灭的忧伤的话。

不过张爱玲对知堂也有不满意的地方,比如谈吃食,总是一个路子,缺少变化,那原因是不懂小说家的笔法,想象力匮乏。知堂太讲学理,张爱玲、汪曾祺则欣赏学识与诗意,且以一种虚构的方式连缀它们,灵动的意味就浓了。知堂之后,在文本上穿越宁静的文人,张爱玲是一个,汪曾祺也庶几近之。他们从小说的虚构里一洗士大夫的沉闷,将精神的微尘荡涤了。

张爱玲的眼光很毒,看事看人有怀疑的一面。一旦与新奇的文本相遇,暖意的一面就有了。就兴趣来说,她比汪曾祺广泛。《爱默森的生平和著作》《梭罗的生平和著作》都是好文章。因为懂得英文,能读出洋人的妙处,汪氏则徘徊在古老的母语世界,与西洋的艺术总归是隔膜的。他曾说,自己一生最大的遗憾是没有学好英文。自卑的一面也有的。这个缺欠,在后来的中国作家里都有,文人们读人读世的目光受限,也是无可奈何的。德国学者顾彬批评我们当代作家,并非全无道理。

【微评】分析张爱玲与汪曾祺的不同,是一种另辟蹊径的视角,张爱玲的底色是西洋的,而汪曾祺的底色却是乡土,如果从"眼光"的角度切入,是不是我们会有一部完全不同的文学史呢?

金宇澄

那是个好地方
——为"世界阅读日"而写

我的少年到青年，1960—1970，是过渡的十年。少时记忆里有一座少年儿童图书馆，上海复兴中路独立洋房，长甬道，两边金色梧桐，对面是传出琴音的法式公寓"陕南邨"。我没有读完初一，风景已被"文革"画面切换，父亲是打倒对象，全家搬到了沪郊，因此我很少到校，只一次听同学议论，少儿图书馆的大门，被钉死了。这话里的意思是，图书馆一直是部分学生的注意目标。我大哥的学校的多个学生组织，紧盯校图书馆。革命之前，同学们有规有矩，进馆文雅借书，清楚书目详情；等逢乱世，转换到人人可"抢"的市面，部分学生的盘算惦记，便是如何伺机对图书馆采取"革命行动"。忽有一天，某同学急急来报——也就是前夜，校外某一组织突然"砸烂"了图书馆——半夜相当隐秘的大动作，在驻校多个学生组织的眼皮底下，所有"有批判价值""反动"图书，被迅速搬走了，所谓"措置太骤"，不声不响行动，大部分图书忽然不明去向，引得学生领袖们相互攻讦，肯定是有内鬼，私下都极为懊恼，有人形容说，这就是"噬脐之悔"。

记忆里最早接触的书,大都是苏俄作品,《塞瓦斯托波尔故事》是少见刊本,托尔斯泰早期特写集,沙皇青年军官眼里的克里米亚战事,年轻贵族,笔触文雅。《顿河故事》(草婴译,50年代上海文艺版),大名鼎鼎肖氏早期的习作,独白式短篇,乡野草根的观念,强调人性张力,父子、兄弟相残,赤裸而惨烈,之后没看到新版。

那是鄙视图书时代,也是对书籍极其珍视的岁月,所有的公私图书之劫难,学生肯定是执行者,因为避讳与遗忘,至今鲜见这方面详细回忆。1966年的图书有两种命运,一是"封存之书",装运到仓库或地下防空洞,沉入黑暗里;另一批活泼的"流通之书",在学生手中抢夺、传递,水银泻地,静静回流于社会暗处,这方面回忆,可以有——比如某个偶然,他或是她,如何得了某本或半本零缣断素,观念由此改变了,打开人生另一个窗棂……这类谰语浮言,慢慢汇合,形成这代青年的"地下"阅读史。

1969年,我已与一批同龄青年去到黑龙江黑河地方的国营农场。全场聚有各城市青年约五千名,附近另有同等规模"格球山""七星泡"等大型农场,招募城市青年无数——其时中苏关系非常紧张,这些场子的劳改人员全部迁走,以大量城市青年回填,听说有一些场子,已短期给青年发枪,子弹只一枚,都是朝鲜战争的老枪,也有二战期间伤痕累累的马枪。后有一传闻,某个青年深夜跨过了冰封的黑龙江,原因不明投奔去到对岸,雪地留下一串脚印,但是当时的苏方不予接纳,最后通知我方边境,把一具蜷缩冻硬的尸体送回来,死者的书包内,发现一中文版《驿站长》,一本《外国民歌200首》

(当时被禁之著名"黄色歌本"),解剖发现,他的胃是干瘪的,只有一点土豆残留物。之后,在无数个寒冷夜晚,农场田野上空出现幽灵一般的信号弹,大批青年被哨子惊醒,摸黑慌忙穿衣集合,在雪地里急行军,四处探查。连队的某个青年,同样秘藏一本《外国民歌200首》,每次半夜起身,我知道他都是把这本书塞在胸口,这个唱歌爱好者解释说,这是他最珍视的书,如果他死了,发现身怀此书,也在所不惜,他算是出名了。黑暗中,他的牙齿发出亮光。

从另一面说,在当时黑龙江两岸极端抗衡情况之下,苏俄小说仍然是青年"地下阅读"的主干,每当黑暗的夜晚行军之时,我会想起《塞瓦斯托波尔故事》的火光,肖洛霍夫《顿河故事》铿锵的话语,这是一种奇怪的通感,或许,是与1950年代中苏蜜月期遗留的习惯碎片,因为天量印刷数字而形成的,根深蒂固的强化影响有关。

这一代青年,虽然直到如今,始终被定义为所谓"青春无悔",实也是千疮百孔,缺少统一精神内涵。来自各地区、各人之间的盘根错节,恩怨情仇,除却一般意义只念"宝书"之积极小干部,私下大都口味庞杂,积极传阅"旧书禁书",读本五花八门,也大量出自上海,这应该是当年由他们更为年轻的手的剥夺与传达,使这类阅读活动如此活跃而隐秘,最后接近半公开的一种生态。几乎每时每刻,连队里都有陌生"新品"露面,口碑最佳,最合适男女心理,最注目也最文艺普及的,始终是普希金《叶甫盖尼·奥涅金》,或冻毙者书包里的忧伤《驿站长》,沙俄军官,龙骑兵,客厅沙龙,缱绻男女之恋,"达吉娅娜"爱之忧伤,"冰花在爆裂,田野闪耀着银白色的光",甚至是普希金陌生的经验与格言,"我们爱女人的心越淡漠,就越能博得女人的爱……"是坚硬背景之下的青年们,更需要心灵的柔化吗?待等我们走到黄昏的田野,听到白杨高处的风声,心头会流淌屠格涅夫《待焚的诗句》:

> 到那地方,到那地方,到那辽阔的原野上
> 那里的土地黑沉沉的像天鹅绒一样
> 那里的黑麦到处在望
> 静静地泛着柔软的波浪
> 那是个好地方……

这大概是该国文本能给予我们的,唯一的肯定与安详。

至于被老一辈读者目为好书,更苏联式的叙事:《拖拉机站长与女农艺师》《克里姆-萨木金》《士敏土》等等,在以后的几年里,已可以公开摊在火炕上了,少人光顾,那是我辈觉得枯燥,还是艰深呢?在这奇异的读书环境里,我眼前出现一个传送带的图景,大量的苏俄文本,在缓慢传送,《白夜》《州委书记》《叶尔绍夫兄弟》《多雪的冬天》,包括少见的瞿秋白《饿乡游记》,高级水彩纸印造的苏联大部头美术画册,苏方专家的《建筑钢笔画教程》……我记得的一天,云雀在高空鸣啭,我在回场的马车上颠簸,身边装草料的麻袋里,缓慢滑出一本《铁木尔和他的兄弟》,翻开扉页,一个蓝色图章憬然在目:"上海少年儿童图书馆"。

苏俄文本的阅读,于1980年代出版的《日瓦戈医生》、三卷本《古拉格群岛》引起颠覆,逐渐,也都被缓慢化解了。人们开始关注

"垮掉的一代",法国新小说,莫拉维亚,南美作家系列等等等等。稍后,我朋友供职的"苏联文学研究所"永远关了门,再以后的以后,却是在王朔的电影里,见到一群"文革"青年穿父辈制服,大唱苏联歌曲,与我的经验搅拌一处,涌起恍如隔世的恶心感。再过若干年,"垮掉的一代",法国新小说,莫拉维亚,南美作家系列等等等等著作,已经在很多书架上泛黄了,我们面对译本,不再喜悦雀跃的情景之下,是2000年以后,出版界发掘出巴别尔《红色骑兵军》《哥萨克的末日》,翻开那些文字,苏俄式的气息,仍然毫无阻拦,登堂入室,使人心率加快,让我想到了我的青年,想到遥远的《塞瓦斯托波尔故事》,《顿河故事》的审美与口吻……

这个邻近国家对我的阅读影响,实在难以言说。

【作者附识】

写完此文,即发给遥远他国的胡先生看,他是当年老大学生,回复如下:

> 宇澄兄的文章,不论长短,都是对书的崇敬。
>
> 提到书,我的年代与你不同,也有不少入骨的记忆。
>
> 北大在当时没有烧书行动,再说普通学生也没有多少好书。记得1968年3月,武斗中聂元梓派攻占了我住的学生楼,当时我不在宿舍。占楼者高唱《三大纪律八项注意》,进到每一间搜索,声言"不拿群众一针一线"。我事后检查,箱子里全国粮票和几十元不见了,更令我痛心的是,

俄语系一个朋友借我的《金批三国》不翼而飞。去年见到这个朋友,还是说不尽的对他不起。

几年后,我被分到河北的一个县城,在城关镇教书。很快就和县图书馆搞好了关系,每天值班的只是一个军官太太,此女似乎对我有好感。一天突然打开里面的仓库,让我进里面。好多年都没有这样的兴奋,连王力的《古代汉语》和陈望道的《修辞学发凡》都叫我眼前一热。当然,上面有规矩,不能往外借出这些书,我不想破了规矩。以后的几年,只要没人,她就愿意站在仓库门口和我聊天,而我则在里面找书。再后来,她的夫君部队调动,她也离开。至今我还自疚当时利用人家的感情,只是图得一些阅读。

细捋回忆,诸多往事历历在目。

【微评】请允许我夹带一点私人的爱好,那就是从少年时代开始的对于俄国文学说不清的情感,甚至朴树的歌也让我想起俄罗斯广袤的平原……这是我挥之不去的少年记忆。所以作者的那个好地方,让我想起我那"阳光灿烂的日子"了。

朱天文

阅读,使我们轻盈

简体字版的《淡江记》序里我说:"吾生也有涯,学也无涯,受限于有涯的短暂一生,形体在此就不能在彼的禁锢,人生在世真不称意,何以解忧?我会说,唯有小说。"

小说,在我更多指的是写小说,因为其他我什么也不会,只会这件。写字,写书。但是把小说换成阅读,一样成立。

这次"上海书展"告诉我主题是"我爱读书,我爱生活",我心想,生活里都是柴米油盐酱醋茶怎么去爱,很难爱的。更多时候,现实生活总是让人沉重拖不动地老化石化下去,像希腊神话蛇发女妖梅杜莎,把所有目视它的人都变成石头。

神话里砍下梅杜莎头的是柏修斯,他怎么办到的?柏修斯有一双长着翅膀会飞的凉鞋,有一面铮亮的青铜盾牌,他不直接目视蛇发女妖的脸,而只看它映在铜盾上的影像,搏斗之,斩首。他靠风,靠云,靠间接视觉呈现的东西,让自己不会变成石头。

这个神话故事的精彩发挥,见于卡尔维诺《给下一轮太平盛世的备忘录》(繁体字版译名),其中"轻与重"一章。若把它拿来讲生活与读书,我也觉得非常适合。

生活这么重,而阅读,使我们轻盈。

阅读让我们不限于只活在这个被物理、被肉身所禁锢的当代。我们打开一本书,像小叮当打开他的任意门,立时我们就置身于几百年几千年前的现场,《诗经》时代的山河人世,《楚辞》的日月香花药草,《荷马史诗》里神祇们游荡割据的地中海。那些英雄美人,平民生灵,天啊我们都看见了。阅读让我们得以任意出入于滔滔已逝的时间长流之上。当然,阅读亦让我们身处世博上海的此地此刻,只要我们打开一本书,我们就到了哥伦比亚的马尔克斯的马康多小镇。我在台北,我读到了李娟,真不可思议我同时就在李娟那唯一无二的新疆。

如何我们可以挣脱现实生活的重力加速度呢?阅读是我们一双会飞的凉鞋。"春风无限潇湘意,欲采蘋花不自由",作为人我们是不自由的,但阅读使我们能够活得潇洒。

【微评】"我爱读书,我爱生活"完全是正能量的表达,但其实意义是很含糊的。如果我们说"阅读是对于生活的救赎",似乎更符合对当下阅读的意义与价值的描述。在板结的生活面前,唯有阅读让我们飞翔。

赵荔红

书痴的日常生活

"我要逃离对你的痴迷,不再给你以任何搭理。"

贺拉斯这幽怨的诗行,是献给书的。就一个典型男书痴言,对书的亲爱,等同甚至超越女人。又要书,又要女人,怎能不三心二意?唯一办法是,让他亲爱的女人也爱书,成为一个女书痴。美国诗人藏书家尤金·菲尔德断定,让一个女人爱书,几乎不可能。除非——除非在她心智尚不成熟时,就遇见了她的书痴男人,他一手打磨、塑造一个像爱她男人身上的零部件一样狂热爱书的女人。未来岁月,当她抚摸那些布绒面纸面图书时,眼睛会闪动绿光如同盯着钻石,她会绕着打折书架转悠如同狂热选购换季衣裳,她会不由自主与二手书贩认真攀谈……

尤金·菲尔德的话不无道理。我怀疑自己对书的热爱,全因年纪轻轻就遇见我后来的先生。想想看,一个笨拙的小城镇女孩,突然遇到一个文雅男子,他口中的柏拉图、埃斯库罗斯、希罗多德、贺拉斯、但丁、歌德、卢梭等名字,在宽大幽暗校园、潮湿阴翳的梧桐树下,这些名字带来的书籍气味是多么让人沉醉;那些32开16开发黄斑点的书，被他的手握着，就那么迷人地印在了心上。于是我迅速加入了他的淘书行列。他买书，我就捧着；他捧书，我就掏钱。当然，他非常乐于送书给我作礼物（其实有时候我还是喜欢衣服、首饰、鲜花和毛绒熊的）。1990年新年，他送我一本小32开软精装《红楼梦》（尽管我早有了各种复杂的版本）说是便于携带，让我随时随地从任何一页读起；2000年新年，他送我一本安娜·帕福德的《植物的故事》，以酬劳我像爱植物一样爱生长在书柜里的书；2010年到来，他送我一整套旧版茨维塔耶娃，只不过我在烧菜时谈起她的爱情及那些在锅台灶边写下的高贵诗行。一个书痴的典型病症是，巴不得将他所认为的好书，每人一本分送给他所有的朋友。一个小小的理由，足以让他兴致勃勃将书捧到你面前；什么理由也不用，他已经走在去书店的路上了。

至于我自己，为配合一个书痴的全部生活，硕士毕业后，就顺利成长为一个做书人。每天往返于出版社与家之间，触手所及，都是书。碰见的也都是写书的、买书的、做书的、读书的，以及藏书的——有个家伙，十年前买的书，往房间一搁，再没打开过包装；还有个学者，仅仅在书目上打个勾，就认定这些书已被他占有了。我工作的第一个月，是在出版社图书馆学习书目检索，那里收藏上世纪30年代中华书局遗留下的图书期刊，昏暗过道，深色木书架，须爬上梯子才够得着最上一排，嗡嗡响摇脑袋的电扇，高而暗的房间散发着防蛀防霉丸及陈旧图书蒙尘的混合闷热气味。15年过去了。不知不觉间，我自己变成一本书：当我二十多岁穿碎花白连衣裙时，我是本窄边小32开的五角丛书；如今我是小16开宝蓝麻衣封面内页纯质纸的文学书;当我成为小核桃脸婆婆时,我会是本深棕色布绒面32开烫金字的版本学专著?这样被书籍浸染,我对他说的话,就是这样的了:"你再读完一个印张就开饭了";"这大提琴声有哑铜版的质地";"那些丝绸比进口纯质纸还滑啊";"天哪,这人呆板得像本辞典";"你不要将衣服折成八开大,要折成十六开才好"……

有关读书年代的淘书经历,在我初涉写作时,便以煽情的笔调写了篇《男人与书》。我当时得意洋洋,因为贴出来,后面跟了一堆男书痴,叹息道:怎能遇见这么个善解人意、对买书全然不怨恨的女人呢?他读了却皱皱他那严谨学者的眉脚:你总是将现实与想象混为一谈。其实到如今我还是半梦半醒,所说的有一半读者都请不要相信。不过,我发誓,我当真问过他:书,音乐,我,书是排第一位吧?他回答说:当然你是第一位啦。于是我就宽容了书的霸道,一任他将买衣服的钱用去买书了。还有一些细节当然也是真的:比如我们买的那套人民文学1978年版《莎士比亚全集》,的确是在折成豆腐块的宿舍被子上读的,当然也在寝室过道昏暗灯光、课堂上(前面放专业书遮挡)读,那时,我俩的对话就是"在你没有要求以前,我已经把我的爱给了你了;可是我倒愿意重新给你"这样的。再比如,大学四年级,图书馆发疯,将一些上好版本的图书以最低折扣大甩卖,他和G、Z三人去书架混抢,派我蹲守角落看管书,七十多元买了百来本,多是商务版的汉译名著;至于中华书局那套影印本《钦定词谱》,我伸手的时候,同学G也要,被我横眉冷对吓回去了。他至今还在耿耿于怀我的小心眼兼小气吧。这套书早已绝版,如今也是绝不能让给他的。读研究生时,吃罢晚饭,溜达到国年路那,总有个面容瘦削、头发略秃的老头，拎只麻袋蹲在路边，摊了几本书出来，一面招呼顾客，一面神色鬼祟慌张留心着城管，他的书总是新的，混熟了，也总要讨价还价磨半天，我就去旁边小摊点看看草莓小罐子啊，头饰啊（我当然没被完全驯化），回来时他脚边已经堆着一摞书了。

回忆这些零零碎碎，其实是叹息，那样的淘书时光多么美好啊。钱少，书品种少，必须淘，斟酌比较，淘得价廉版本好内容上品的书，这种乐趣，岂是那些闭眼大把花钱买书的能体会到？据说四次出任英国首相的威廉·E.格莱斯特，每次走进书店，就气派地一挥手，往四面角落画了几个圈，说："就送那些。"他买走目光所及的一切，定购的书不是以册数，而是以车数，很快的，家里就书满为患。他就将他认为无用的书扫地出门；隔些时候，这些被抛弃的书，被二手书贩以高价重新卖给格莱斯特先生。如今我家里，也很快书满为患了。他当然不及格莱斯特气派，也能做到想要的书都买了回来。当我们的房子还不足40平方米时，书不满三千册，他经常坐在凉席上，将书摊放出来，有时按国别排，有时按作者生卒年排，有时又按出版年份排，这样的辰光，他安静得很，连音乐也不要听。搬去新房时，从整理书入箱，再打包，再排到书橱内，忙了一个多月，一次性搞怕了，很长时间他就没鼓捣那些书。再后来书超过万册了，他再也没能力全部摊出，只在有限的区域内挪挪位置。但他还是记得住每本书的大约位置。据说拿破仑对其藏书了如指掌，每本书都在专门柜子有其独特位置，一伸手就能拿到想要的书。这点他还做不到，有时会买重复的书。但是假如我想要一本写落雁糕做法的书，他会迅速抽出《中华名物考》给我；若要寻一本谈书的，他就抽出《书于竹帛》《聚书的乐趣》这样的给我；假如他出差在外，我要找本朱熹生平，他就在电话里说，在E架M行内排靠左，不出二三本，我就能找到我想要的。

　　某个明朗的下午，光线因为竹帘细密的过滤而让房间显得阴翳，在这寂静中会听见书们均匀呼吸。他拉开书橱的一扇门，随便翻弄一本什么书，或者无所事事地来回逡巡，喃喃自语："他们都是我的孩子，整整齐齐乖乖地站在那里"，或者陷落在沙发里，长久沉默地盯着他的书。这时候，我这本宝蓝麻衣16开小书，矮矮地在房间移动，这个光景，是很好的。博尔赫斯说："让别人去夸耀写出的书好了，我则要为我读过的书而自诩。"甚至都不用读书，只为坐拥书城自诩。只要与这些书一起呼吸，只要坐在他们之中，被他们包裹，就心安理得。尤金·菲尔德为自己做的藏书章是："我书我心，不离不弃。"他说他不能想象某天早上起来，他的这些伙计们全然不见了。而我们的藏书章是："人书俱老。"

　　【微评】如此深情地表达对于书的热爱，真的很让人动容。尊敬还是一种隔了一层的情感，而如《红楼梦》里宝钗姐姐金锁上所刻"不离不弃，芳龄永继"，或许可算是爱书的至情了。更重要的是，对书的热爱似乎是反抗今日平庸的一种姿态了。

冷冰川

艺术随笔

肌理

绘画肌理,一种有触觉的视觉阴影,有时又像是言说的游戏——可它不是游戏。它是"触觉视觉"高度浓缩的平面;是平面瞬间的开放;是绘画里手的节制与放纵的一种戏剧;或者它什么也不是,只是一种综合松散的生物形态和几何的因素。我们把它看成一种相对效果的游戏,所以画面中到处看到"手"的痕迹(事实上也是艺术家深入挖掘的材料肌理影响着我们,甚至确定作品的最终形式)。

肌理的戏剧是我喜爱表现的,它是我对平面的好奇,对好奇心的一种抚摸。但我又始终想逃离它,摆脱它多余的讯息和能量。有时,我过分注重了肌理的观念,以致无法对正常的平面和其他负责。

我希望有人理解我是在自然地、有意地破坏画布平面独一无偶的规则;肌理通过天真或天真的失控,引出其他"言在此而意在彼"的黑洞效果,它幽微的触觉的颗粒,及其多变的复杂性,犹如一粒粒种子,埋伏在四面八方;我把它们看成自然的一种特别表达,而不是模仿自然。它唯一的作用就是为作品的蕴涵说话。但它真正的力量并不在它能说什么,而是它没能说出来的部分——不说出来反而更容易察觉。

创造

所有的创造都是暴力。

一个为自己的热情所驱使,为自己热切的肉身灵感、快感所享用的——至少在这个时刻也为我们摧毁习俗和禁条——就是创作的暴力。

于是不知为什么我就忘记了自己。

(旁白)如果创造总是以革新为向导(事实创作做的就是这个梦),随后与谁交流时,不知为什么,我却说不出更多。

二月二日的忠告

1. 艺术是人造的。

2. 自然的艺术不存在。

3. 艺术有自身规律,但规律不可靠。

4. 一切技法都是重复,情感也如此(一切被较低级或更低级的所重复,不能避免)。我们总是错过技术的本质。

5. 不要过于平淡。也不要越过自然平淡。

6. 创作是情感的一种通道,其中有很多私心,所以痛苦是人造,人永远不会成熟。

7. 私心很真切,这就是美的原因。

8. 没有什么"纯粹",做到自然为止。

9. 创作的真谛很简单,很平常,没有深奥的东西(事实简单,却成了疯狂的借口)。

10. 至少保持纯真的品质(已经没有机会解释纯真的意义了,所以对它的保护也是一种诗)。因为真正的创作,亦如真正的禅,只有童心未泯的孩子才能理解。

11. 本色喜欢隐藏,所以没有什么深沉的真相。

12. 本色真相完全不能穷尽,所以本色似乎是失去的。

13. 艺术里最重要的东西不是靠才智完成的(事实证明,若愚蠢一些会好得多,因为智力连简单的冲动也不会轻易解决)。失智的自尊心要隐瞒。

14. 没有什么能满足完美的答案(我们只有以"美"的方式默认了这样巧妙的安排)。

15. 自由是一种游戏(只有借助游戏的力量才有可能超越所有的界限)。但游戏永远没有称心的时候。

16. 正是人违抗的东西成全了人。创造促使每个人成为自己生命的创造者。

17. 孩童教导我们,要始终保持做一个自由人。童心,就是我们称为"诗"的东西。

18. 不和理性讲道理。

19. 没有一种孤独我们不可以做到,因为我们始终不能领悟到求索之物的本性。

20. 什么都可以利用。只要你能够回忆。

21. 把所有最美好的都播种下去,再播种下去。艺术家的任务就是清洗喜悦的种子,并播在心田。——也许一个献身于艺术的人就是一粒种子。

22. 直到最后你才知道,你用生命追求的原来是你早就有过而又失去的东西。

偶然

来自离题的平常心。它有时是诗,有时是为了澄清诗。

无题

所有美好的,只有美好的,在离开我们。

【微评】真的很喜欢这些浓缩的智慧,每一句话都像Espresso,随你加工成卡布奇诺还是拿铁。不过它不太适合只喝软饮料的人,因为它有足够的苦味。

周玉明

生命的救生圈
——周国平谈哲学、写作与阅读

周玉明： 我读过你的不少学术专著、散文集、诗集和纪实作品。我想问，你是不是把哲学始终当作生命的救生圈？

周国平： 上个世纪九十年代发生了一件出乎我自己意料的事，就是我成了一个散文作家。其实，我哪里是在写散文啊。因为女儿妞妞的灾难，因为婚变，我不得不劝慰自己，开导自己，而我的资源只有哲学，手段只有文字，于是写下了许多哲学性的感悟和思考，这些东西便被人称作了哲理散文。在我迄今为止的全部生涯中，再也找不出这样一个时候，我从哲学那里获得了如此重要的帮助，正如你把哲学比作是我生命的救生圈。

在我的散文中，我的思考和写作始终围绕着那些最根本的哲学问题：生命的意义，死亡，时间与自我，爱与孤独，苦难与幸福，灵魂与超越，等等。在现代商业化社会里，这些问题由于被遗忘而变得愈发尖锐，成为现代人精神生活中的普遍困惑。我想，也许正是这个原因，我的作品才会在一些读者中获得共鸣。我不过是在用文学的方式谈哲学,如果认为哲学只能有学术论著一种表达方式,那是对哲学史的无知。只要提一下狄德罗、卢梭、伏尔泰、尼采甚至柏拉图就可以了。

周玉明: 作为一般的读者,他们更多地还是从你的散文了解你的,而你写的哲理散文也确实为很多在生活上出现迷途的年轻读者指点了方向。您是怎么看待这种现象的呢?

周国平: 我一直说,我是为自己写作,所思所写大多是为了解决自己的问题。这是实话。读者的反馈表明,许多人与我面临着相似的问题,所以发生了共鸣,我对此感到欣慰。有人认为我不务正业,我不在乎。对于我来说,不存在正业副业之分,只要我是在做自己真正喜欢做的事,就是在务正业。读者看重的显然主要是我的作品的哲学内涵,而非散文的技巧。我丝毫不忽视学术工作的重要性,我自己也用相当精力做这个工作,例如研究和翻译尼采,我的散文写作也是以这个工作为基础的,如果没有深入研究过许多伟大哲学家的著作和思想,我写不出这样的散文。但是,我蔑视那些现在没人读将来也不会有人读的所谓学术论著,它们的惟一用处也许是评职称和讨课题经费。

周玉明: 作为一个学哲学的人,您认为哲学在现在这样一个商品社会能够发挥什么样的作用?和二十年前相比,您觉得哲学处在一个什么样的位置上?

周国平: 如果把哲学看作精神生活的理性形式,那么,它在商业社会的处境是矛盾的。一方面,追逐实利的普遍倾向必然使它受到冷落。另一方面,追逐实利的结果是精神空虚,凡是感受到这种空虚并且渴望改变的人便可能愈加倾心于哲学。所以,哲学既是这个时代的弃妇,又是许多人的梦中情人。上世纪八十年代中后期,借着思潮的作用,哲学曾成为一种时髦。现在,哲学已失尽昔日光彩,但这不等于它没有地位了。毋宁说,人们对哲学的喜爱越来越个人化了,因而也更真实了。

我始终认为,哲学不是公共事业,而是属于私人灵魂的事情。当一个人的灵魂对于人生产生某些根本性的疑问时,他就会求诸哲学。真正的哲学问题是古老而常新的,但它永远是一块清静的园地,在这里我们可以摆脱琐碎的日常事务,从容倾听自己灵魂的独白,并和别的灵魂对话。

周玉明:我想更直截了当地问一句:哲学究竟是什么?

周国平:哲学本身就是生活,是一种生活方式。在古希腊,当哲学发源之初,这乃是不言而喻的事实。从词源看,"哲学"一词的希腊文原义是"爱智慧"。这显然是一种人生态度,而非一门学科。对于最早的哲学家来说,哲学不是学术,更不是职业,而就是做人处世的基本方式和状态。

周玉明:最近几年,你写作的主调,似乎是:人的心灵应该是善良、丰富、高贵的。请你谈谈自己的写作。

周国平:好的作者在写作上一定是自私的,他决不肯仅仅付出,他要求每一次付出同时也是收获。人们看见他把一个句子、一本书给予这个世界,但这只是表面现象,实际上他是往自己的精神仓库里又放进了一些可靠的财富。这就给了我一个标准,凡是我不屑于放进自己的精神仓库里去的东西,我就坚决不写,不管它们能给我换来怎样的外在利益。

我的一些朋友有强烈的社会责任感,要用作品直接影响社会进程。我不给自己树这样的目标。我写作从来不是为了影响世界,而只是为了安顿自己。我的所思所写基本上是为了解决自己的问题,也许正因为如此,写出的东西才会对那些面临着相似问题的人有所启迪,从而间接地产生了影响社会的效果。自救是任何一种方式的救世的前提,如果没有自救的觉悟,救世的雄心就只能是虚荣心、功名心和野心。

如果我的写作缺乏足够的内在动力,就让我什么也不写,什么也写不出好了。说到底,一种没有内在动力的写作只不过是一种技艺罢了。无论在何种技艺中生活一辈子终归都是可怜复可怜的。最重要的是灵魂的认真和活泼,是内在的精神生活的连贯性,而不是写作。

周玉明: 我的写作就是从记日记开始的,它让我的生活变得有意义,使我关注生存的目的和信仰,让无助的灵魂得到解救。我的感官也因此变得敏锐而活跃。我总希望我们的孩子能每天记日记,因为成长需要与自己的灵魂对话。你同意我的看法吗?

周国平: 最纯粹、在我看来也最重要的私人写作,就是日记。我相信,一切真正的写作都是从写日记开始的,每一个好作家都有一个相当长久的纯粹私人写作的前史,这个前史决定了他后来之成为作家不是仅仅为了谋生,也不是为了出名,而是因为写作乃是他的心灵的需要,至少是他的改不掉的积习。他向自己说了太久的话,因而很乐意有时候向别人说一说。

我认为我的写作也应该从写日记开始算,而不是从发表文章开始算。通过写日记,我逐渐获得了一种内在的视觉,使我注意并善于发现生活中那些有价值的片断,及时把它们抓住。如果没有这种意识,听任好的东西流失,时间一久,以后再有好的东西,你也不会珍惜,日子就会过得浑浑噩噩。我相信大多数好的作家的写作是从写日记开始的,他们最好的作品也往往是某种变相的日记。

周玉明: 为灵魂而写是最好的写作状态。请谈谈你所追求的写作境界。

周国平: 对于一个精神探索者来说,学科类别和文学体裁的划分都是次要的,他有权打破由逻辑和社会分工所规定的所有这些界限,为自己的精神探索寻找和创造最恰当的表达形式。

对于一个写作者来说,最大的浪费莫过于为了应付发表的需要而炮制虚假的文字,因而不再有暇为真正属于自己的思想和感受锤炼语言。这就好像一个母亲忙于作为母亲协会的成员抛头露面,因而不再有暇照料自己的孩子。

我并不想标新立异,说出前人或今人从未说过的话。事实上,在这些所谓的永恒话题上,人类的感悟有共通之处,说不出多少新奇的话来。不过,只要你的感受的确是你自己的,是活生生的,你把它写出来,别人读了就会有新鲜之感。可贵的是新鲜而非新奇,真实的、活的就是新鲜的。

周玉明: 在今日中国,常常是媒体引领着大众阅读的走向,而在媒体背后常常是出版商。当前图书的出版量极大,有好书,但也生产出了大量垃圾,包括畅销的垃圾。面对这种情况,你认为媒体该怎么做？

周国平：我认为负责任的媒体应该做两件事：一，依靠有判断力的专家和爱书人，向大众读者推介适合其水准的真正的好书，使它们成为畅销或比较畅销的书；二，认真鉴别出版商所制作的畅销或比较畅销的书，对其中低劣或平庸的书予以有说服力的批评，至少拒绝替它们宣传，遏制它们的畅销势头。

周玉明：理想的读者是什么样的呢？

周国平：读者是一个美好的身份。每个人在一生中会有各种其他的身份，例如学生、教师、作家、工程师、企业家等，但是，如果不同时也是一个读者，这个人就肯定存在着某种缺陷。一个不是读者的学生，不管他考试成绩多么优秀，本质上不是一个优秀的人才。一个不是读者的作家，我们有理由怀疑他作为作家的资格。在很大程度上，人类精神文明的成果是以书籍的形式保存的，而读书就是享用这些成果并把它们据为己有的过程。质言之，做一个读者，就是加入到人类精神文明的传统中去，做一个文明人。相反，对于不是读者的人，凝聚在书籍中的人类精神财富等于不存在，他们不去享用和占有这笔宝贵的财富，一个人惟有在成了读者以后才会知道，这是多么巨大的损失。历史上有许多伟大的人物，在他们众所周知的声誉背后，往往有一个人所不知的身份，便是终身读者，即一辈子爱读书的人。然而，一个人并不是随便读点什么就可以称作读者的。在我看来，一个真正的读者应该具备以下特征：

第一，养成了读书的癖好。也就是说，读书成了生活的必需，真正感到不可缺少，几天不读书就寝食不安，自惭形秽。如果你必须强迫自己才能读几页书，你就还不能算是一个真正的读者。当然，这种情形决非刻意为之，而是自然而然的，是品尝到了阅读的快乐之后的必然结果。事实上，每个人天性中都蕴涵着好奇心和求知欲，因而都有可能依靠自己去发现和领略阅读的快乐。遗憾的是，当今功利至上的教育体制正在无情地扼杀人性中这种最宝贵的特质。在这种情形下，我只能向有见识的教师和家长反复呼吁，请你们尽最大可能保护孩子的好奇心，能保护多少是多少，能抢救一个是一个。我还要提醒那些聪明的孩子，在达到一定年龄之后，你们要善于向现行教育争自由，学会自我保护和自救。

　　第二，形成了自己的读书趣味。世上书籍如汪洋大海，再热衷的书迷也不可能穷尽，只能尝其一瓢，区别在于尝哪一瓢。读书是一件非常私人的事情，喜欢读什么书，不论范围是宽是窄，都应该有自己的选择，体现了自己的个性和兴趣。其实，形成个人趣味与养成读书癖好是不可分的，正因为找到了和预感到了书中知己，才会锲而不舍，欲罢不能。没有自己的趣味，仅凭道听途说东瞧瞧，西翻翻，连兴趣也谈不上，遑论癖好。针对当今图书市场的现状，我要特别强调，千万不要追随媒体的宣传只读一些畅销书和时尚书，倘若那样，你绝对成不了真正的读者，永远只是文化市场上的消费大众而已。须知时尚和文明完全是两回事，一个受时尚支配的人仅仅生活在事物的表面，貌似前卫，本质上却是一个野蛮人，惟有扎根于人类精神文明土壤中的人才是真正的文明人。

　　第三，有较高的读书品位。一个真正的读者具备基本的判断力和鉴赏力，仿佛拥有一种内在的嗅觉。这种能力部分地来自阅读的经验,但更多地源自一个人灵魂的品质。当然,灵魂的品质是可以不断提高的,读好书也是提高的途径,二者之间有一种良性循环的关系。

一旦你的灵魂足够丰富和深刻,你就会发现,你已经不能容忍那些贫乏和浅薄的书了。

能否成为一个真正的读者,青少年时期是关键。经验证明,一个人在这个时期倘若没有养成读好书的习惯,以后再要培养就比较难了,倘若养成了,则必定终身受用。

周玉明: 你能给书分分类,并提供一些更具体的忠告吗?

周国平: 我们也许可以极粗略地把天下的书分为三大类。一是完全不可读的书,这种书只是外表像书罢了,实际上是毫无价值的印刷垃圾。在今日的市场上,这种假冒伪劣产品比比皆是。二是可读可不读的书,这种书读了也许不无益处,但不读却肯定不会造成重大损失和遗憾。世上的书,大多属于此类。我把一切专业书籍也列入此类,因为它们对有关的专业人员才是必读书。三是必读的书。所谓必读,是就精神生活而言,即每一个关心人类精神历程和自身生命意义的人都应该读,不读便会是一种欠缺和遗憾。

应该说,这第三类书在书籍的总量中只占极少数,但绝对量仍然非常大。它们实际上是指人类文化宝库中的那些不朽之作,即经典名著。对于这些伟大作品不可按学科归类,不论它们是文学作品还是理论著作,都必定表现了人类精神的某些永恒内涵,因而具有永恒的价值。在此意义上,我称它们为永恒的书。要确定这类书的范围是一件难事,事实上不同的人就此开出的书单一定会有相当的出入。

不过,只要开书单的人确有眼光,就必定会有一些最基本的好书被共同选中。例如,他们决不会遗漏掉《论语》《史记》《红楼梦》这样的书,以及柏拉图、莎士比亚、托尔斯泰这样的作家。

我要庆幸世上毕竟有真正的好书,它们真实地记录了那些优秀灵魂的内在生活。不,不只是记录,当我读它们的时候,我鲜明地感觉到,作者在写它们的同时就是在过一种真正的灵魂生活。这些书多半是沉默的,可是我知道它们存在着,等着我去把它们一本本打开,无论打开哪一本,都必定会是一次新的难忘的经历。

周玉明: 我理解做终身读者就是终身坚持精神追求,无论顺境逆境都抓住生命的救生圈。

周国平: 对。现在的不少大学生,在学校时都比较有理想,一旦走入社会,要坚持精神追求就不容易了。事实上,被同化是每天都在发生的事。我的经验是,千万不要跟着媒体跑,把时间浪费在那些乱七八糟的流行读物上。媒体的着眼点基本上是文化消费,而如果你的生活的全部内容只是劳作和消费,怎么还能有真正的精神生活呢?相反,如果你经常与古今中外的圣哲会面,就会从他们那里获得一种强大的力量,使你有可能抵御社会的同化。

【微评】无论是哲学的思考、写作还是阅读,实际上表明的是对于日益平庸的日常生活的反抗,其所捍卫的是一颗特立独行的灵魂。

辑三

李修文

把信写给埃米莉

我要说起你了,埃米莉·狄金森。就在昨天,我结束旅行,坐火车回家,在山区小镇寒伧的候车室里,我看见了一个哭泣的中年妇女,还有她沉默的女儿。我并不知晓她们被搁置在了什么样的难处里,但我大致还是能明白中年妇女的哭泣:生而为人,谁能逃脱这些哀恸?无论何时,我们身外的世界里一定有人在流下眼泪,不在这里,就在那里。后来,我和她们一起上了车,几乎算得上是邻座,因此,一路上,中年妇女的痛哭声始终在我耳边萦绕不去,反倒是那哀戚的女儿,就像是接受了已经降临的悲苦,确切地生出了不得不的淡定,替母亲擦去眼泪之余,她就靠在窗子边上看书。埃米莉,她读的是你。

假如你是我想象过的那样——你不在阿默斯特的坟墓中,而是就在我的生活里——你应当都看见了:十几年了,我从来都没有停止过读你,许多次,当我也陷入悲苦,无论是在手术室外,还是在送葬途中,我像救命稻草般攥在手里的,全是你的句子。那么多人,或是轻微的不屑,或是径直的嘲笑,多半都会如此相待于我的十几年读你，但是，如此甚好，我偏要过我的独木桥：最好没有一个人读你，如此，便只有我一个人知道你的好。"灵魂选择自己的伴侣，然后，把门紧闭，"你早就说过，"她神圣的决定，再不容干预。"

关于我和你的遭逢，它一直都是记忆里最突出的部分：17岁的暑假，作为一个多年如一日的差生，我对学校生涯的忍耐似乎到了极限，尽管到了后来，机缘转换，我重回了学校，但是，暑假一开始，我还是兴奋地接受了父亲的安排，前往一个偏远的税务所，就此成了收农税的临时工。有一回，我路过水库边上的铁匠铺，遇见了铁匠的女儿，这个远近闻名的老姑娘，终日幽闭不出的乡村语文教师，竟然跟我谈起了诗歌。谈论的结果，是因为我从来没听说过"埃米莉·狄金森"这个名字，受了她不少奚落。当夜，我就赶回城里，直奔新华书店，买回了印着你名字的三本书，它们是你的诗歌、日记和书信。

那是再也回不去的八月、青春和桃花源，埃米莉，我接受了你，不不，是被你我疯魔了，我带上税票，骑着自行车走村入镇，经过了河渠和簇拥的灌木，经过了果园和月光下的玉米田，你的声音响起了，它们不光是一直在我身体里翻滚却说不出来的话，甚至是眼前万物的画外音。你说："一颗小石头多么幸福！在不经意的朴素里，把绝对的天命完成。"你还说："为每一个喜悦的瞬间，我们必须偿以痛苦至极，刺痛和震颤，全都正比于狂喜！"你都看见了：在那荒僻小镇，除了把幽闭不出的老姑娘想象成了你，我只差没把铁匠铺看作尖顶教堂，我也几乎将绵延的菜地都看作了阿默斯特的玫瑰园。

——谁能告诉我,这平常的所见,为什么横添了从未见识过的奇幻和庄严?到头来,我还是要去你的诗歌与书信中寻找答案:"我的伴侣是小山和夕阳,他们全都比人类优越,因为他们懂事,但却并不诉说。"

　　你知道,我总是在失败,即使是在异国的东京,也没有例外:第一次坐飞机,第一次走了那么远的路,胆子都被吓破了,这便是我远渡重洋和手足无措的19岁。总是在下雨,我又总是迷路,而且,不管我还在种满了山毛榉的分梅町住多久,落荒而逃都已经成了定局;接连搬家,签证过期,卖假电话卡混一口饭吃,这些,都成了定局。所以,趁着还有饭吃,我干脆下定决心:不再出公寓一步,画地为牢,再把牢底坐穿,以此证明自己的彻底无用。

　　但是,慌张和恐惧,全都如影随形,我根本不可能赶走它们,幸亏有了你,埃米莉,一本诗歌,一本书信,一本日记,它们都快被我翻烂了,我恶狠狠地读着它们,就像初入佛门的沙弥,睁眼便有万千勾连,还是赶快将双目紧闭,让经文拷打身体,最好是着火,烧遍五脏六腑,说不定,火焰里还能滋生出些微算得上安慰的谵妄:既然你的孤绝与艰困我能明白少许,那么,是不是说,有一天,我也能像你一样,用书写驱赶疑虑与不安,用书写将自己的一生都圈禁在中意的囚牢里?果能如此,我现在就不用再沦于羞愧,因为那根本就是我的福分。

　　解脱竟然来得如此容易,而你也竟然无处不在:这是有了你的困顿和流离,这也是有了你的秋叶原和武藏野,我是真正有了你的我。自此之后,无论是被房东赶出了门,还是宿醉之后的不知身在何处,它们全都有了出路:一个念想诞生了。这念想,是从天而降的崭新的肝胆,却也不要忘了,时刻怀抱自己的虚弱与无用,埃米莉,如你所说:"我就像一个路过坟场的孩子,因为害怕,我唱起了歌,先生,这就是我的写作。"

实在是,人人都需要一个埃米莉,别管她的姓氏,是狄金森,还是赵钱孙李,只要她是埃米莉。把信写给她,她再回信给你,那回信里有她的呼救声,更有她赐还回来的奇迹。假使你站在垂危亲人的床榻前,她说:"死亡就像大众一样,它们都是我无法驾驭的。"又或者,你在上司的责骂声里无地自容,她说:"正因为你先使我流了血,所以,香膏才显得弥足珍贵。"还有更多失望的时刻,因为爱与不能爱,因为生与不能生,我们都没能等到那个跪求的结果,还好,有她的声音传来:"假如它属于我,我不能避开它,假如它不属于我,我还在追逐中空自度过漫长的一天,这样,我的狗都会嫌弃我。"

而你,究竟是怎样的一个你?容我暂做使徒,对旁人说起你的名字,不为布道,为的是,一旦落入虚空,我就要磨洗我的功课:埃米莉·狄金森,1830年降生在马萨诸塞的阿默斯特小镇,25岁那年,她抛弃身外世界,就在自己的闺房里,开始了长达三十年的闭门幽居,即使家人也只能隔着门缝和她说话;一生中,她只穿白裙,在她眼里,世界上最庄严的事情,就是"一身洁白地去见洁白的上帝";她疾病缠身,时常被眼疾所困,有许多年更是深陷于精神错乱;爱过几个男人,但都没牵过手,就连让她在数年里摧心碎骨的那一个,终其一生,也不过只跟她见过寥寥几次面而已;写诗,写信,写日记,这是她唯一能做的事情,但她却并不愿意让人知道,她将它们深藏在直到自己死去才被妹妹发现的箱子里;1886年,她辞别人世,葬礼上,她仍然身着白裙,"没有皱纹和白头发,难以言说的安宁"。

我还要说起你,埃米莉·狄金森。对于我,皱纹和白头发定然会不请自到,可是,我想知道,活在这劳苦的尘世,究竟要踏上怎样的一条道路,才能获得"难以言说的安宁"? 如你所知,我来到了此时此地,此时是青春已然结束、繁缛的中年掀开了序幕;此地也不再是月光下的玉米田,而是厨房、菜市场和怀抱病中的孩子朝医院奔跑的路上。就像石头渐渐露出水面,这一场生涯正在显露它的原形:医院里忍气吞声,酒宴上满面堆笑,历经多年折磨,我也终于学会了那些别人爱听的话,说出来的时候,再也不心惊胆战;可是,那个害羞到怯懦的人去了哪里? 不管是置身在小镇的灌木丛,还是踟蹰于东京的电车站,那颗都要在微光里攥住一点碎末去疯魔的心,它去了哪里?

再说一次,埃米莉,幸亏有了你。要么是在无由的焦虑之后,要么就是在早晨起床后的悔恨里,我再开始读你,恶狠狠地读你,并没有花去多长时间,很快我就重新确认了:自从与你遭逢,你投射的光影,还有发散的福分,它们都不曾将我背弃,这福分虽然像真理一样缄默,但它始终都在,不过是我多年的厮混将它拆成了碎片,现在,聚拢魂魄的时候到了,这魂魄不在他处,就在奔跑途中,就在责难声里,是的,一如既往,它仍然是、从来都是我们的虚弱与无用——"一旦被黎明或晚霞的景色所吸引,你看,我就成了美景中唯一的袋鼠了,多么奇怪,美景对我已经成为一种痛苦的折磨"——这苦痛,不止是弃世和自绝,也可能是打字机上的酸楚和办公室里的痛哭,但它们都是苦的;这美景,不止是埃米莉的黎明或晚霞,也可能是我们亲人的大病初愈,但它们都是美的。

我们只能在这里,而不是在那里,我们只能亲近这里,而不是跪拜在那里。

闪电般的指引,不是锦上添花,是让我自己开出花来:脱落迷障,减去道行,站在疑难、困顿和窘迫的这一端,重新回到弱小和羞怯的阵营,举目四望,是厨房,是菜市场,是病床,但它们恰好就是我应该继续潜伏的战场,将它们放在阿默斯特,它们只怕全都是埃米莉的闺房,闺房里有深渊和暴风,但它首先是黄金与白银般句子的温床。我此刻踏足的,即使只是一条夜幕下的中年的绝路,你又怎么知道,走到最后,那回不去的八月、青春和桃花源不会又扑面而来?

埃米莉,你一直在这里:晨昏有别,你在黄昏里;狂喜与痛苦有别,你在痛苦里;在所有庞大物事对面的阴影中,你就端坐在那里,等浪打来,再等浪尽,绝非认命,而是清醒。我曾经走开了,现在我又要走回来,像你一样,在面包屑上看见盛宴,用蜜蜂、三叶草和白日梦缔造一片草原。假如奇迹和造化前来敲门,我只能像你一样:"握住你从黑暗里伸过来的手,然后转身走开,因为我说不出适当的话。"

——是啊,人人都需要一个埃米莉,把信写给她,她再回信给你。当你披星戴月,她说:"水手不能辨识北方,但他应当知道,磁针能够做到这一点。"当你心有余悸,她说:"要用娓娓动听的言辞,解除孩子对雷电的惊恐,强光必须逐渐释放,否则,人们会失明。"当你在春风和白雪里双双失足,想掉头而去,却欲罢不能,她又说:"车辇停在她低矮的门前,她不为所动,皇帝跪在她的席垫上,她不为所动,她从众多的人口里选定了一个,从此关闭心灵的阀门,就像一块石头。"

别管她的姓氏,是狄金森,还是赵钱孙李,只要她是埃米莉,只要她的回信能够送到我们手里。要是没有她和她的回信,我们在狂奔中如何落定?我们在瘫痪中如何起身?我们又如何才能劈开自己,从体内的黑暗里拽出躲藏着的另外一个、甚至是千百个我?可是埃米莉,这么多年,你都看见了,"假如我要感谢你,"就像你说过的,"我的眼泪就会涌出来,使我说不出话。"

【微评】每个人简单平淡的生活中,都应该有一个埃米莉·狄金森,因为她的存在,一切平淡、烦躁甚至痛苦都能够转变为一种美和一种智慧。文学的意义大概就是给予所有爱它的人一份生活的勇气。

鲍尔吉·原野

每个人理应赞美一次大地

每个人理应赞美一次大地,那是他们最终要去的地方。

但我们好像要想一想才想起什么是大地。它不是水泥地(水泥是大地的禁锢),不是楼房(楼房并不是土地长出来的东西而是政府与商人合造的商品)。大地也不是街道(地在街道底下)。大地是长庄稼的地吗?

长庄稼的地叫耕地,它是大地的一小部分,可以养人,古人称为田。大地并没少,耕地却越来越少,人类开始在耕地上盖楼,吃饭的问题以后再说。大地上有村庄吗?有,但这是过去。过去,村庄生长在大地上,长在河边,像大地上结的一个葫芦。现在村庄已经荒芜。如果村庄可以衰老,如今它们正在衰老,农人的门锁了好多年,院墙废圮。村庄的主人去了城里打工,村庄由于缺少人气而老态毕现。没有鸡鸣犬吠的村庄老得最快。而另一些村庄是被活生生消灭的,政府让乡民进城住楼,把他们腾出的村庄下面的土地用作工业用地和商业用地,总称发展。在没有露水、鲜花、青草和小猫小狗的地方总有一样东西旋转,这东西说不出名字,只好管它叫发展。

大地还在——其实人说出"大地还在"这话是可笑的,大地不在谁在?——但有时找不到它。想念大地时会想到遥远的地方,比如新疆和青海,似乎那里才有大地。或者在电脑的搜索引擎上录入"田园""庄稼""湿地""保护区"这些词语,收看大地的图片,在上面看到野花和绿草,顶算见到了大地。假设我们在城里看不到大地——楼房和水泥地面屏蔽了大地的表面——郊外应该是离大地最近的地方。去了之后,见到了什么?

　　郊外还在,大地又不在了。我去过的许多城市的郊外堆满了垃圾,可叫垃区或圾区而非郊区。人太能生产垃圾了,城市镶着一条垃圾的项链,城边的垃圾山中间是失地农民住的出租房。所谓大地被压在这些垃圾下面。一些没有垃圾的城市郊区也看不到大地,人们造出一条假的河流,水泥衬底,用水泵抽水吸水,这是像假唱一样的假河,两岸栽种鲜花绿树,但这不是大地的样子。它们不自然因而不属于大自然。

　　我庆幸我见过大地,比如今的儿童幸运。大地有田但不全是田亩,有荒野、沙砾与河流。野草、树木、动物和昆虫是大地最早的居民,落日好像点燃了一万个柴禾垛,月光洒在铺着细沙的河滩。风里有柳树的苦味,河水的腥味,野兔粪便和狐狸的骚味。大地上野花盛开,颜色淡,好像鲜艳会惊扰大自然的庄严。大地无所谓好不好,对草木动物而言,从来没有不好。虽然大地冷冻,动物们缺少食物,但这不是大地不好的理由。大自然不追求公平华美,它的规律是自然而然,此中有和谐。大地从来没想过它会成为最大的商品,成为被排污、被盖楼房的地方。大地原来是人的墓地,如今它是它自己的墓地。

赞美大地,它包容一切又生长一切,不排斥一切好人坏人在此生活并死去,大地有办法降解一切废物并把它们变成万物更生的养料,给每一样东西赋予新意。人与动物的遗体被处理干净变成青草和土壤里的微尘。大地松软。人们虽然看不清大地的脸,但一年四季,它有不同的表情。春天,草木开花分明是大地笑了。月光下,大地静谧如霜,这是大地入睡的表情。

人们爱说"走什么样的路,到哪里去"等等,其实最终都要走向大地,这是所有人无法回避的前程,但常常叫做归宿。那么,为什么不事先关注一下大地、赞美这最后的归宿之地呢?大地辽阔,春去冬来。尽管大地之上有丑陋的建筑,但大地时时都在我们脚下,这件事毫无疑问。能够让花开放的是大地,让人得到最后安宁的也是大地。大地超出人的视野,它的身影如同落日的黄金射线。

【微评】赞美大地,似乎是不少作家的母题,但是第一,包括我自己在内的许多人,有没有真正看见过大地——没有被人为破坏的、自然的大地;第二,我们究竟是站在怎样的角度去赞美大地,是自我中心的,还是带着真正的虔敬之心?

芳　菲

准提庵里有画

不是别处的准提庵,是湘西凤凰的。

从虹桥进城,左手下桥进古官道,岩板路来了,古、硬、又新鲜,带着人往前走。一边沿江的吊脚楼,一边依山老屋,大都已改建成时尚的酒吧咖啡店。不管它,趁一早清静,空气好,径直走!过素咖啡吧,过沱江人家,过回龙阁、夺翠楼,拐弯就是准提庵。

有个中年尼姑坐在庵前的石头上,面目健康活泼,只不知道在做什么。进山门后是另一番光景,已有两三百年历史的准提庵光线暗得古老,佛像、天王像都在重幔里若隐若现,金色在黑色里闪烁。山里的佛寺,不像平原地带平行方正地一进一进纵深,而是依小道顺山势斜斜地往上插。没有人。露天香炉的青烟,和着晨露与江雾,在空气中洇着好闻的味道。因怀有礼佛之外的其他目的,我的上香、作礼,都是尽礼数的意味了,也不敢张扬,只第三只眼睛在悄悄寻找。没有壁画的痕迹。退回前院遇一老师傅,轻声问:"黄永玉的画……"她朝上指了指。才发现在大殿左后方有一扇小门,继续有山径往上。

山径走到一半，一侧有间往江边开窗的安静白粉墙屋子，门开着，我探头姑且一望，震了一下，就在这里！

　　这是准提庵僧人的膳堂，平凡得很，就是一间不太规则的长方形空屋子，但四面都是画，黄永玉为准提庵画的壁画，共一、二、三、四……十幅！全在这里！

　　进去回头一望，门旁边的是第一幅吧？树林里猩红的落花一地，一白衣大髯和尚开怀深笑盘坐于上，画意是苏曼殊的诗句："落花深一尺，不用带蒲团"；迎面过来第二幅，一俊美的青年僧人手持竹篙，立于靛蓝波涛中的扁舟之上，题作"迷时师渡，悟时自渡"。僧人衣袖鼓荡，令人有海风天雨扑面之感。

　　墙面转折过去，第三幅出现了，画的是六祖惠能避难岭南深山中与猎人渔樵为伍的行迹，"猎人常令守网，每见生命尽放之，每至饭时以菜寄煮肉锅，或问则对曰：但吃肉边菜"。这个惠能伸筷夹菜，看衣着完全是劳动者打扮；接下去一面大墙，有宽窄不等两幅，其一为一老僧张大嘴，嘴里唯余一齿；其二是树颠上端坐一老禅师说法，下面一红衣人作恭敬状。前者是赵州禅师的一桩公案，"赵王问师尊有几个齿在，师曰只有一个，王曰怎吃得物？师曰：虽然一个，下下咬着！"后者是白居易叩问鸟巢禅师"什么是佛法"的故事，两幅图题款部分都已出现模糊的霉烂。

　　转折到第三面主墙，即正对门户的，有三幅，最宽展一幅为一参天古梅，一尼于枝下端立嗅花，画意取自北宋无名女尼诗："尽日寻春不见春，芒鞋踏破陇头云。归来笑拈梅花嗅，春在枝头已十分。"余二幅为人物画，一幅图上老僧愁眉对镜，旁题神秀、惠能关于菩提与明镜的两偈；高立于墙角的另一幅，却是一好像刚从山间跑来的草履粗衫清瘦老翁，笑得烂漫，大捧野花几乎遮了半身，题款曰："山中难有芝荷买，闲采野花供观音。"

一扇明亮的窗户闯进第四面墙，窗外看得见层叠上来的人家乌黢黢的瓦屋顶，灵动的飞檐及冲破屋顶的苍翠香樟，远处江景和对岸的沙湾。过去是最后两幅画，一幅僧人撞钟，"人撞铁钟钟撞人，万劫灰阑证前身。钟傍影幻空自我，几曾春秋有亏盈。"最后一幅为一僧一俗相对而坐——"今夕复何夕，共此灯烛光"。

在这间普通得不能再普通的膳堂，被四面壁画环绕，心情一时有些激荡。

如果不是凑巧在吉首被黄毅带去看了一下黄永玉艺术博物馆，凑巧看到一张黄先生坐在一尊观音像下的照片，凑巧在文字说明里看到"为家乡的准提庵作画，大干一场，累得生了一场病"，我不会抽时间去找这个寂寂无名的准提庵，可能也就错过了一次稀有的艺术际遇。

这里可称是黄永玉的禅思斗室了。再次细细巡视。照这样的顺序看十幅画，应该没错，就是画家的意思。

第一二幅，有破题之意，似黄永玉于佛教最得力处。以"落花深一尺，不用带蒲团"来做首页，一来就去除名相，简直就是以禅意掩护画家对自然与美骨子里的亲近和爱。这画真是精品，意思，构图，色彩，笔墨，样样好，温暖的生命气息与强大自在的智慧力，弥漫其中。"迷时师渡，悟时自渡"，也是一肯定的觉悟状态，画中人盎然健美，精气神十分，令人振作。

在两幅画形成的高潮之后,六幅以禅宗事迹为表现对象的画相对平静,其中没有膜拜,甚至不是完全肯定的描述,而是在对话,在诘问,有发扬,还有玩笑。题款自来是黄永玉绘画的一个亮点,不仅点睛,而且常生画外之思。如那幅嗅梅图,"这里比喻寻找真理的意思。到处去寻找真理,其实真理就在眼前"。如在两首著名的菩提偈之后,他帮了神秀一记,续写:"菩提树镜台尘埃都是实在的东西,连你惠能都是物本身,硬说它无是说不过去的"……"惟余一齿,下下咬着"的赵州禅师图之后,玩笑地补记"我也只剩一个牙,所幸有假牙招呼,粗心汉看不透也"。

时年辛巳2001年,"本地老百姓""凤凰原北门内文星街文庙巷老民"黄永玉已"七十晋八"也。

十幅之中有两幅,不取材于任何佛本生故事或佛教史。突然跑来一个鲜花盈怀的乡村野老,是黄永玉这组画的闲笔,也是神来之笔,这个妩媚恣意的老人,似乎是从湘西浓厚的乡情中跑出来的,让人会心,让人爱。他献的花,观音能不欢喜?最后一幅,该是黄永玉对这一系列画作的总结了,似乎他在回答这声喝问:黄永玉!为什么跑来准提庵画这一组画?

"今夕复何夕,共此灯烛光?"

忘怀于重回故乡的感怀与诗意,以此结束这一组画,是多么黄永玉啊。

画中一僧一俗相对,中间条案上一盏如豆的灯火。两人目光并不对视,而是有一种心意相通后的相安、颓然。那俗人是黄永玉自画吗?是不是都说得过去。"是"的理由很充足,黄先生自我勾画,虽然画了一组佛教题材绘画,但毕竟不是以教徒身份来画的,位置上只能算与僧人相对而坐;"不是",那俗家翁可理解为故乡的人情世界,浓厚的人情与佛世界的空无相对相处并存,画家是那一盏如豆的烛光,温暖地看着这一切……

以画而论,窃以为第一幅"落花",第二幅"自渡",以及"野花供观音"三幅,最为完整夺目,画面色彩浓郁,意境耐人寻味,让我久久都不忍离去。

一般寺庙壁画中,表现禅宗事迹的少。这情形往往如台湾圣严所说,在大乘教的流行地区,正信的佛教一向是被山林高僧及少数士君子们专有;一般民众始终都在儒释道三教混杂的观念中生活。不仅于三教,更多还混杂着原始宗教的鬼神崇拜。在凤凰小城的准提庵内,却出现了以往只现于文人画中的禅宗事迹,以及关于这些禅理的自由思想。想想看,在膜拜祈请的氛围中,突然碰到一幅精神抖擞的"悟时自渡",恐怕会有棒喝的感觉吧?不能说黄永玉对佛教的理解便是正信,但其中没有颠倒恐怖,却是真实的。它亲切,愉快,智慧,爱……

沈从文先生曾有理想,想建一座供奉人性的希腊小庙,此庶几可算乎?

在意大利旅居多年的黄永玉先生,一定不陌生西方诸多绘画大师在教堂里作画的经历,那些绘出了神迹的画家,开启的却是启蒙时代人文精神的光芒。不敢冒昧判断是这样的因缘,让他在准提庵大干一场,但无论如何,一当代知名画家为寺庙作画,却实是罕见。十幅黄永玉的原作!很难想象在这个提到黄永玉连出租车司机都会激动的湘西,这些画这么安静地、被人遗忘地在慢慢老去。

"还记得当时伯父画完壁画后躺在夺翠楼用毛毯垫着的竹靠椅上的虚脱样子。"黄毅说,他是黄永玉先生的侄子。他说当年伯父每天在高桌子上爬上爬下,近一个月全身心超负荷投入,完成之后大病了一场(屙血)。

可惜啊,这组绘于2001年春天,黄永玉78岁,为之大病过一场的壁画,如明珠闲抛野藤,风吹它,潮气和屋漏浸湿它。每天到凤凰旅游的人不少了,但到准提庵看看这些画的人没几个。壁画应该有更可靠的保护办法吧,现在,只有几块玻璃姑且挡一挡。再过几年,这一屋珍贵的画会不会就黯淡了,不见了,霉烂得不成样子?在它消失之前,希望有更多的人能知道它,去观摩它啊!

"饮水当思掘井难,我欠父老画三千",黄永玉曾有诗云。听人说,这个游子,为故乡做事,命都可以豁出去的。可是画出来了,是不是也该得到珍惜?这一屋画,到底是该佛管、僧管,还是该人来管一管呢?

【微评】黄永玉是一个有深情厚致的人,越活越天真的背后是看惯云起云收的达观。他的努力是不取回报的,即便因画而病也在所不惜的,但是我们却不能因此而忽略它们的存在,更何况这种忽略实际上是对于生活中的智慧与美的忽略。

胡廷楣

一行白鹭上青天

车到了海边大堤上,太阳刚刚升起。

一探头,好大的风!帽子被刮到地上,满地乱滚。

"当年北大荒,这样的风,该是一场大雪。"

"不过,这时候,水库边上的雁,还在那里,没有动身呢。"

不经意间,我们透露了当年知青的经历。说是一起拍鸟,不过是怀旧的一个理由。

秋冬之交,正是候鸟飞过的时候。那些拍鸟的超级玩家"鸟人"说,候鸟有着天然的机智,每一场北风,都是它们利用自然的机会,正是古人所谓"御风而行"。

一群纷乱飞翔的鸟,突然扑来。熹微晨光中,不辨何鸟,飞近了,才认出是红嘴海鸥,它们是去云南吗?

又是一群,远处,细碎银子一样的闪亮,那是白色的大鸟。再近一些,能够辨出是鹭鸟。这时候,心会怦怦乱跳,会有一种急切的盼望,希望飞来的不是一般的白鹭。

也是"鸟人"说的,白鹭在华东一带,渐渐成为留鸟,虽然经常呆在一起,不过因为觅食和育雏等"个鸟行为",便日渐貌合神离。飞起来,经常是因为受到惊吓。并不是因为同一高远的迁徙志向,散散落落也就不见怪了。乱哄哄的一群,那是常见的白鹭。如果整齐地飞来,那就不是一般的鸟了……

从长焦镜头里看到的,正是那种遵循着空气的流动,驾驭着微弱的上升气流的队列,"一会儿排成'人'字,一会儿排成'一'字"……

渐渐认清了,那是琵鹭,一种极其可爱的鸟。再飞近,便可以看到这些琵鹭,脸是黑色的,那是稀有的"黑脸琵鹭"。全世界不过两千只,夏天在亚洲东北方,在黄海上的小岛育雏,冬天在台湾一带。平素很难接近,非得有更长的镜头,又得把自己打扮成游击队员,隐蔽起来,悄悄地,慢慢靠拢,才能拍到。

不过,现在它们正在迁徙飞行。高度也就二三十米的样子,我们的镜头完全够得上,耳畔立时听到翅尖划动空气的呼呼声。掠过我们头顶的时候,鸟羽清晰可见。

它们太伟大了,头上一只飞得最努力,左右便如喷气式飞机的机翼一样倾斜排列,它们动作整齐。偶尔还听得到鸟鸣,是不是在呼喊口令?

这一群琵鹭绝不盘旋,绝不回头,一路向南。

这一天其余的时间,虽说还端着照相机,候鸟飞过头顶给心灵的那种震撼,却一直没有平息。

我们的"意识流"或者是"说话流",开始于那一句有名的唐诗"一行白鹭上青天"。

先是希望弄懂,唐朝时,人们是不是知道,有这样整齐飞行的琵

把信写给埃米莉 132

鹭。琵鹭的迁徙,过不过诗人所在的四川。然后相信,那时候,过境四川的白鹭们,或许还是标准的候鸟,还保持着长距离飞行的习性,因此,"一行"姿态编队的,可能就是大中小白鹭。继而又想,琵鹭也是白色的,或许"一行白鹭"是笼统的说法,不过是一群"白色的鹭鸟"而已。

忽然又说起,吟出这样美丽名句的是杜甫。立刻就能背出很多杜甫的"名鸟句"。

杜甫可能是唐朝诗人中的杰出"鸟痴"。

杜甫居住于成都草堂生活的日子比较安定,诗中的鸟儿无处不在:

"舍南舍北皆春水,但见群鸥日日来",

"自来自去堂上燕,相亲相近水中鸥",

"细动迎风燕,轻摇水中鸥",

"啭枝黄鸟近,泛渚白鸥轻"……

那是亲切的鸥鸟。

同样的鸟,其他诗人,即使是大诗人,或许也见到,但是未必能够写出这样动人的句子。因而,说杜甫是对自然对鸟观察得最细致的诗人,应该没错。"细雨鱼儿出,微风燕子斜",有多少人观察得到,写得出这一个"斜"字呢?

我们在杜甫沉郁的诗中,又见到了另外一些鸟。

登上泰山,抒发高远志向,他会放歌"荡胸生层云,决眦入归鸟"。鸟的远,那是心绪的浩淼。

国家动乱时,四处流亡,他会叹息——"感时花溅泪,恨别鸟惊心"。鸟是他敏感的思念。

漂泊中的游子归家,未见人,先写鸟,"柴门鸟雀噪,归客千里至"。鸟是他的信使,先于他报信。

这时候,鸟已经脱离了生物界,艺术地化为思想的精灵。国运,身世,使得无奈又有大志向的诗人对于鸟有别样的性情。鸟一入他的句子,便成为象征和寄托。

有时,鸟简直就是他自己。

> 细草微风岸,危樯独夜舟。
> 星垂平野阔,月涌大江流。
> 名岂文章著,官应老病休。
> 飘飘何所似,天地一沙鸥。

《旅夜抒怀》是杜甫晚年的名作。短短四十字,气象阔大,雄奇非凡,自比"天地一沙鸥"又特别传神。因而常会使读诗的人激动。千年以来,画家、书法家感其诗意,便有了不少好作品。

杜甫在船上度过他生命的最后时光,一只燕子飞入船舱,令他感慨万千。他最后的诗篇中,依旧有着鸟。

这个季节,老友和我,一次次相约海边。仰首长空,希冀拍到迁徙中的群鸟。上海并非位于大量候鸟必过的线路,因此只有这一次才算是真正拍到了。

拍鸟的机会往往只有短短的几分钟,余下的,就是不尽的回味。夜晚,检点早晨的作业,将照片放大到整个屏幕。忽然就看出,那鸟的姿态和眼眸，都有对远方的神圣向往。迁徙的鸟，似乎都翱翔在古老的传说中，有着庄严的使命。今夜那鸟们不知道歇息在哪一片海滩，不知道会逗留多久，也不知道下一次北风什么时候到来。你绝不可能两次拍到同样的鸟姿，就是你追到台湾的滩涂，那些琵鹭数千公里北鸟南飞的志愿已遂，你所能见到的，仅是觅食和嬉戏的凡鸟而已。

只有飞鸟，迁徙的鸟，才能配得上"一行白鹭上青天"这样明丽空灵意境高远的句子。而写出这样句子，似乎又是诗人特别的瞬间。晚年的杜甫，多数作品都属沉郁雄阔一类。唯有不多的几首，洗涤了流亡中的悲苦，抹去额头苍老的皱纹，挺直病躯，在久经摧残心灵里唤起了青春，让诗魂飞翔起来……

是迁徙的鸟，激励了他？

如是这样，那么更值得站在海边的大风之中，久久搜索天空，寻找那些冬天南来春天北往的鸟了。

【微评】有一个细节打动了我，作者说他拍摄的鸟的眼眸中都有"对远方的神圣向往"，这或许不过是作者的附会，但是，我们也可以理解为有一种神圣的力量，借助于飞翔的鸟儿在昭示人们应该有的生命态度……

徐敏霞

乡愁蓝调

事实上,在他出生的南方,方言差异之大已经到了难以以一个乡、一个行政村细细逐一划分的地步,往往翻过一个山头就能被人划出自己的群。在儿时的他听来,父母就各自讲着不同口音的语言,虽然外祖父家与祖父家只三里山路。二十多年后轮到自己成家,他方慢慢领悟,或许小时看到的父母为了屁大点小事争个面红耳赤剑拔弩张,除了因都流着霸而蛮的血液以外,恐怕也要记"语言不通"一"功"——母亲不识字,一旦有误解真是走投无路。他出生时,父亲的兵役还没有服完,所以身在父亲的村庄里,他的口音却是随母亲的。

上高小到圩上,上中学到县城里。他学会了普通话,却觉得即使用来在课堂上朗读课文都是奇怪的。一个月回家一天,因此,母亲的语言也逐渐用不上,身在哪里就要用哪里的"官话",他正修炼得越来越"官样"。当然作为年幼的漂泊者,他自有被环境任意揉捏的柔韧。县城的学生多半来自辖区里的山村乡镇,他们七嘴八舌终于稳定下了一种只有自己这些人才能完全明白的"土星文",自以为虽以县城话为基础,但要更"洋气"一点。

  到了18岁,回头看看,竟然已经有一半的年岁不说母亲的语言。母亲本人因为整日与父亲的乡邻相处,陪嫁来的娘家话也已变得不纯正,所以对他的语言不伦不类似乎也无感;姐姐去南部沿海打工,电话里虽然还有家乡话的气势汹汹,但不必细听就品出了生猛海鲜味,要事讲完,姐弟俩不免相互调侃一番。偶尔姨父进城路过学校来看他,两人在各自熟悉的语言中找不到可以表情达意的词,不时要借助普通话沟通,连说带比,说着说着就好笑起来。

  高中毕业时,一众好友把志愿天南地北地一顿任性胡填,于是他们这个小城里的高中生哗啦一下就遍布全国各地作鸟兽散了。南人的普通话在大学总要遭到致命的嘲笑,他们只好诉诸英文曲线救国。好在都是惯于刻苦而获成就的学习机器,所以若干年后他们中甚至有人执起教鞭在私立学校教授英文,在家里顽固地教小孩家乡话,照样横行异地。

  生性中,他应该不是一个聚会的热衷者,大学时却不知为何抱着点取暖的奢望参加了几次同乡会。同乡会召集的名义繁多,有以省籍划分的,也有细致一些以地级市划分的,但无论哪一种都难免令他失望而归。大家鸡同鸭讲地说着出生地的土话,很快又分出新的阶层和等差。他报出小城的名字,居然令很多"同乡"脸上起了迷惑,于是他也懒得层层解释方位坐标,恶作剧似的表示闻所未闻他人的故乡。但故意的行为总显得那么混蛋和不可原谅,他几乎是自找没趣地被冷落为初进县城时独坐中学后山顶上凉亭的少年人。只有说到对身处的大城市的愤怒与鄙视时,那些刚才还拿出互不相干姿态的人才万众一心地用起普通话，直到把聚会的高潮推向极致。每到这时他就愈加哑口无言，别人看他好像看一个吃错了喜宴的古怪客人。

终于有一次接到一封以他们小城的名义召集的聚会请柬，他才知道自己已经被家乡莫名发起的组织认证为"有为人士"。在大城市中历练出"怀疑一切"精神的他，犹豫再三，徘徊在会场门口却无巧不成书地见到了几个昔日的同窗好友。用他那个随便出门到哪里都自觉高人一等的本地人女友的话说，这些人从千奇百怪的地方又聚拢到一起来了，这次不是小城，而是大城。于是他们当机立断抛弃了同乡会，自己支起一桌饭局，地点在省级驻此地联络处，吃的是闻名遐迩的八大菜系之一。"土星文"已经成为他们的本领，虽然多年不操练，耍着耍着马上又顺嘴起来。

这个松散的聚会渐渐成为惯例，不知不觉他已参加了十多年。在这十多年里，他对他的老家发生了点微妙的情感变化。过年返乡，他奉劝爆炭脾气的叔伯兄弟不要一生气就放火烧山，奉劝喜欢以上游山泉为闲聊聚集地的女人们不要大量使用含磷洗衣粉洗衣，奉劝赶集回来的人不要用五颜六色的塑料袋包装零食。但大家只是叫着发音类似"猪食盆"的他的小名，嘲笑他还想用词不达意的村话来假装这个村庄的主人。之后为了返程票难买的原因，或者妻子惧怕舟车劳顿的原因，或者假期已被别的旅行征用的原因，回老家成了很重的精神负担。岁月淘洗下来的只有这个松散的聚会，他是每每都怀着轻松而感激的心情去赶赴的，不管是否所有人都到齐，不管是否增加新的成员，不管吃的是否家乡菜，最少只要有两个人到场，矫正起彼此的"土星文",就能抛开一切不愉快,回到昔日追云逐月的少年时光里去。

他们的每次相见就像穿越了某个平行空间,身处任何场合都会忽然变成置身那个小城,无所顾忌地操起使人侧目的方言高声交谈。已经成了他妻子的本地人女友,最初也难以推却老友们热辣的盛情勉强参与。但他们并没有因为她的在场而改变惯例,甚至他也人来疯撒娇似的用方言来打趣她,好像她也是他们从来青梅竹马的一员。以妻子的悟性,时间一长,完全能明白这些人的意思,但她故意装作茫然无知,讽刺他们是叽里呱啦从意大利来的人,非要他用普通话重复一遍。向来千依百顺的他,这时偏就笑而不语。渐渐妻子就很少露面,即使在家做东也借故躲进书房。天知道,他们的话比她要求他们讲的话古雅得多,他们当真口口声声称他人老婆为"夫人",且自古如此。

在众"土星人"中,他第一个做了父亲,多情地以小城的简称给孩子命名。这是个除了地名以外已经不用了的生僻字,外面的人几乎都不认识;而在小城,因为随处可见,大家甚至都厌烦了它。家乡人起名多以政治宏愿或财势兴旺为寄托,在孩子未出世前就挑了个寓意飞黄腾达的好字,而迫不及待在家谱上备案的新晋祖父,此时大发雷霆怪儿子草率;那聚会上的老友,也打趣他过于霸道,有些替他担心妻子的不悦。他却觉得这个字包含了自己生命的日日夜夜,难以说出口却又是千言万语,没有比这更珍贵的东西可以献给新生儿——虽然这个孩子显见地会与小城非常疏远——他将在若干年后,一眼认出自己的家乡车站,并在呼吸到父亲曾经呼吸过的空气时有电光石火般亲近的感受流过体内。

新年里,他照旧赴会。经过这些年,他们谈话的主题已经从黑白的怀旧故事转为眼下城市生活鲜艳夺目的困扰,哪就能免俗?虽然这些困扰他也同别的交际轮盘上的朋友时常谈起,但再用"土星文"重复一遍,好像能够远离一点风暴的中心,豁然开朗一些。又或者,他们根本就只是想说说属于自己的话,防止舌头打结。当闲聊到孩子时,有人忽然想到什么说:"你看新闻了吗?我们县城要改名。"小城要以古早时出没过的一个名人命名,盘活旅游和经济,抽象来看这样的所谓光天化日下的新鲜事也并不新鲜,三天两头就会占据媒体的显眼位置。"等崽大了,问到自己的名字,你怎么说?"他们担心地问,颇有些善意地责备他的多情和短视,愤慨世道的无情。

他发了一个瞬间的呆,又像经过千锤百炼似的:"可以在故事开头加上'很久很久以前'嘛;也可以让崽发愤图强成名成家,说不定有朝一日以他的名字命名,又得改回来了呢?"很久以前独坐中学后山顶上凉亭的时候他就有点朦胧地领悟,每段乡情早晚都会等来终结者,习惯性的乡愁不过是漂泊者自以为留下的回家记号而已。

【微评】蓝调,最早是一种黑人的音乐,有着对于家乡的怀念,格调里有一种伤感与忧郁。但蓝调在今天已经是怀旧文人的一种"腔调"了,其中的味道实在是变了很多,如何变的,怎样变的,谁也说不清……这是一个很好的标题。

张蛰

黄 昏

扑棱扑棱在水里奔跑,那是田鸡。芦苇丛里有个东西探头探脑地想出来,那是野鸭子。成群的麻雀从头顶轰地一声飞过,动静大得让人忍不住抬起头看它们。西天是一片说不出的绚烂,红,紫,黄,灰,淡蓝……颜色纠结在一起。太阳没有了,从河滩里望回去,村庄开始有黄昏的暗。

我坐在河滩上,把节节草含在嘴里,西天轰轰烈烈的颜色让人感觉很奇怪。远处有女人拖长了声音清脆地在喊叫:"哎——"有男人简短粗壮有些霸道地回答:"知道了!"我坐在河滩的草堆里,无所事事,割了一下午的草正发出甜丝丝的味道。我有点搞不明白,天边为什么会有这么多颜色,那些奇形怪状的彩色云彩,想什么像什么。

牛哞,驴叫,马在嘶鸣,空旷的漫河滩里十分嘈杂,声音此起彼伏。它们知道该到圈棚里去了,它们需要休息,干了一天活它们要吃草料,它们知道黄昏一来夜就要来了,夜一来它们就不用再干活了。它们在跟人打招呼,收工了,该收工啦!

这些牛马驴比平时叫得欢,可能跟黄昏的颜色有关,太诡异了,它们也觉得不能无动于衷。我坐在漫河滩的黄昏里,想一个孩子的心事。怎么会有这样的变化。田二家的走过我身旁,叫着我的小名喊我回家,我没搭理她。我已经上学了难道她不知道吗?她不会写字,也不会算账,她只知道出工干活挣工分,顺便偷点东西回家。可我都已经会写天安门了。她是一个小心眼的人,又好占便宜。上次扒队里的红芋,她一个大人掺和进来,事后硬是比我们每个人都多吃一块,魏骡子那么大饭量也就吃了两块,她一口气就吃了三块,把她噎得躬着腰乱转圈子都没舍得把剩下的半块给我们。她在跟我打趣:"哟——想娶媳妇啊!"我依然没理她。

  大雁叫着往南飞去,风开始变得有些凉意,泥土开始变得凉悠悠的,整个漫河滩都凉意十足。西天无声地燃烧,非常非常灿烂,我坐在河边的泥土沟里看田鸡快乐地奔跑,野鸭子到底没敢出来。炊烟袅袅升起来,一个村庄渐渐淹没在淡淡的烟雾和斑斓的黄昏里。从我坐的地方看过去,西天正在村庄的屁股后头燃烧。

  有不知名的虫子开始叽叽地折腾出动静来,先是一种,后来有不一样的声音。我坐在那里,口含节节草,不想回家。这个念头非常强烈。我在想把自己割了一个下午的草交给谁更可靠些,让他或她带到我家里去,然后我走掉,沿着河滩往东北走。往东北走并没有具体的目的地,只是河水是往东北方向流的,这条被黄河扔掉几百年的废旧的古道如今水清草肥,行走缓慢。我把含了很长时间的节节草扔到水里,看着它一点一点地漂走,往东北方向漂去。我站起来,极力往那个方向望过去,在黄昏里前方渐暗,让人觉得有些茫然。我沿着河岸走了十几米远,又不知不觉地回到我的草堆前,叹了口气,有些闷闷不乐地坐下。我看到有颗星星拱出来,天色更加暗淡,西天的灿烂变成一抹绛紫红,但余晖依然把村子上空的那块天衬亮着,村庄倒是更暗了,看不见了炊烟,一个庄子就几乎成了一团的幽暗。

田鸭子今天在课堂上被老师揍了,因为学了好几天了,他仍然只会一块糖加两块糖是三块糖,一旦变成1加2就不知道等于几。老师手握教鞭,脸色铁青,青筋暴跳,毫不留情,一下就敲在了田鸭子头上,当一声。他不解恨地狠拧田鸭子的耳朵,直着嗓子吼叫:"你就不会掰着手指头数数?!"我当即就在课堂上尿湿了裤子。我很难为情,两腿夹着湿漉漉的裤裆,极力抬起头来看黑板,但实际上只看到坐在我右前方的田鸭子额头上慢慢鼓起一个大疙瘩。下课后,田鸭子摸着头可怜巴巴地看着我,鼻涕老长地挂在嘴边,我恶心地别过脸去,两腿紧夹着,不愿站起来。

下午三点不到就放学了,那个时候我已经把裤子暖干,又习惯性地到漫河滩里来割草。割草我知道是填坑沤积肥为家里挣工分,可会写天安门能做啥呢?似乎有用。但到底有啥用?我无法回答自己。我一会儿想读书识字,一会儿又想尿湿的裤子,心里七上八下,坐卧不安,矛盾万分。终于又心灰意冷起来,再次抬起头四望望,河水开始变黑,芦苇丛在风里沙沙作响,西天没有了一抹红,天上开始挂更多的星星,周围各种小东西弄出的声音杂乱无章。我最后犹豫着是否现在就沿着河沿儿走掉,不打招呼与所有的人告别。正在这个关键的时候,一个悠长熟悉的声音对着漫河滩呼喊我的名字,让我回家吃饭。我难过地拖长声调高声回应,鼻子发酸。又叹一口气,我弯腰背起一大捆草,拖着书包往家走。

周围杂乱无章的虫鸣因为我的动静一下子停止了,但很快又轰然响起,歌唱被意外打断后每个虫子似乎格外卖力,听起来争先恐后,声嘶力竭。西天再没有黄昏的一丝迹象,一个村庄站在远处,黑乎乎地等着我。

那是我此生第一次思考求知路上的无趣。现在想起来,我之所以没有在那个黄昏走掉,似乎一直在苦盼那个唤我回家的声音,似乎想用那个声音告诉心里的另一个自己,瞧,我没法走,我得回家。少年时代的这种经历,没谁看得见,只能藏在自己心里,偶尔拿出来,摸一下。

【微评】"日暮乡关何处是,烟波江上使人愁"是对中国人的黄昏情结最好的概括了。每个人都有属于自己的黄昏记忆,在这样的画面里,我们生活,追忆,老去……

陆蓓容

少 年 宫

极偶然的机会,在周六上午去了市少年宫。其时长云在天,鸣蝉在树,阴晴未定,本来只是寻常梅雨季节。可是从角门拐进其间,便觉热意滚滚而来。数不清的孩子尖叫奔跑,父母肩扛手提,全神贯注跟在后面。待定睛看上一眼,又不免生出模糊的悲哀感来。原来混乱中也有秩序,大孩子不是从教学楼里跑出来,就是要跑到里边去;小孩子不是奔向游乐项目,就是奔向"下一个游乐项目"。譬如日月经天,江河行地,各行其是,两不相干。

教学楼都是旧模样。当年未曾进过,如今更加不必。正要回身,猛见到一群穿了舞蹈服的小姑娘鱼贯外出。一时鬼使神差,尾随而去。只见远处一座潦倒落拓舞台,上书舞蹈班汇报演出字样。许多手脚毫无默契,正在共舞一曲伦巴。一群姑娘,高的像仙鹤,矮的只如家雀;穿插一处,风情万种。队里又有两个孤零零的男孩,那圆胖一点的孩子慢了半拍不止,前边已经转过身了,他才刚刚把脚抬起来。底下家长围了一整圈,在震天的音乐声里高举手机,摄影留念。下了场的娃娃们,蓝色眼影都被汗水晕开,格外像两块乌青。

实在不忍卒睹，决定折身去看娱乐设施。这一下跌落人海，不得不分花拂柳，方能拨开一条生路——就连过去用来试验航模的小水池，如今也放了充气水车，供人踩踏前进，遂排起无尽长龙。小童手里总有种种食物，冰淇淋尤为可怕。凉而黏，要化不化。必须拉开足够距离，才能保证自己的安全。

想找滑梯，又想找橡胶轮胎上拴了铁链做成的大号秋千，寻来寻去都不见了。从前尚有一座造景生硬的小园，里边高低铁管搭成种种攀爬设施。蓄了一汪池水，栽几棵闲花野草，还养两只猴子。二十余年如一梦，如今早忘了它的方位。抬望眼，只有摩天轮、高架车、"海盗船"，此起彼伏；侧耳听，又只闻碰碰车、卡丁车，沸反盈天。

临走忽然也想买一件冷饮，趄摸到小卖部，腆着老脸觑遍了冷柜，然而没有白糖棒冰。

【微评】每个人都会有自己的童年记忆。据说，怀旧是一个人年老的标志，这固然是事实，但是，这篇短文里却有着时光飞逝，生命如梭背后更深的感慨——童年未必一定要如此喧闹，一个略带寂寞的童年记忆是不是更好呢？

高桥治［日］
潘向黎（译）

虫　鸣

三木露风的那支《红蜻蜓》——

晚霞中的红蜻蜓，请你告诉我
在大人背上看见你，是在哪一天？

这首儿歌直至现在仍被传唱着吧？将孩子背在身上的母亲的身姿，曾有人将它当成战后一个时期闭关自守国家的习俗而引以为耻。这真是莫名其妙的见解。最日本化的事物几乎全都接受过这样的洗礼。

物换星移，一切发生了很大的变化。日式饮食成了最合理的饮食，两面拉门亦被冠以"滑门"的名字而为世界所接受，日式入浴法也拥有了众多拥护者。

背兜亦依此例，在不知不觉中风行世界。连男子汉都十分自然地把婴儿往背上一背，在路上走。而在它的故乡日本，这种情况却几乎绝迹。这是否是一种讽刺呢？由此，再一留心，发现红蜻蜓已从身边消失了。

  不仅红蜻蜓，城市中秋虫的鸣声也听不见了。曾作过一个有名的左右脑试验，原同志社大学教授奥提斯·凯里的女儿们，与日本人一样，对虫鸣有情绪上的反应，连磁带的运转异常都能分辨出来，令学者大吃一惊，她们自然是在日本成长的。她们小时候所生活的京都该是处处可闻虫鸣吧。

  女儿的朋友来我家玩，令我吃惊的是对园中花草、昆虫没有表现出半点兴趣。看来不仅仅是昆虫们不见了，女性的情怀也干涸了吧。

  而过去的女子对于秋虫，曾有过多少动人的吟咏啊。

  【微评】这是一篇很小的文章，但有的时候，清浅又何尝不是一种沉重呢？

彼得·艾坡博姆[美]
向丁丁(译)

小书店之殇

我们镇上的书店宣布即将关张。

如今,店铺关门大吉早就不是什么了不得的新闻。开车随便去哪里的郊区小镇转转,眼前总能见到门窗洞开、空无一物的店铺——就像美好昔日留下的鬼魂。至于二楼书店,惹人注意的倒不是它就快停业,而是它的历史——在同一个老板娘的操持下撑了足足37年。琼·里普利太太在致老顾客们的告别信里说,开业那会儿,阿波罗17号刚完成最后一次探月任务归来,而人们花3 853美元就能买到一辆崭新的轿车。

此类传奇的发生,唯有在仓储式商店和超级连锁店还没崭露头角,亚马逊网站和电子书下载尚未大行其道,脸谱网站和电子邮件还没将人们日日夜夜牢牢吸引在电脑屏幕前的年代,也唯有经济正值暖春,在本地开一家书店也还不像在州际公路上走错道一样可怕的时候。

书店关门不是新鲜事儿,问题是究竟有没有过这么一段金色时光——在热忱满怀的爱书人手中,一家家独立书店给打理得有声有色、熠熠生辉?在大都市或者大学城,说不定真有过。而在大多数郊区和小镇,从未如此。假如你是一位作家,想让自己的书一炮打响乃至永葆青春,亚马逊网站是史上最伟大的所在。假如你是一名读者,就很难找得到比疆界书店或者巴恩斯·诺布书店更好的地方——尽管沃尔玛、好市多和亚马逊已然开始蚕食其所占有的领域——它们就像是个前沿阵地,只不过与你短兵相接的是书本罢了。

独立书店像是时光倒流才能看到的物事,古韵十足,可事实上这其中蕴含的绝不仅仅是怀旧的气息。美国书商协会目前拥有1 500家书店,分布在2 500多处地方。而二十年前,这个数据是4 700家书店,5 500多处地方。

"我们的顾客越来越少,我觉得大半是给亚马逊抢走了,再加上又沾了经济危机的晦气。"75岁的里普利太太说。当年她在一家鞋店的楼上开起这家书店(店名"二楼"也就源于此),后来又搬到离查巴克镇主街道稍远的地方。书店的店员个个忠心耿耿、知识渊博,店门外摆了一尊古怪的雕像,像根图腾柱一样,是一个侏儒似的男人怀里抱了一大摞书。

"尤其是现在的年轻人,买书就像玩游戏。他们上上网,就能找到某处卖10.39美元的东西在另一处只要10.29美元。我们哪能竞争得过那些个玩意?可是像我们这样的店一旦关门,人们失去的东西根本不是可以拿钱算的啊。"她说。

二楼书店徘徊在悬崖边缘已经好久了,也许它还能变身为一家没有店面的读书俱乐部，或是并入当地的一家古董铺。若不是克林顿一家2000年搬来，书店可能还撑不了这么久。比尔·克林顿2004年还在这里签名售书，卖出了3 500册，那一天的进账抵得上平时三个月的。

如果里普利太太年纪再轻些，说不定她还会找一间小一点的店面重新开张。

业绩成功的独立书店，比如新泽西州里奇伍德的书岸书店、康涅狄格州的R.J.茱莉亚书店，都在花大力气组织书界活动、拓展社会人脉，他们在这方面投入的心血一点不比花在图书零售上的少。除了还弥漫着电子时代之前的风味，他们跟其他商家毫无二致：改变、适应，或者消亡。

非但如此，大多数成功的独立书店还向民众传递出这样的信息——不管是清晰成文的，还是潜移默化的——我们的确需要你，然而你也离不开我们。如果某地的居民希望自己的街区生机盎然、拥有一家能带来图书、也能带来其他许多的书店，那么他们就得给予它关爱和支持。譬如说在康涅狄格州的新卡纳，榆树街书店能够得以长存，就是因为当地的七户人家乐意出资维持它的经营。这笔投资的意义不在于赚钱，而是他们作为本地人所乐意付出的。

美国生活里充斥的噪音实在太多，我们听得见的往往是那些闹得最大声的：奥巴马！AIG！疯狂的三月！

从本地商店购买货品的倡议得沿着分贝刻度表往下才能找得到，他们正拼尽全力想让愈多的人听见。在互联网上，小商铺联盟——哪怕是只以独立书店为主的联盟——发出了这样的讯号：如果大家希望本地的商店能够存活下去，希望自己的街区永远保持活力，就应该去那里消费，即使在靶心网站上买到的泰诺药片能便宜一点，在亚马逊购得的约翰·格里逊小说能少付些钱。

万物皆不能永恒，独立书店自然也不例外。扼死我们小书店的手有许多双，包括糟糕的经济形势、没完没了的信息爆炸……在这种背景下，读书简直变成了老掉牙的古怪仪式。然而，倘若因为冷漠，或是因为想在亚马逊网上省一两块钱而失去了那些小书店，省来的东西都远远抵偿不了我们所失去的那许多。

【微评】我们为什么远离书店？难道真的因为我们的生活里不需要它了吗？对今天还在坚守着的书店致敬，因为这种坚守本身就是迷雾海峡岛礁上的灯塔，是一个关于生活的寓言。

卡特琳·施密特［德］
袁志英（译）

我要买一管润唇膏

嘴唇干裂，不得不到商店买点什么滋润的——买支润唇膏，挪威肤美唇膏，兴许更好，用起来效果一直不错。大喊大叫嘴唇很快就会开裂，这在我身上已经应验，我刚刚还对孩子大声斥责来着。她总不让我静下心来。于是我骑车带她去游乐场，这样我能静下心来对报纸上的文章进行剪辑和整理。为此我还特意买了个文件夹，还把打孔机放进装着报纸的背包里，再把孩子放进车篮里，然后向那个偏远的游乐场骑去，这样就不会碰到数不清的熟人了。也不知我什么地方做得不对头，到头来总是这样的下场：我的孩子一到游乐场，就把其他孩子从他们母亲身边吸引过来，在我身边活蹦乱跳，大声欢叫。我曾悄悄地吓唬他们，让他们走人，可他们就是不走。而这些孩子的母亲则是安坐于长椅之上，或阅读，或打毛线，或干脆打起盹儿来，在八月的阳光下闭目养神。我的脸必定开始抽搐起来，突如其来的寒意使我感到惊恐，我从裤袋掏出烟来。棺材钉子——尤斯曾这样称谓烟盒里的货色,想到这儿,我忍不住要笑。摸出打火机,点燃一根烟,却没能笑出来,连噙着过滤嘴的嘴也难以闭合,脸上的肌肉像是冻僵了一般。沉住气,深呼吸,理清思路。跃入脑海的第一个想法竟然是,我那孩子要是再不让我安生,就把她弄死。不用说这样的想法着实令我惊怖异常,随即便将其摆脱掉。为此我把孩子叫到身边来,紧紧搂住她,亲她,这使她惊慌万分,使劲挣脱我,我紧抓不放,她便开始哭叫起来。"你这小畜牲,你要干什么!你就不能让我干一次我想要干的事儿吗?!你这小兔崽子!你这讨厌的小女人!你这个傻瓜!你这臭屎堆!"我简直发了疯。长椅上的母亲们立即惊跳起来,惶恐而又恼火地将孩子拉回自己的身边。其中一个向我走来,张了张嘴,可我的目光使她的嘴巴重又闭上,我摆了摆手,让她走开。

现在只剩下我们母女二人了,其他人则组成了一条无声的儿童警戒线,从远处默默地严阵以待。其间用小铲子铲铲沙土,这也无非是没事儿找点事儿做做而已。我的孩子还在不停地抽泣着,可怜巴巴地坐在秋千架旁。秋千底座是用金属做的,分量很重,拿它敲碎她的脑袋当不是难事。我可以假装失手,使底座撞上她的脑袋,然后就是痛哭悲号。这个戏我演不出来,那就让她活着吧。在过去的几个礼拜,我终日以泪洗面,悲痛欲绝,再也没有眼泪留给孩子了。7月17日早上,尤斯穿了一双低帮鞋,我还说:"你干吗还穿这不透气的鞋子,外面夏天明媚,穿凉鞋也就行了!"但他还是拉紧鞋带,打了一个结,把早餐装进包里,骑车上班去了。报纸报道要是属实,那辆汽车是在7点钟撞上他的,他并没有当场断气,急救医生对他采取了抢救措施,并送他到事故急救医院。11点40他的心脏最终停止了跳动,死亡证明上是这样写的。死亡证明我大概是一天后拿到的,不过这事儿我已记不大真切了。母亲一直守护着我,她首先要我喝足。母亲必定也把孩子接手全管起来了,我看不到她了,早上不把她从小床上抱起,晚上也不打发她上床睡觉,我眼里只有尤斯,我看到他在系鞋带呢,我还听到自己说:"你干吗还穿不透气的鞋子,外面夏天明媚,穿凉鞋也就行了!"我简直无法理解,我最后跟他讲的话竟是这样的蠢话,他毕竟是我的丈夫啊!每当我在银行或民政局为他,为我的丈夫,代领一张表格时,我都不由得笑起来,几乎弄不懂这其中的奥妙。因为能说我是你的妻子或者说你是我的丈夫这样的话,并不是那么简单。我不属于你,你也不属于我,那些话语就像柱子一样矗立在房间里,我必定会大笑起来,等我笑够了,那柱子幸而也会消解于空气之中,不见了踪影。

我已经很久没有笑过了,却大抽特抽"棺材钉子"。抱起孩子或者晾晒衣服时,我的肺就会发出呼隆呼隆的声音。我骑自行车骑到半路,都不得不停下来休息一会儿——我的肺在呻吟呐。

我的孩子睡着了,幸亏这样。

我骑自行车总是能踏多快就踏多快,这样即使不抽那么多的棺材钉子,那个人的肺也会不堪重荷。尤斯是个骑车高手,礼拜天我们总是外出远足,孩子要么他带,要么我带。我们有两个老式的漂亮的车篮,拴绑在前面的车把上,这样孩子轮换起来更快了。7月17日那天,尤斯本来要送孩子去幼儿园,可小家伙睡过了头,我就说,过一会我来送孩子吧,反正离我上课还有足够的时间。凡是报道此次车祸的报纸我都买了下来,很长时间总希望,能读到我的丈夫和孩子在那次车祸中一起丧生的消息,这样我就会知道,下一步该怎么办了。然而就是看不到这样的消息,取而代之的乃是孩子重又慢慢出现了。她躲在母亲裙子后面,探出头来,要喝的。母亲推她到我这边来,一步一步,直到她一下子来到我身边,她抬起头来看着我,用探询的目光看我,尤斯喜爱这种目光,而我为此恨这个孩子。以前从来没恨过她,去哪儿总是带着她,陪她玩耍,跟她说话,可那天早晨她偏偏睡了那么长的时间,这是为什么?要是孩子也像尤斯一样死于车祸,那我也可以从容赴死。可现而今她紧拽着我不放,不让我到他那里,到我的丈夫那里去。我得给她抹护肤霜,把她拾掇得清清爽爽,侍候她吃饭,骑车带她去游乐场。在游乐场,不用说她也不会放过我,哪怕是十分钟的光景,我好用来定定心心地整理报纸上的报道。到了晚上,也不能干那整理报道的工作。自从母亲回家过夜以来,孩子上床睡觉,我也得上床陪着;我还紧紧地搂着她,这样我所想的便是,不可离开她。她现在酣睡于车篮之中,我不由得想到,要在她的小脑袋周围垫垫好,否则小脑袋就像一朵颇有分量的花缀在纤细的茎秆上来回晃动。倒不是说,她的这个脑袋会扯断。我还是把车停下来的好,小心翼翼地把孩子安放为沉睡的姿态,小脑袋靠近我的胸部,尤斯活着也会这样做的,他会推起自行车走上一段路,好让孩子安安静静地睡。前面就是一家卫生用品商店,我要买一管挪威肤美唇膏,我要轻柔地把孩子从小车篮里抱出来,免得她醒来。她绝不可以一人独自留在车篮里——要是有人来,正好需要一个孩子,一个像我的孩子那么漂亮的孩子……

【微评】一个失去了丈夫的妻子的孤独与惊恐。对于丈夫无法摆脱的思念,以及对于孩子近乎疯狂错乱的爱。短短的篇幅,如此真切地表达出痛苦复杂的情感。痛苦,一直在探索着人类语言的表现力可能达到的边际。

布里吉特·杜赞［法］
黄荭（译）

那时的他们，都有一点青涩的堂吉诃德的影子

1.

2014年3月22日，在巴黎书展上，菲利普·毕基耶（Philippe Picquier）签约购买了毕飞宇的《苏北少年"堂吉诃德"》（2013年首发于《花城》，法文译本是节选）的法文翻译版权。2016年3月4日，由柯梅燕（Myriam Kryger）翻译的法译本面世。

这是一本记录作者童年回忆和见闻的集子，一系列的场景和肖像绘制出一幅生动的长卷，勾勒出一个贫困地区虽已逝去却并不算遥远的年代——那是1974年，毕飞宇十岁。

毕飞宇说自己自始至终只写了一个故事：疼痛。他的"堂吉诃德"是这个故事的新乐章。但他又说自己没有打算让读者流泪：虽然很怀旧，虽然回忆有时很可怕，可他的文字却更像是一场精神宣泄，是对过去鬼魅的清算，为的是保存记忆，记住这段还这么切近又已经远去的过往。

2.

毕飞宇描写了一个孩子的苦难,这个孩子被迫跟着父母在接二连三的工作调动中不停地搬家,他感到困惑,和故土没有一丝联系,可对所有中国人而言,故土才是最根本的归属。他从一个村漂到另一个村,从杨家庄到陆王村,又在十一岁那年到了中堡镇。这是作者在楔子中写到的第一件事情,是疼痛的引子。

甚至和家人的联系也断了:他称之为"奶奶"的老妇人原来不是他的亲奶奶,而父亲的姓名竟然也是假的。这两个章节是整部书最为感人的部分。关于奶奶的那一节叫"蚕豆":她住在陆王村,每当他要离开奶奶回家时,她就给他一把蚕豆,那个年代所有人都挨饿,尤其是孩子——关于饥饿,作者在另一章写到了。他走了,上了大学,忘了她;她却没有忘记他,别人在她去世时告诉了他……让人痛心的故事,是一把成了疼痛的蚕豆的故事。

之后,是另一个疼痛,他发现父亲(毕明)的姓名不是真的,用这个姓氏是为了抹去耻辱,因为他的父亲由于卖大米给日本人而被判了死刑,父亲原本姓"陆",可就连这个姓也不是他自己的,因为他是个养子。在不断搬家中备感困惑的孩子又被剥夺了确凿的家庭身份。

所以,他曾经戏谑地解释自己为何当了作家:"我一没故乡,二没姓氏,二者都遭逢的人极少。……我只能成为作家,或者诗人,不可能干别的。"

这两章实际上是三节,因为毕飞宇将"父亲的姓名"拆成了两节,并以此为主轴,展开了关于日常生活的章节:衣食住行、我和动物们、玩过的东西、习俗……日常生活的基调是苦难,从中涌现出精彩的篇章，诸如自有一套准则的社会惯例"打孩子"、让他对光痴迷又学会节约的手电筒，还有口袋、或者说缺少口袋更确切，那是贫穷的记号。

3.

文章布局安排精巧，将描写和回忆的章节交替进行，前者是对二十世纪七十年代苏北生活的个人见证，后者是影响作者人格的内心创伤和悲剧，两者一起构筑了这部作品的创作背景。

关于蚕豆，即关于奶奶的文字，属于第一章"分享就快乐"。毕飞宇将自己的创伤记忆淹没在更为普遍的回忆之中，如哺乳、缝纫，这些也是对母亲的致敬。可以说，他没有食言，践行了自己当初的计划，坚决不写成戏剧性、情节性强的作品。他努力坚守一种类似纪实的现实主义风格。

但是情感刺穿了字里行间。痛苦隐忍不发，直到"父亲的姓名"那一节；而在最后一部分，痛苦到达了极致：对最后一个人物——陈德荣的追忆，其实是一种忏悔。讲述的是一个揭发的故事，一个孩子被另一个叫作毕飞宇的孩子揭发了。我们明白孩子所承受的压力尤其沉重，他们甚至连自己的父母都会揭发。但是每一次，伤口都不会愈合，把忏悔写出来是一种宣泄和排解，来安抚自己的良知。

总之，我们感到这本书的创作是基于这样一种目的：驱除过去的鬼魅，让自己的灵魂摆脱现在的噩梦。在这个意义上，毕飞宇无疑是成功的，因为他在楔子中总结道："我既不沮丧也不自豪。我很平静。"

据他所说，除了驱除过去，这本书还有另一个目的——为了留给自己一个回忆。

4.

在阅读中,有一个问题贯穿始终:这本书是写给谁的?有一个回答很是吸引人:写给我们西方人的,我们需要了解不甚明朗的过去来更好地体会现在,至少需要了解毕飞宇的过去来更好地感知他的作品。

不过,我们不该低估毕飞宇,个中缘由要更为深刻。自始至终,他都在提及自己的儿子。觉得父亲讨厌的儿子,对他的文字压根儿不感兴趣的儿子,被他问及学校里同学们都喜欢哪些作家的儿子。因为毕飞宇自己是大学教授,而中文和中国文学的教学则是他最关注的事情之一。

因此,这本书首先是写给他的儿子的,写给儿子的同学,写给所有在一个没有记忆的环境中成长的孩子。这本书在对他们说:这就是你们所不知道的中国,请记住它……

但该书也是写给作者的同代人的,唤起他们心中的童年和年幼时的梦,那时的他们,都有一点青涩的"堂吉诃德"的影子。

【微评】以写作获得一种心灵的救赎,但是叙述所唤起和留下的,其实会比救赎本身多得多。堂吉诃德是一个追逐理想但最终因感受到幻灭而幡然悔悟的人,他的生命并非是一个笑话,而是一种"疼痛"。对于未尝经历的人来说,是不该忘记的过去,对于曾经一起经历的人来说,则是他们回不去的青葱岁月。

辑四

资中筠

履历、身份及其他

不知从何时起,我在公共场合被介绍身份时主持人常提到"曾为毛主席和周总理等国家领导人做翻译",有时还要加上"参加过尼克松访华的接待工作"。起初我还不以为意,后来越来越感到不是滋味,于是有机会就要说明:我年轻时在外事单位工作,由于专业学的是外文,主要工作之一是翻译,重头的是国际会议的同声传译,间或也为一些官员包括国家领导人见外宾做翻译,但只占工作的一小部分,临时应命,绝非专任,那时候国家领导人并没有专门的翻译,只是有关部门掌握一个相对固定的各种语种的翻译名单,以便随时需要,临时召唤。在1959年至"文革"之前一段时期,看来我被列入了这个名单,所以不时应召接受任务,平时就在本单位工作。如此而已。另外,既然做对外交流工作,接触的人中包括外国名人、要人,这也不足为奇。

最近作客"人民网",关于我的介绍中又突出这一点。"天涯网"的介绍干脆把这作为我的唯一的身份。我更感到有必要郑重说明,以免被误以为曾经是"首长身边工作人员"。特别是前几年有一本颇有影响的畅销书,作者在特殊年代曾任毛主席的翻译兼英语教师,在特殊的政治风云中曾红极一时,书中的自述情节对不明就里的公众说来颇"吸引眼球",可能给不熟悉当代历史的人们一个错觉,以为曾担任高层翻译,就必然关系密切,或地位特殊。因是之故,我更觉得有必要予以澄清和说明,这也算是爱惜羽毛吧。在我所处的年月,工作秩序比较正常,无论为谁翻译,只是一项普通的工作,最多说明在业务水平上得到一定的认可,但也不一定是最高水平,因为外文水平更高的,可能有其他更重要的工作。何况此类工作只不过"用其一技之长",不会因此显赫起来。

另外还有一层,我年轻时被分配做了十几年翻译,并非初衷。那时"此身非我有",工作不是自选的。后来越来越感到厌倦。对因工作关系而得以见"大场面",接近"大人物",旁人看来也许以为值得羡慕,我则兴趣索然,有《庄子》中的"鹓鶵"之感。所以改革开放之初刚可以有一点选择权,要求调工作不再算大逆不道,我就赶忙申请调到研究单位,以读、写为业。无论如何,总算有一点独立性,从此告别整天重复别人的话之苦。(至于笔译我自己选择的、自己欣赏的古典名著,或有意思的美文,那是一种"再创作"和自娱,又当别论。)我工作了半个多世纪,只有短短的五六年中有过为领导人翻译的经历,难道其他都不足道?特别是后半生虽然碌碌无大成就,但也多少有所思考,形诸文字,任人评说。肯定、否定,都是我自己的,有无价值,以此为准,还不至于要凭借曾为大人物(不论中外)服务来抬高自己。所以对此类介绍产生逆反心理。为什么外界偏偏注意这一点呢?也许是出于误解,以为说明一种地位,算是恭维;或是迎俗,大人物总是"吸引眼球"的。我本可以不去理会,但是近来遇到此类介绍越来越多,这一身份越来越突出,使我感到非表明态度不可,以免人们以为是我自己喜欢以此炫耀。我不能否认,也无须讳言我曾有此工作经历。幸好,本人在"文革"开始后入了另册,与红墙之内绝缘,于是在我的翻译经历中没有"四人帮"成员以及当时任何一位新贵,这是值得庆幸的。到了那个特殊年代,"首长翻译"确实只限于极少数特殊人物了。但是假设(只是假设)我当时竟然也被召去执行为某人翻译的任务,当然是无法拒绝的,那么今天"曾为……翻译"该如何介绍呢?

所以今天对"独立"二字弥觉珍贵,只希望能以独立学人的身份立于世,也希望世人以此知我、罪我。

【微评】生活有时候很奇怪,本可以活泼新鲜的,可能变得类型化。但是千万不要因为类型化的管理而真的让我们自己"被类型化",高贵的"独立"是我们生命最本质的基础。

陈乐民

"玻尔文件"及其他

在医院做血液透析时,竟一口气看完了《文汇报》6月1日的《玻尔与上海的美丽邂逅》等追忆性的文字;开头一文在首版中央位置辟一长方形,副题:"迸发学术交流的火花",引我注意。接下来转第四版,整版刊《真正的交流长久不息》等五文。看时和看后,感觉甚好,愉悦之情,竟油然而生。报纸字小,加之目力渐退,有时眼睛发涩,但还是看下去了。盖遥想当年,那种文化氛围、学术韵致,真叫人羡煞。惜乎战火在即,中国和欧洲都将陷入火海;在中国,继"五四"之后方兴未艾的文化繁荣于是受到劫难。

丹麦物理学家尼耳斯·玻尔1937年这次访华时,东北已落入日本军国主义者手中而称为"满洲国",不久炮声将在卢沟桥响起。当时玻尔也许还没有预想到他的祖国也将被占领。他是否已意识到他的科学天才和成就同他的人文关怀,将发生撞击;他在访问中国时是否跟他的中国同事,吐露过可能藏在心底的这种矛盾,已经无可考究了。

但是在四五年后,在与德国物理学家海森伯所进行的在科学思想史上著名的"哥本哈根密谈"中,这个科学与道德的关系就再也不能回避了。

1941年9月,海森伯正在参与为希特勒政权研制原子弹的科研项目;他作为一名科学家和亲密朋友到被占领的丹麦拜会玻尔。两位大科学家在那种特殊环境中的"密谈",本身便很引人注意。是带有官方使命的海森伯想说服玻尔一起"合作"呢,还是玻尔说服海森伯及时抽身以保持"名节"呢?他们的谈话没有公开,各自保存了自己的记忆。这肯定是一次艰难的谈话。由于战时的紧张的国际环境,交战双方,美英德都在加速研制原子武器的工作,这样的"密谈"不能不引起外界的不断猜测和好奇,以致到1998年,英国剧作家迈克尔·弗赖恩根据他自己的演绎,发表了以"哥本哈根"为题的剧本。

玻尔生前在与海森伯谈话后曾多次给他写信,但可能由于时局日紧而没有寄出。玻尔曾遗言在五十年后才能公开。后来由于这个剧本的突然出现,玻尔的家属便决定提前于2002年2月公开了封存了四十年的全部有关的"玻尔文件"共十一件。公开了的文件连同以前的种种猜测,仍然不可能使人了解到他们的谈话详情,但可以肯定,他们的谈话不可避免地会谈到原子弹的研制对战争结局的意义和对人的生命意味着什么;也不免谈到一个真正的有良知的科学家在人类命运危如累卵,而又不得不受命于"国家"政权时该当怎么办。《博览群书》在今年(2006年)的第三期刊发了张桂华先生以《在国家利益之上》为题的长篇文章,相当详细地介绍了这次神秘的长谈以及"玻尔文件"的要点。

这是些很引人入胜的文字，虽然仍然不能了解真实细节，但可以测定，两位科学家谈到的问题是科学本身所解决不了的：科学与道德如此尖锐地面面相对了。有人推测，海森伯在同玻尔会面后，便在原子弹研制中有意拖延，但这是一个无法取证的问题，在纳粹独裁专制下，他是否有意"拖延"，怎样"拖延"，以及这种"拖延"在多大程度上阻遏或影响了原子弹研制的进度，恐怕将是永世之谜而深埋在无声的历史之中了。

对于科学家本人来说，最难处理的问题，是当出现了与科学自身的目的背道而驰的现象，而又不能刹车时该怎么办。像"克隆"技术，如果伦理道德不形成法令，喝令行将克隆活人的研制住手，那将会出现何等危险的局面。当已经意识到危险即将降至人类时，还能心安理得地罔顾道德吗？

在这里，我要转引张桂华先生在文中引用过的一段爱因斯坦的话，因为那是一段使人的灵魂颤动的话："在人生的丰富多彩的表演中，我觉得真正可贵的，不是政治上的国家，而是有创造性的、有感情的个人，是人格；只有个人才能创造出高尚的和卓越的东西……由命令而产生的勇敢行为，毫无意义的暴行，以及在爱国主义名义下一切可恶的胡闹，所有这些都使我深恶痛绝，在我看来，战争是多么卑鄙、下流！我宁愿被千刀万剐，也不愿参与这种可憎的勾当。"

玻尔和海森伯的"哥本哈根密谈"所隐示的问题，绝不是小事一件，而是与人类文明命运直接相关的严肃问题。有那么一天，科学技术的飞速发展，只用于造福人类，而不用于戕害人和人的生存环境，那该多好呵！

最后插一题外话。《文汇报》的报道中有一重要细节,恰引起我无意中的"回响"。玻尔为自己的家族设计的"族徽"图案中有一个八卦图,好事者妄称玻尔的互补理论受惠于中国"周易",杨福家教授完全正确地反对此说。戈革先生在文章中直截了当地说:"所谓玻尔互补哲学起源于中国或起源于'周易'的说法,完全是无知妄作的外行们凭空捏造出来的无稽之谈,希望所有头脑清醒的群众不要受他们的骗!"

我的"回响"何在呢?几年前我在研究莱布尼茨时经常发现有人说,儒学如何影响了西方的"启蒙",其例之一是硬说莱氏的"二进位制"源于"周易",言之凿凿,成为定论。我有怀疑,乃考其源,原来是当时在康熙宫廷里的法国传教士白晋寄给他一张邵雍八卦图,并附以自己的一知半解的解释,谓与莱氏的"二进位制"暗合;莱布尼茨喜不自胜,便在他生前写的《论中国自然神学》中照用了白晋的解释,有些措词,几乎是一样的。我写过几篇短文辨正之,但人微言轻,没人听,行家们照说不误。时下在"国学热"中,"周易"万能说甚盛,以证吾先祖何等早慧。噫嚱!吾固不知其可也。

【微评】科学探索与人类道德之间的冲突,是人性最艰难的考验之一。坚守人类道德的尊严,还是让科学的发展如藤蔓肆意生长,是摆在所有科学家甚至是全人类面前的问题,而"玻尔文件"或许能够给人以启迪。

顾 土

守住文化的私人性

在我小的时候,文化的余绪尚存。我经常看见父亲持箫,母亲吹笛,声声相和,在月光下打发闲暇,舒解心怀。我也见到许多长辈,或琴或筝,一艺在手,不时吹拉弹拨。记得邻居中有一位是曾国藩的后人,父执中有一位在旗,擅胡琴,他们二人每周必填词唱和,你来我往,一概楷书。那位姓曾的邻居曾经让我欣赏过她的词作,大约有好几千首,旗人作古后,她便痛付丙丁。

读书仍是那个时代私人占有的最大文化,无论藏书还是阅读,都是私人的事情。关起门来,沏一壶茶,或正襟危坐或歪倚斜靠,读上一本好书,欣赏一天的新书,是莫大的享乐。

那时,书法也是老一代人私人生活的必需。他们多数不算书法家,但写出来的字大都摆得出去,虽然没有自成一格,或颜或柳或赵,兼着一点隶书魏碑的底子,但透出那么一股文化的气息。诗词楹联也是很多人咏志抒情交往的渠道,读起来你就明白,合辙押韵工对是他们文脉里的根基。

更早以前,诗琴书画乃至治印,都是我们的古人,尤其是有文化的士子必备的人生才艺，一不为了演出，二非炫耀，三没想到牟利，多数人纯粹是在私人空间里表达情绪而已。俞伯牙鼓琴，高山流水，为的是知音钟子期；嵇叔夜一曲《广陵散》，是自己受刑前的绝响；翻开唐诗，大量的也是私人间的送别、赠与、酬和。古人另外还有个习惯，就是写笔记，记人记事，考据辨正，加上琐闻杂俎。写笔记无关著述，无非消闲遣日而已。清代纪晓岚曾说："景薄桑榆，精神日减，无复著书之志，惟时作杂记，聊以消闲。"诔、铭、挽联一类相对来说带有公布意味的文字，古人自我欣赏的成分其实也很重，何况大多写过后根本没有机会示人，纯粹是那时的"抽屉文学"。曾国藩就喜好给别人写挽联，还特别乐意人家在世的时候提前写就，当然不敢出示，只作为自己的雅癖，还有点"缺德"。

前人的诗词书画印谱笔记刊印的也不少，多为自我把玩、自得其乐、自存留念，也赠与亲朋好友、师长同年，志在酬唱，意在交游。当然也有因此出了名的，也有赚钱赢利的，尤其是近代诞生了报刊、画廊、博物馆，刊布日见其多，但作为职业的还是凤毛麟角，也没多少人当这是专业，绝大多数人依然视此为私人空间。直到上个世纪下半叶，旧时代培育起来的人纷纷谢世，诗琴书画的个人传统日益没落，艺术内涵也渐趋衰微。至于笔记，好像五十多年前就已近匿迹。

从前，只要读过书的人都具备起码的知识功底，诗写得再不济，也合乎基本的格律，也知道用典也明白骈偶也清楚哪里用了拗句，更分得出雅与俗；字写得再不成书法，也有笔力和规则，修养之气溢于一笔一画之中，规范之心聚敛于起承转合之内。这种标准也使他们轻易不敢将私人的事情贸然张扬,羞耻之心、畏惧之心、仰承之心,令他们更乐于隐藏回避,钟情于文化的私下把玩。

如今,文化的私人性是否依然存在,我很怀疑。

读书已经不再是私人的事情,有人偏好替别人开列书单,而更多的人必须依靠别人指引,倚赖市场烘托,才明白该读什么书,才知道应如何读书。网上处处充斥着读了一半或者尚未开卷或者干脆根本没读懂就已经急于发表的见解。

尽管艺术成了热门,但无论是否职业演员,凡是会一门技艺的,都在拼命考级,一级一级攀升,而且个个喜欢比赛,人人爱好出头,曝光似乎才是最终的目的。艺术不再是私人的文化享受和情绪排遣,却成了炫耀、上镜、晋升的工具。

书画当今并不冷清,尤其书法简直还有泛滥之势,可是,当众挥毫、以字逐利、四处题写再加办展览、出挂历、上报刊,才是写字绘画的终极目标。梁实秋曾经描绘过他那个时代已经出现的两种人,一是写字的,一是办画展的。他说:"写字的人有瘾,瘾大了就非要替人写字不可。看着人家的白扇面,就觉得上面缺点什么,至少也应该有精气神三个字。相传有人爱写字,尤其是爱写扇面,后来腿坏,以至无字可写;人问其故,原来是大家见了他就跑,他追赶不上了。"他还说:"我参观画展,常常感觉悲哀,大抵一个人不到山穷水尽的时候,不肯把他所能得到的友谊一下子透支净尽,所以也就不会轻易开画展。"如今,写字的人早无扇面可写,但在马路上、书面上、纪念仪式上题词成了嗜好;开画展的人还特别走俏,不必透支,趋之若鹜的非常多。因为这两种人的本事往往在书画之外。

把信写给埃米莉 174

诗词似乎也不萧条，虽然更像顺口溜，还不如二人转，一看就是数来宝的根底，但是还是有很多人不甘藏拙，非要见诸报端、刊印成册、借此炫示才罢休。

　　大概是历次运动的熏陶，什么大字报、批判稿、决心书、思想汇报，都要摆出来当众表演，以示忠心，结果养成了不知文化羞耻的习惯。以后，市场经济的猛然来临，已被严重损伤的文化涵养使人面对物质利益和巨大的传播效应时根本不知如何自持，以为什么东西都可以亮出来叫卖，什么内瓤都可以袒露出来与人争输赢。社会环境也为文化的全然裸露推波助澜，舆论更是为文化的公然贩卖喊好叫价，任何文化终于因为失去审视标准失去环境制约失去舆论规范而一律成了经营的道具。

　　文化一旦失去了私人性，自我修养的作用也就丧失，自我愉悦的目的也随之废弃，而修身养性原本是文化对人的最大益处，赏心悦目原本是文化对心智的最有力的启迪。我不知道，当文化只剩下公开的社会性时，还算不算文化？或许只是行政的工具，或许只是产业的一分子，或许只是公共场合的装饰品。

　　文化，我总以为应该守住一点私人性，不然，就不是文化！

　　【微评】在这个靠点赞数和排行榜来确定自己吃什么、住哪里、读什么书、看什么电影的日子里，谈谈文化的私人性，还是很发人深省的。文化的趋同性，正日益让整个社会板结成一块坚硬的水泥，在时间的日光里发出刺眼的白光。

梅桑榆

作家的写作姿势

作家写作的姿势,并非坐着一种,据说美国作家海明威为了使作品的文字更简洁,总是站着写作,并且有时做金鸡独立状。俄国作家涅克拉索夫为了舒坦,总是躺在地板上写作。与他有同样习惯的还有卡波特,这位海明威的老乡自称是一个"完全平面的作家",说是他要不躺下,就什么也写不出来。

无论是坐着写、站着写,还是躺着写,都只不过是一种写作的姿势,与作家的精神、思维和写作视角无关。本文所说的"跪着写",则是用来比喻一种写作的精神状态、思维方式和写作视角。可以说,当今小说和影视作品中,有不少是作家、剧作家"跪着写"的产物。

皇权专制社会虽然已结束近百年,但当今许多文人,骨子里仍对皇帝与皇权无限崇拜,这种崇拜心理,使他们在写皇帝书或皇帝戏时,精神上身不由己、情不自禁地跪倒在地,而写作的视角,自然也就如从谷底仰望高山。怀着这种精神状态,以这种视角来写皇帝,自然是极尽赞美讴歌之能事,不敢有半点批判意识,而其作品中的皇帝们,也就个个英明伟大。问鼎天下,他们当然都是雄才大略;治理国家,他们无不是鞠躬尽瘁,死而后已。对于所爱的女人,他们情真意浓,对其千般呵护,万般恩爱,甚至忠贞不渝。对于臣僚的功过,他们赏罚分明;对于将帅的辛劳,他们关怀备至。对于百姓的疾苦,他们更是时系于心,一有奏闻,便心焦如焚,食不甘味,寝不安枕。至于那不辞劳苦、历尽险阻的微服私访,在远离京城的地方普施恩泽,使贪官恶吏得到惩治,使百姓的沉冤得以昭雪,苦难得以解脱,更是可歌可赞,感人至深。总而言之,他们是正义的代表,是真善美的化身,是人间一切智慧和美德的结晶。而争夺皇位的骨肉相残,扩张版图的血腥杀伐,宫廷生活的荒淫奢侈,对臣民的随意屠戮等等,"跪着写"的作家、剧作家们皆为尊者隐去,即使有所表现,也是为了证明他们超凡的谋略、丰伟的功绩……

"跪着写"所产生的效果,是使众多对历史所知甚少的读者观众,觉得皇帝,只有皇帝,才是世界上最可爱的人;只有皇帝统治下的百姓才是最幸福的人民。是那场以牺牲千百万生灵为代价的推翻帝制的革命,使这些可爱的人绝了种,使幸福的人民无福再沐浴浩荡的皇恩,真是千古憾事!

这些作家、剧作家们不但写古代的皇帝,也写现当代的伟人。但他们在写这些伟人时,却远不如古代的皇帝丰满生动,他们的感情纠葛、私人生活,无人敢于涉及,他们没有癖好,更无缺点,行动与说话也往往僵硬呆板,毫无生动有趣可言。总之大多是些没有血肉的形象,没有性格的完人,用小说创作的行话来说,他们至多是些"扁平人物"。在小说,特别是在影视剧中,他们的存在,只是起到推动情节发展和图解概念的作用。由于这样的传记类作品太多,反而使有些精神上挺立的外国人乘虚而入，真正优秀的中国当代伟人的传记，大多出自老外手笔，便是明证。

作家莫言曾说："我写作时，我就是皇帝。"我想其意大概是说，一个作家在写作时要居高临下，俯视他笔下的人物，才能对其进行深入的解剖和分析，透过种种伪饰，从人性的角度洞察其本质，而后方可塑造出血肉丰满、生动感人的形象。而我认为，作家写作时作为"皇帝"似还不够，其实更应该是"上帝"，如此方可在写皇帝或伟人时，不至于丧失解剖和洞察的能力。中国历史上，有两个人写作时是以上帝的视角来看待他们笔下的人物的，一是司马迁，一是蔡东藩。看看《史记》中对流氓皇帝刘邦某些言行的描写，再看看《历代通俗演义》中用于皇帝们的调侃揶揄的笔调，就可看出两人精神的脊梁挺得很直，隐藏于两部巨著背后的，是作者伟大的人格和上帝般俯瞰尘世的目光。正因为如此，司马迁和蔡东藩笔下的刘邦和众皇帝们才鲜活生动，真实可信，让读者感到他们虽然黄袍加身，位尊九五，但都是一些行走于尘世的有血有肉的人，而不是高居云端形同偶像的神。

【微评】写作，究竟应该有一种什么样的精神姿态？可以说作家的精神姿态决定了作品的精神高度，不管你是坐着写、站着写还是躺着写，至少我们应该做到不"跪着写"，但是说起来容易做起来很难……

陈鲁民

"只为苍生说人话"

近日,86岁的台湾杂文家柏杨宣布封笔。他最后的作品是为《柏杨曰》作的序,以一句"只为苍生说人话"戛然结尾,掷地有声。

何谓人话?解释颇多,见仁见智。我觉着,一个正常人说的话,不违反人性、人伦、人道、人情的话,就可叫"人话"。而与此相反的话,即那些有逆人性的话,有违人道的话,或可叫"鬼话"?

《论语》中有这样一个故事,马棚失火了,孔子退朝后,有人向他禀报,孔子急问"伤人乎",而不问马,这就是典型的"人话",用今天的话来讲就是以人为本。

春秋战国时,乐羊作为魏国的将领攻打中山国。当时他的儿子就在中山国内,中山国国君把他的儿子煮成人肉羹送给他。乐羊端着肉羹一口气喝完后,便大举进攻,灭了中山国。魏文侯称赞说:"乐羊为了我的国家,竟吃了自己儿子的肉。"众大臣齐声附和,睹师赞却说:"连儿子的肉都吃了,还有谁的肉他不敢吃呢!"睹师赞在历史上藉藉无名,但他应该永垂不朽,因为他说了句"人话"。

晋惠帝糊涂颠顸,说了不少"鬼话",譬如那句著名的"何不食肉糜"，但他也说过颇为感人的"人话"。西晋"八王之乱"时，嵇康之子嵇绍随晋惠帝出征。兵败，护驾的群臣兵将纷纷逃命，作鸟兽散。最后，只剩下嵇绍一人，拼死保护晋惠帝，敌方将领冲上来要杀嵇绍，已经身中三箭自身尚且难保的晋惠帝竟拉着敌将的手高叫道："他是忠臣，杀不得！"敌将不容分说，一刀砍下嵇绍的脑袋，鲜血溅了晋惠帝一身，晋惠帝当时就昏了过去。后来晋惠帝脱险回朝后，就一直穿着这件满是血污的龙袍不肯脱，大臣们劝他脱下来洗洗，他大嘴一咧就哭起来："这上面是忠臣嵇侍中的血，千万不能洗呀！"（《水经注》卷九）

人之将死，其言也善。曹操一辈子"鬼话"连篇，"宁使我负天下人，不使天下人负我"，便是其中最典型的一句，不过，在他临终前的遗嘱里，颇有不少"人话"，可圈可点。他说我这一生，做了很多的事情，有对的也有错的，犯的小错误发的大脾气不值得你们效仿。接着就唠唠叨叨地讲一些家务事，房间里的熏香要用掉，让老婆丫头们继续住在铜雀台，葬礼从简，不要浪费……没有豪言壮语，没有政治功劳，没有励志大话，但却是近人情、合人性的"人话"。

"吃人饭不说人话"，是国人骂人较狠的一句。古代圣贤、名流虽然说了很多"人话"，但也说过不少"鬼话"。朱熹就说过"存天理，灭人欲"；"饿死事小，失节事大"也是宋儒的发明；"不能流芳百世，宁可遗臭万年"，则是东晋野心家桓温的名言；慈禧老太婆的"宁赠友邦，不与家奴"，更是可恶之极。"鬼话"流毒甚广，害人不浅。

即使今天，此类"鬼话"仍时有耳闻。十二年前克拉玛依大火时，竟有人高喊"同学们别动，让领导先走"，丧心病狂啊，几百个花一般的少年葬身火海。《法制日报》几年前曾登过一条消息,农民刘福民因妻女被拐卖找到镇派出所,要求惩治罪犯而屡遭毒打,其所在县的相关负责人分别在刘的上访材料上批示:"到银河系找外星人解决""到月球找秘书长处理"等。竟有对老百姓说这等"鬼话"的人!

再譬如,"中国穷人上不起大学是因为收费太低""国有资产即使是'零价格'甚至负价格转让,国家也不一定吃亏""起征点太高就是剥夺低收入者作为'纳税人'的荣誉""医生收红包可令医患关系更和谐""房价骤降房地产崩盘,中国所有人将付出沉重代价"等等(可参见2006年12月29日《中国青年报》),虽然大都是出自专家之口,但都是不折不扣的"鬼话",有违良知,有悖常识,有渎人道,有逆人性。

当然,不说"鬼话"说"人话"固然重要,干"人事"更重要,还要多干顺民意、得人心的好事,否则就是口惠而实不至了。

【微评】喜欢这篇文章,就是因为这个斩钉截铁的标题,汤显祖说"世上假人太多",所谓"假人"大概就是那些不说人话的人吧。呵呵。

章秋农

人生难得是从容

"搞中国艺术,最紧要的无过'从容'二字,此二字实是人生幸福之所系。"这是我在一篇文章中说过的话。此节文字谬得多人称赏,竟至云对"'从容'二字,心向往之,实不能至"。甚矣,从容之难哉!处于急匆匆的当今之世,"从容"似乎成了一种近乎"奢侈"的享受。当然,亦有另外一种声音,年轻朋友调侃我:饱人不知饿人饥。理由是:我们要考外语、评职称、买住房等等,哪里从容得起来;你已年近七旬,当然可以从容了。也有友人怂恿我就"从容"二字专撰一文,充分展开,遂应命而不辞,稍稍更详之。

《史记·货殖列传》:"天下熙熙,皆为利来;天下攘攘,皆为利往。"太史公奋其健笔,写出天下人常态,即多数人如此也。而"从容"自古以来就是一种境界,并非多数人之常态。是在物质与精神两方面均有相当积累(佛教中有云"福慧二资粮",亦可参照)者所自然形成的仪态:端穆与舒缓。士必先志道据德依仁,又有"三闲":一曰实力有余闲,如有闲钱;二曰时间有空闲,即有闲暇;三曰内心得悠闲,此点最为紧要。《礼·缁衣》"衣服不贰,从容有常",《汉书·董仲舒传》"动作应礼,从容中道",皆古人对有诸中而形诸外者的表述。《论语》描绘孔子"恂恂如也""侃侃如也""訚訚如也"等,就是孔子之风度。即使在凄凄惶惶周游列国与弟子走失之际,有人说他赢瘦狼狈如"丧家之狗",他竟还有闲心调侃自己:"欣欣然笑曰:'形状,末也,而谓似丧家之狗,然哉!然哉!'"(《史记·孔子世家》)凸显出孔子的幽默与从容。因为他有底气:"三军可夺帅也,匹夫不可夺志也。"孔子教育方式也是极从容的。《先进》所载子路、曾皙、冉有、公西华侍坐章,是一佳例。此章记师生问答,老师问志,学生言志,不像授课,颇似闲聊。读者必须进入当时场景,方能赏会记录者之生花妙笔。曾皙即曾点,是曾参的父亲,年龄较大,但被点名提问却在最后。可以想象,曾点是边弹边听老师与同学的对话。面对师长,学生们并非肃然恭听,而是自由宽松,师生双方均极从容,大教育家与高材生的形象宛然目前。今将最精彩部分抄录如下:

"点,尔何如?"鼓瑟希,铿尔,舍瑟而作,对曰:"异乎三子者之撰。"子曰:"何伤乎,亦各言其志也。"曰:"莫春者,春服既成,冠者五六人,童子六七人,浴乎沂,风乎舞雩,咏而归。"夫子喟然叹曰:"吾与点也!"

曾点一心两用,既弹且听,直待问到自己,才渐渐将瑟停下,"铿尔"为瑟之最后一响,生动传达出曾点无心入仕,并对同窗之热衷略带不屑的心理。且尚不正面作答,慢条斯理,曲尽其妙,最后从容道出"莫春者"云云，于从容的氛围中道出从容之大气象，曾点之生性宽宏，以光风霁月为怀之大从容形象跃然纸上，难怪孔子听后，喟然长叹，倾心赞同。须知整部《论语》，"喟然叹曰"仅出现两次，孔子和颜渊各一。孔子叹曾点知时，人称"圣叹"；颜回叹孔子高深（《子罕》），人称"叹圣"，亦有味哉！

历史上，军事将领在与强敌遭遇时，表现出异乎寻常之镇静，更为人所称道。如淝水之战最高统帅谢安，在战酣之际尚从容弈棋，最是有名。

凡"每临大事有静气"者，均有不可动摇的主心骨在。今人主心不定，不是事累心，乃是心累事。黄宗羲《宋元学案》有云：

见一学者忙迫，先生（程颐——笔者注）问其故，曰："欲了几处人事。"曰："某非不欲周旋人事者，曷尝似贤忙迫？"

忙迫为从容之反对。不仅人也，动物亦然。如鹰虎从容，鼠雀忙迫。

为什么强调搞中国艺术最紧要的无过"从容"二字？这是因为中国传统艺术是要细细品味的。古人称"游于艺"，游者，从容涵泳品味也。

当今社会节奏快速，经济驱动力量空前，人深陷公开竞争漩涡，不能自拔，逐渐失去细细品味的能力、时间与耐心。"视觉冲击力"不但损伤了我们的形式感，钝化了我们的视觉悟解力，也正在快速摧毁含蓄、隐秀、象外之象等传统审美范畴。"品味",这一传统审美情操与活动已开始发生骤变,并从根本上销蚀着审美作为一种想象力和高级智力游戏的本性。我上举三闲中,自以"心闲"最为重要,但今日中国人的"心闲"是如此的困难,也就难得从容了。

两千几百年前李斯就说:"诟莫大于卑贱,而悲莫甚于穷困。"今人讳言贫贱,文人尤甚。古人则不然,且不说颜渊"不改其乐",扬雄为《逐贫赋》,韩愈作《送穷文》。看看唐朝大诗人们,对于自己的贫苦行吟坐唱,不怕耻笑,有时还出壮采。如阔过一阵的李白诗句"床头黄金尽,壮士无颜色";杜甫从未阔过,茅屋为秋风所破,还大唱"安得广厦千万间,大庇天下寒士俱欢颜",何其壮哉!特困户诗丐贾岛,不顾缺衣少食,住房年久失修,犹在大街上唧唧哼哼觅句,鲁莽撞入京城长官出行的仪仗队,"推敲"典故即由此出。杜荀鹤有道:"非为营生拙,皆因觅句忙。"看得创作比营生都还重要,在精神上他们都成了富翁。

在公众追求感性直接刺激的行为方式中,中国传统审美趣味,是否不可避免地将丧失全部领地?这倒未必。因为人类对智力游戏、审美情操的需要与失去之间的矛盾是无时或止的。须知真正能品味者,任何时候都是少数,多数人处于反复之列。加上国人喜随大流,又不好主动认错,宁愿偷偷改正,所以,笃行者无需性急。

《文心雕龙·物色篇》云:

赞曰:山沓水匝,树杂云合。目既往还,心亦吐纳。春日迟迟,秋风飒飒。情往似赠,兴来如答。

高雅之趣,固然能够默许时代风尚对它的暂时冷落,却不会善罢甘休,销声匿迹,而会对真正爱它的人深情眷顾,因为美虽不克由我们随意地召之即来,但在生活中却常常和我们不期而遇,相视莞尔,难怪纪晓岚评《文心雕龙》,要说"诸赞之中,此为第一"了。

【微评】很喜欢"从容"二字。从容的根本在于心无所欲,从容的前提是对于所观照的对象有一种深刻的理解与认识,这两者是人生"从容"的关键。而对于当今世人而言,从容显得那么遥远又那么重要。

郜元宝

消失的文人

　　文人势弱，自古皆然。在秦被活埋；在汉帽子做了溺器；魏晋乱世，若不烂醉如泥，中毒致残，难逃杀身之祸；洎乎明朝，更有剥皮的酷刑。所谓"倡优蓄之""清谈误国""文人无行""文字狱"以及直书去势、直谏诛族，无一非文人专利。而"文人不文"，蔑代无有，鱼目混珠，真伪莫辨，纵有光耀冲破黯淡，几千年平均下来，仍觉其少，不嫌其多。

　　但也不必因此唱清儒的反调，说一为文人便"甚足观"，赶紧官帑供养，防其冻馁。也不必标榜自己就是最后的硕果，存亡继绝，在乎一身。作此妄想，已堕魔道，与文人不相干了。

　　所谓文人，大概不同于粗通文墨小有所成便原地踏步装神弄鬼乘时而起见势扒分的"作家"，也非稗贩之余沽名钓誉兼做假先知的"学者"。后两类繁殖极快，社会上也以他们为楷模。其实不然。文人至少不诈不伪，智商近于中人，能作婉转从容通达独立有时粗直但并不愚呆之谈话，落到下风也不图穷匕见，或像"周董"，装神弄鬼，加快语速，压倒对手。再高一点，则是修辞立诚而能娱人，谈言微中而启人以思，动人以情。这里的"人"只是"有人"，非"所有人"，故文人离不开圈子，当不起"公共知识分子"的美名。文人固有所执，但以"说出"为止；一涉行动，易失本色。他关心时势不让于人，却未必以时势关心他为条件。文辞风格一旦养成，便不易为时势所染，反而若有距离，如古之文人，不写乱离之象。他固有所知，更知其无知，不敢僭越，以国师自居。最近好几位一直恪守本分的读书种子突然发急，纷纷以国师自居，实在奇怪。文人变国师，荣登杏坛，岸然曰利国利天下，教训黔首，献策庙堂，岂能再与迷惘者同迷惘，与哀哭者同哀哭？他将只有高人之理，再无常人之情，后者才是文人唯一依靠。

"今索诸中国，为精神界之战士者安在？有作至诚之声，致吾人于善美刚健者乎？有作温煦之声，援吾人出于荒寒者乎？家国荒矣，而赋最末哀歌，以诉天下贻后人之耶利米，且未之有也"。这是青年鲁迅的呼吁。其实，他并不坚持非得有战士不可，能至诚之声、温煦之声甚至"最末哀歌"，也很可贵——但都"未之有也"。这似乎也是当下写照。

上世纪90年代中期，有人曾说现代文学没啥了不起，顶多教人相骂。这污蔑倒也歪打正着，揭示了现代文人的特色，就是凡有发言，皆以私心认可为准，并随时准备赤条条站出来担负言责，很少一推干净，或标榜公允、稳妥。现代文人还不是"真的人"，但已经够真心的了。真心者狭路相逢，或爱，或骂，都很自然。不像现在，没有骂詈，不闻心声洋溢，一片扰攘，其实寂寞。前不久有学者振振有词，说古代文学几千年一个专业，现代文学三十年也一个专业,太不合理,后者应并入前者,三言两语,打发过去算了。这种论调后来听过几回,渐渐也就麻木。古之文人略识一二,但还是觉得他们的现代同行更可亲近。每一回想,真是令人不觉神旺。鲁迅之深沉热烈,郭沫若之佻侻易感,郁达夫之全无遮拦,周作人之冲和淡定,胡适之之宽宏任事,徐志摩之天真剀切,巴金之激越充沛,老舍之本色平易,曹禺之高才练达,沈从文之乡野文静,赵树理之质朴滋润,艾青之气壮情长,孙犁之温婉秀挺,张爱玲之华丽尖新,钱锺书之智锐才宽,一如其作品,各各显示鲜明个性,不容混淆。对古人他们并不特别恭敬,但没有他们的"创造性转换"(林毓生语),许多古书古字,今人别想读懂,又何谈"存亡继绝"？现代文人跻身古人行列,并不逊色。妄分轩轾,委实无谓。

俱往矣,古之文人早已绝迹,现代文人也基本消失,或正在消失。

消失的何止肉身,也是一种写作方式,一种人生态度。现代文人和许多古人一样,不加伪饰,语语有我,作品就是自传。考其人格,在上可为导师,为民族魂,至少也是一个响当当的性情中人。当下文学的特点却是涂饰太厚,语语无我,徒做空言或各种滥调的新八股,一旦授之以权,诱之以利,不知姓甚名谁矣。或谓当代有大作,无大师,语虽不经,却也透出一点消息。文人的消失,主要是文人的自我的消失。

其实,无论消失的是肉身,还是别的什么,都不足惜。优胜劣汰,合乎常轨。但见鄙夷文人而又偷一点皮毛来附庸风雅榨取文人剩余价值的现象,暴发户中间很是普遍,莫非文人消失后,魂魄即转附名公巨贾、学阀明星之流？不免齿冷，作文以辩之。

【微评】现在民国似乎也成为一种可资念发思古幽情的时代了，如果要我说，那样的文人，也只是出现在人们的梦中。但有梦总是好的，至少我们知道什么样的是好的……另外，消失的或许不仅仅是文人，还有语言，还有很多。

柳延延

"为学应是一片欢喜境界"

前些时候看到一档讨论当前中国教育问题的电视节目，四五位嘉宾（都是官员、学者）坐在台上侃侃而谈。这时台下一位观众提问：你们和你们的孩子是怎样对待"择校"的？每一个嘉宾都做了正面回答，他们的孩子有的在哈佛，有的在剑桥或普林斯顿接受了或正在接受高等教育，得意之情溢于言表。如此景象真是令人欷歔。"择校"能够择到外国去，显然不是一般人可为，大多数没钱、没权送子出国的家长只能望洋兴叹了，它表明今天从上到下对中国教育的失望。

怎么解决这个难题，我一介书生不敢奢谈，它太过复杂，是个系统工程。有一个情况值得一提。很多人认为，国家希望教育兴国，百姓希望儿女成材，在教育问题上，政府和国民的利益肯定是一致的，奋斗方向也会一致。不幸的是，这个结论显然不是一个必然。假如我们常常看到一些官员给予本国教育制度高度评价，却把自己的孩子都送往国外留学，就可以大致明白这个道理了。

我这里想谈的是一个让我无法释怀的问题，看来也无望解决。读者诸君，你们发现没有，今天中国反映现代人生活的电视剧中凡有儿童的画面，都是在做作业。家长看到放学回家的孩子，说的话都是："快去做作业。"虽然大多数电视剧粗制滥造，在对这一现象的表现上却直面了现实。家长关注孩子的学业无可厚非，可孩子不是机器，而是需要加倍呵护的小人儿。"加倍呵护"也主要不是好吃好穿，汽车接送。我曾读到过一篇文章，说的是清儒陈澧在《东塾读书记》里对"加倍呵护"的点评："教小儿，亦当使其常有喜悦意。不然，彼不好学矣。"同时还必须"早放学，使得嬉戏"。今日学校里的学生，虽然学习是其常任，似乎也需要老师不时鼓励，激发其学习的兴趣。文章还提到说，当年陈垣先生教书时，就常常故意卖个破绽，让学生识破，以提高其学习的兴趣，这个细节让我心温暖半天，教师式的爱子之心跃然纸上。

是啊！要鼓励人学习，就要顺乎人情，有轻重缓急，使上者能体会其中的愉悦，下者也不至于感觉苦恼。对小孩子，更要努力营造愉悦的氛围。我以为喜悦的缺失是读书太过功利。我自己做了老师后，对学生的功利倾向不以为然，常向学生建议：即使为谋出路，也不必去找什么时尚的热门专业，而要尽量寻求性之所近的方向和题目。因为只有自己爱好，才能坚持认真地做；坚持认真做，才会真正有所得；自己有心得，学问才做得好；学问做得好，自然就有出路，并且学习的过程也会少许多烦恼。简言之，只有"学也乐在其中"，才能"学也禄在其中"。这个道理尽管仍然有功利的色彩，却也是获得功利的正道。

今天对未成年人的教育，实在做不到"学也乐在其中"，更做不到"放学后还要能嬉戏"。上课拼命灌输，下课大量作业，以致今天中国的少年是全体中国人群中睡眠最少的人群之一，这太不正常了。久而久之，学习成了"不亦恼乎"，"格外使人不耐"的事了。学生如果天天处于"不亦恼乎"的状态，老师也绝不可能轻松愉快，于是大家都在烦恼郁闷中生活。这正是今日学校的常态，却绝对不应是学校的常态！

几年前韩少功先生在《山里少年》里说的话给我留下深刻印象："我发现凡精神爽朗、生活充实、实干能力强、人际关系好的乡村青年，大多是低学历的"，"如果你在这里看见面色苍白、人瘦毛长、目光呆滞、怪癖不群的青年，如果你看到他们衣冠楚楚从不出现在田边地头，你就大致可以猜出他们的身份：大多是中专、大专、本科毕业的乡村知识分子"。这说明在兴趣的维度上，今天受过较多教育的人甚至不如受过较少教育的人。他们完全没有个性和兴趣，只生活在"流行的概念"世界里。

学习如此，生活亦然。没有了兴趣，又怎能快活？即使花钱到山水之间，最该乐的情景中，却是"上车睡觉，下车撒尿，到了景点拍照，回家什么也不知道"。在这个决非玩笑的真实描述里，没有了山水之美，更不见了愉悦之乐。可据说，在仁者乐山智者乐水的时代，愉悦似乎是个常态，颜回不是有"不改其乐"之说吗？我想，所谓"不改"表达的是"乐为常态"吧！就连庄子和惠子观鱼，讨论的也是鱼之乐否。《论语》一开始即连说"不亦乐乎""不亦乐乎"，陈澧老先生读出了孔子的意旨，即"为学应是一片欢喜境界"。

哲学家熊十力先生对中国"为学未有欢喜境界"异常厌恶，断言此为"民族丧亡之象"，这实在是令人警醒之言。我们还能找回在生活和学习中已经丢失的那份乐趣吗？新学期伊始，教书的，学习的，是否都要想想"欢喜境界"的问题。

【微评】在一味鼓励"只要学不死，就往死里学"的今天，这不啻是空谷跫音，发声虽细，但响若洪钟。熊十力先生说"为学未有欢喜境界"为"民族丧亡之象"，诚如是，我辈何堪！

邵燕祥

这才像读书人的样子
——夏末初秋闲笔

偶然读到已故历史学家邓广铭先生晚年的一篇回忆:《我和辛稼轩的因缘是怎样结成的》(收入张世林编《为学术的一生》,广西师范大学出版社)。邓老提到了与他从事辛弃疾研究有关的胡适、傅斯年、陈寅恪。

上世纪三十年代初期,邓广铭在北大史学系读四年级时,选修了文学院院长胡适开的一门"传记文学"课。那时他拟定要写一本陈亮的传记,一方面作为这门课的作业,另一方面也作为他的毕业论文。

邓广铭写好了《陈龙川传》,送给导师胡适去看。胡适给论文判了95分,评语第一句就说"这是一本可读的新传记",还向北大的许多教授称道。同时他在评语当中也明确指出,对陈亮和辛稼轩的关系写得太不够,应当大力补充。因此,考证辛稼轩的生平,又成了邓广铭的一个新课题。

邓广铭翻阅了梁启超等人的《辛稼轩年谱》和梁启勋的《稼轩

词疏证》，对辛稼轩一生中许多关键性问题，从中都几乎得不到清晰的解决。他从吴廷燮编的几部年表得到启发：搜集材料必得博览群书，披沙拣金，别无窍门捷径。那时他对南宋人著作的知识并不太多，就向《四库全书总目提要》去搜讨，只要是感到可能与辛稼轩有关的书，无论是地方志或笔记或文集，都到图书馆去借阅。很短的时期，居然找到前此所有有关辛稼轩的撰述当中所没有出现的大量材料。这使他的兴趣更加浓厚起来。

这时，他从报纸上看到中华教育基金董事会资助科学研究工作的章程，资助范围包括自然科学和社会科学，在社会科学门类下还特别注明包括历史。他知道胡适先生是这个基金董事会的主要负责人之一，便到地安门内米粮库四号胡宅去问他：我有没有资格申请。胡适说：“你当然有资格申请，你们二十几岁的人研究学问，应当受到鼓励。三十岁以后的人，研究学问就是他的天职了。”他问邓广铭准备做什么题目，邓说想替辛稼轩编一部翔实的年谱，最好能再编写一本《稼轩词笺注》。胡适听了之后说：“梁氏兄弟已经做了这项工作，而梁启超又是大名鼎鼎的人，你则是初出茅庐。基金董事会的学术审查人员多数为自然科学方面的，在文学史和历史方面真正内行的并不多，人家不会相信你更会胜过梁启超。因此，你得先写一篇文章发表，证明你确实能超过梁氏兄弟才行。"回来后，邓广铭就利用已经搜集到的资料赶写了一篇《总评〈辛稼轩年谱〉和〈稼轩词疏证〉》，寄给上海大公报社的《国闻周报》发表了。

这篇文章刊出后，首先博得胡适先生的赞许。他对文章看得很仔细，过了些日子跟邓见面谈起，于赞许之后，还指出，可惜里面排漏了一个很关键的字（把"非常"一词的"常"字漏掉了）。不久，邓又接到杭州之江大学词学专家夏承焘教授来信，说他正在写唐宋词人年谱，其中包括辛稼轩，见了这篇文章后，他认为辛的年谱只能由邓广铭来写，他决不再写了。当时在清华大学研究院作导师的陈寅恪先生看了这篇文章，表示"深服其精博，愿得一见为幸"，经常向人打听这个作者究竟是什么人。问到傅斯年先生，傅告以是他的学生，是北京大学史学系毕业不久的。陈寅恪一直把这个名字记在心里（1939年邓广铭来到昆明北大文科研究所，和陈先生初次见面时，陈还是首先就提到这篇文章）。"这些师辈的同声赞许，更给了我莫大的鼓励"，邓广铭说。其后不久，受资助的名单公布，果然有他的名字。

在着手写作的时候，对邓广铭写《稼轩词编年笺注》的体例，傅斯年就有不同意见，他既不主张编年，也不主张注释。他自有他的理由。邓广铭根据自己的想法，有所采择，却没有完全遵行。书成以后，傅斯年把"年谱""诗文钞存"连同这本"词注"的书稿一并介绍到香港的商务印书馆去印行。只因排版刚好，太平洋战事突发，香港被日军占领，三书的出版一直稽延到多年以后。

读邓广铭先生的回忆，我第一个感觉就是这一片文化氛围真好，作学生的如邓广铭固然是踏踏实实在做学问上下笨功夫，师长们在学术上有那么高的造诣，却还随时读报刊上新出的论文，为后生小子的学术发现而惊喜，他们识货，因而爱才，提携后进不遗余力。在这里的师生关系中，看不到驵侩式的功利意图，更没有彼此利用的庸俗关系。不但与《围城》中的那番情景形成鲜明对比,不客气地说,与今天丑闻频出的学界、高校的反差也实在够大。作为局外人,也作为后来者,总觉得这些前辈,才像老师的样子、学生的样子,才像学者的样子、读书人的样子。

【微评】第一,我们离那个时代好像太远太远了;第二,他们在历史的深处瞻望着我们,不管我们有没有勇气回望他们。

张　辉

读书，读一部完整的书

这几天看电视剧《历史转折中的邓小平》，其中一个排队买书的情节，一下子把我带回到三十多年前。在这个信息爆炸、几乎"书满为患"的时代，遥想那个常常一书难求的日子，不觉有些微沧桑之感。

而真正让人感到时移世易的是，不仅那个如饥似渴、发愤读书的年代似已恍然离我们远去，而且我们的读书风气也在悄然发生另一种不可忽视的变易。

就是说，尽管人们还在阅读，甚至比30年前读得更多、更快，但快餐式的、蜻蜓点水式的阅读，已在很大程度上成为风尚。认真而完整地读一本书，读一本完整的书，如今甚至已是一种奢侈。BBS、微博、微信这些新的媒介，在给我们带来崭新阅读经验的同时，也把我们的时间和生命体验切割得零散而琐碎。而我们自己，也不自觉地开始主动适应乃至沉湎于这样的零散与琐碎。

于是我想，这是需要我们提倡"读好一部书"的时候了！

提倡读"一部书"，而不是提倡所谓的"博览群书"，这看起来是与开卷有益精神相抵牾的。但连一本书也不能从头到尾全部读完，那样的"博"，又有何益？那至多是使人增加了自我炫耀的"资本"而已，哪里能达到通过读书慎思明辨、砥砺精神的作用呢？

清代学问家陈澧曾说过一番发人深省的话："学者之病，在懒而躁。不肯读一部书。此病能使天下乱。"这位东塾先生，直接把读书人"不肯读一部书"，与"能使天下乱"联系起来，或许会有人以为是危言耸听。但，他以主张切切实实"读一部书"，来作为回应世风——特别是士风——败坏的方法，虽然难免有几分"书呆子气"，却丝毫没有哗众取宠的意思。用他自己的话来说，所谓"读一部书"，无非是将一部书"自首至尾读之"，而不停留在"随意翻阅，随意驳难"而已。如此平易的读书法，难道有什么错吗？难道不是对我们的"懒而躁"一个最简单也最有效的疗救吗？

其实，朱子也早就说过一系列差不多意思的话。比如，他说过："读书不要贪多，常使自家力量有余。须看得一书彻，方再看一书"；又说，"读书不贵多，只贵熟"，"泛观博取，不若熟读而精思"等等。

朱熹和陈澧他们当然不可能预料到我们这个快餐文化的时代，但我们在今天这个尼采所谓的"工作时代"——也即一次想干掉无数本书的时代，重读他们的话，却依然能感到那些朴素话语超越时空的穿透力。说到底，不但"泛观"与"熟读"这样的不同读书取向，不会随时间的推移而有根本改变；而且，更重要的是，人心或人性的不同类型，也仍旧可以从读书的取向中，得以窥见端倪。

很显然，我们提倡"读好一部书"，当然不是要简单放弃鲁迅先

把信写给埃米莉

生所说的"随便翻翻"的自由,我们当然不会。"泛观"自然也是一种读书的方式,它无疑也有利于精神的自如舒展。只是,无庸讳言的是,我们与朱子所说的"熟读"也睽违过久了些。我们的"泛观"已经接近泛滥的地步,再这样下去,难免会使得我们的精神涣散,而无法真正集中到认认真真思考一个深入的问题上了。正因为此,我们必须重新从"读好一部书"开始。

是的,从今日始,从一部书始。

而"读好一部书",事实上至少建立在下面两个前提之上。首先,所谓"读好一部书",这里的"一",意味着"整一"。意味着我们要把某部书看成一个有机整体,意味着我们并不被动接受现代世界所强加给我们的碎片和分裂的现实,而坚信并努力接近世界的"一"与"完整"。只有这样,只有在生命意志和生活世界中,我们有这种信心乃至信仰,我们才能在知识论层面,把一部书,看成一个整体,而不是把它看成一本"文摘"或"段子"合集,仅仅从书中挑选"对我们有用"的词语、段落、故事和观点。或像某些学者所为,用"己见"或已有的知识将一本完整的书肢解,拼合为自己的"学问"。这就好比,不能看到"君子喻于义,小人喻于利"就急于总结孔子的"经济学"思想;看到王熙凤协理宁国府就说《红楼梦》里也有"管理学";也不能看到《道德的谱系》就马上试图从中寻找尼采的"伦理学"金句那样。

换言之,要把我们所读的某部书真正当成一部(!)完整的书来看,把我们自己首先置于该书作者所设定的语境和问题之中,跟随这部书自身的起承转合、谋篇布局,从中聆听并明白作者的意图。这也就是朱熹所说"只要虚心以求其义,不要执己见"的意思。

其次,"读好一部书",如前文所说,意味着不刻意求多求全,而是勠力向某一个问题领域的纵深挖掘,以祈求达到"惟精惟一"的境界。用曾国藩所引述的比喻来说就是:"用功譬如掘井,与其多掘数井而皆不及泉,何若老守一井,力求及泉,而用之不竭乎。"

当然,正像曾文正公在这里不是要我们"一条路走到黑"那样,我们提倡心不旁骛地"读好一部书",也当然不是要让自己画地为牢。如果前面所说的"一"乃是一本书的"整一"特性,那么,这里的"一",事实上意味着专心致志,意味着集中注意力。而这不仅仅是心理学意义上的注意力,也应该与生命状态的"精一"相联系。

曾国藩下面这段家书,也许可以部分地说明问题。他是在讨论如何读一部书,但很明显,他的这段"读书法",也与"正心诚意"的伟大古典精神传统密切相关:

> 经则专守一经,史则专熟一代,读经史则主义理,此皆守约之道,确乎不可易。若经史之外,诸子百家,汗牛充栋,或欲阅之,但当读一人之专集,不当东翻西阅。如读《昌黎集》,则目之所见,耳之所闻,无非昌黎,以为天地间,除昌黎而外,更别无书也。此一集未读完,断断不换他集,亦"专"字诀也。读经读史读专集,讲义理之学,此有志者万不可易者也。圣人复起,必从吾言矣(道光二十三年正月《家书》)。

曾国藩固然是在经史子集的知识系统中讨论问题，或有他的局限性；但是无论读经读史还是读集，在他那里，都明显是与义理无法分开的。引申说来，无论我们是读四书五经，还是读司马迁、韩愈、朱熹、王阳明，或柏拉图、修昔底德，读书这个非常个人化的行为，其实并非小事，因为它是与世界的"一"，也即世界的道与理息息相关的。一部书，自身是一个整体，它也是对道之"大一"的探究与表达。专心致志从一部书出发，才能开启从小一通向大一的可能。如果我们连一部书的整体都不愿或不能把握，如何还能期望通过我们的努力克服时代精神的支离破碎？如何还能期望站在历史的制高点上了解并加入世界的整一？

读书，请从一部书始，请从今日始。

【微评】在一切碎片化的今天，读一本完整的书，似乎变成了一件很奢侈的事情。我们常常会用信息太多、时间太少来搪塞，但是有没有想过，我们的时间究竟到哪里去了？我们是不是真的需要那么多的信息？——"读书，请从一部书始，请从今日始。"

郑若麟

不敢苟同"伏尔泰名言"

"有人"发现,"我不同意你的说法,但我誓死捍卫你说话的权利",原来不是伏尔泰说的。"有人"就是我。(《"名言"是如何炼成的》,《文汇报》5月3日)"另有人"(邓伟志先生)则认为,"哪怕是叫花子说的,我们也还是赞成这一说法。"(《也说伏尔泰名言》8月3日文汇报"笔会")鄙人不敢苟同。

9月8日,法国巴黎法院第17号轻罪法庭将会对一桩轰动世界的案件作出判决。被告是法国著名时装品牌"迪奥"的首席设计师约翰·加利亚诺。今年2月24日,喝得醉醺醺的加利亚诺在他寓所附近、巴黎著名的犹太人和同性恋聚集的马莱区一家酒吧"明珠咖啡馆",与一对犹太裔和亚裔情侣发生口角。加利亚诺骂对方长着一张"犹太人肮脏的脸"、是"亚洲鸡奸犯的私生子"。这几句话使加利亚诺被告上法庭,罪名是"散布种族歧视言论、蓄意羞辱他人"。这一罪行最高刑罚是六个月监禁和最高22 500欧元的罚款。

消息传到国内后,却鲜有人问:这是不是"因言获罪"?这与

《人权宣言》和法律保障的"言论自由"是否相悖？不是应该"我不同意你的说法，但我誓死捍卫你说话的权利"吗？显然，这中间存在着一个莫大的误区。很多国人赞同这句其实并非伏尔泰说的"名言"，因为"一般中国人对此话的认同，是基于'言论自由'这样一种理想，即无论说什么，都是无罪的，只要没有行动"。由此出发来观察加利亚诺一案，仅仅几句粗话、脏话，且根本没有动手，也就是"并没有行动"，如何解释言者居然会被告上法庭？

确实，法国大革命时颁布的《人权宣言》和1948年联合国通过的《世界人权宣言》中都白纸黑字地写着，"自由传达思想和意见是人类最宝贵的权利之一；因此，各个公民都有言论、著述和出版的自由"，"人人有权享有主张和发表意见的自由；此项权利包括持有主张而不受干涉的自由，和通过任何媒介和不论国界寻求、接受和传递消息和思想的自由"。但是国人甚至精英们都没有注意（或有意"忽略"？）的，是《人权宣言》在紧随其后还有一句极其重要的限定语："但在法律所规定的情况下，应对滥用此项自由负担责任"。《世界人权宣言》虽然没有这一限定语，但在其第二十九条款第二项则明确写道："人人在行使他的权利和自由时，只受法律所确定的限制，确定此种限制的唯一目的在于保证对旁人的权利和自由给予应有的承认和尊重，并在一个民主的社会中适应道德、公共秩序和普遍福利的正当需要。"

加利亚诺的话语被认为违反了法国有关"煽动种族仇恨"的法律。西方国家实际上针对"言论自由"和"新闻自由"设定了非常明确的司法界线。法国1881年7月29日通过的《新闻自由法》，

1972年7月1日通过的《普利文法》，1990年7月13日通过的《盖索法》，2001年1月29日通过的《亚美尼亚种族灭绝法》，2001年5月21日通过的《多比拉法》，2005年2月23日通过的《反殖民法》等，以及各项保护儿童、保护个人隐私等其他法律，均构成"言论自由"的司法框架。

总的来说，对"言论自由"——包括口头和书面——的司法限定有三类：一类涉及社会秩序。凡煽动仇恨、暴力和犯罪的言论都属违法。第二类涉及他人权利和隐私。凡不符合事实的侮辱性用语、蔑视或斥骂，均构成诽谤罪；所有损害他人名誉的语言均构成破坏名誉罪等。第三类则是政治领域：《普利文法》和《盖索法》规定，所有在公共场合用语言或文字煽动暴力、种族歧视、反犹等均构成种族歧视罪；否定"二战"时犹太人遭到煤气炉毒杀等言行均为违法。而《亚美尼亚法》和《多比拉法》则将否定1915年亚美尼亚人遭到奥斯曼土耳其帝国种族灭绝、否定殖民主义罪恶等也列为违法。因此，如果你在法国公共场合中说"从来没有亚美尼亚人被种族灭绝"之类的话，只要被人听到，被人告上法庭，被人抓住证据，那么你就不可避免地将遭到法律的制裁。

"煽动暴力"是另外一个法律严格禁止的领域。在西方，无论是口头的还是书面的（法国2004年修改刑法时，将"网络"也加入其中），无论是针对个人还是政府，"煽动暴力"都不属于"言论自由"的范畴。甚至连有着中国人都耳熟能详的"第一修正案"保护言论自由的美国，都有《史密斯法》，规定宣扬"以武力和暴力推翻或摧毁美国国内任何政府"为非法。英国在发生骚乱后，切斯特皇家刑事法院严判两名用"脸书"宣扬暴力的青年入狱四年,可以说是最典型的一个例子。根据英国《严重犯罪法案》第44和第46条款,两名青年用"脸书"号召"砸碎诺斯威奇镇""在威灵顿组织暴乱",均犯下了蓄意宣扬暴力之罪,尽管后来他们号召的事并没有发生,但这并不妨碍英国法庭判处两人有罪。事实上,在西方发达国家的日常生活中,如果你威胁或鼓动对他人使用暴力,哪怕是口头的,都为法律所不允许。

在保护个人隐私方面,法国也存在多种法律限制着言论自由。比如你如果在电视节目中透露某位名人的性取向、说出他的汽车牌照,或公布一张照片,上面能够看到某名人寓所的门牌号码,都属于违法行为,都会因此而吃官司。此外,"言论自由"也不能损害国家安全。美国在九一一事件后通过的《爱国者法案》就是一个例子。

与中国不同之处是,欧洲国家的法律大多已经实施数百年。拿破仑有一句著名的话,他一生军事上的胜仗都被滑铁卢惨败画上了句号,但他留下的《拿破仑法典》,却会永远流传下去。事实上《拿破仑法典》中的很多条款至今仍然是法国有效法律。因此,经年累月,再加上法国也实施案例法,即已判案例将成为下次同类案件的判罚依据,要全部了解法国各项法律对言论自由的限制,作为非法律专业的人士来说,几乎是不可能的。目前法国行之有效的法律和法规多达118 000条。很多法律,甚至在刑法中的许多规定,实质上也在限制着人们的言论,如法国刑法第433条第五项规定"不得侮辱公务人员"。在法国,当你与警察对话时,千万要注意自己的用语,否则很有可能被控"侮辱公务人员"罪。如有报道称一人在争吵中对警察说,你怎么像维希时代的警察,结果被判"侮辱公务人员"罪。"侮辱公务人员"可能由一句话、一个动作、一个威胁等等而引起,而且往往是当事人与警务人员双方话语的对质,而最终一般都是警方胜诉,因为在法国,警察的话被视为是宣过誓的,因此是可靠的。这类案件2007年就有31 000多件。其最高刑罚是六个月监禁和7 500欧元罚款。

所以在法国,特别是在公共场合,人们说话都很自律。涉及种族仇恨、暴力和诽谤等有可能带来司法麻烦的言语,一般人都会竭力避免。久而久之,形成目前法国社会的这种"文明"气氛。事实上一旦有人口吐不当语言,只要引起争议,大多会吃官司。我曾将中国通行的一些暴力性话语(如"出门右拐是政府"之类的)告诉一位法国司法界供职的朋友,他的结论是,如果将法国相关法律运用到中国的话,很多人会吃官司。实际上中国也有这些法律,只是众人绝大多数都不知,也不遵守,于是"不知者不罪"。于是"法不责众"。但在法国,最著名的一句法律行话,就是"谁都不能被认为不了解法律"!也就是说,你不能说你不知道这条法规,因此你就是无罪的。所以,当你"祸从口出"时,你就自己去补习法律吧!

实际上,你可以认为限制言论自由的法律是"恶法"。我就不认同《亚美尼亚法》,因为这一历史"事实"至今存在争议,其是非曲直不应由法律来界定,更何况欧洲其他国家几乎都没有这一法律。反对法律是允许的,但只要该项法律未被废除,你就必须遵守法律。一旦违法,法律将毫不留情地惩罚你。

现在再回到开头的那句话,你还认为应该"誓死捍卫我说话的权利"而不管我说什么吗?

【微评】"我不同意你的说法,但我誓死捍卫你说话的权利",这是掷地有声的话,在当今中国尤是,但是这句话是不是真的放诸四海皆准呢?其实也未必。理性主义的价值,就是从来不信奉那些不加限制的所谓"信条"。

鄢烈山

为什么要铭记每一个死难者

今年8月15日——日本宣布无条件投降纪念日前夕,《南京大屠杀遇难者名录》与《南京大屠杀幸存者名录》在南京首发。今天已查实的8242个南京大屠杀遇难者的名字被编成三卷名录,并在每个名字后面尽量做了性别、年龄、住址以及遇难时间和如何遇难等简注。这使我们对南京大屠杀有了更具体清晰的认知。邵建先生将它与奥斯威辛集中营纪念馆搜集的十万多个犹太死难者的名字、日本广岛和平公园原子弹死难者纪念墙上刻的二十多万个死难者的名字相比,说我们这项工作才开始。他说用人名记录大屠杀凸显了人性关怀。我当然同意他的观点;不过,我想补充的是,我们要铭记的不仅是南京大屠杀中死难的每一个人,铭记每一个死难者蕴含的意义可能比凸显人性关怀更丰富。

前年游韩国,团友们特别要求去参观了首尔的"战争纪念馆"。馆里庄重地载录着1948年"大韩民国"成立至上世纪90年代初,为韩国捐躯的十七万多韩国将士等名录。当时,我想起了妻子的叔叔,18岁入朝做运输兵,当年就战死了,这异国游魂无所归附,到如今只有几个亲人偶尔还会想起世上曾经有过这么一个人。我们历年为国捐躯的人,比如"抗美援朝"、中印边境自卫反击战的将士,都是有记载的,为什么不能让他们的名录进入我们的军事博物馆呢?比起南京大屠杀死难的具体人名,这些人名是十分容易查找的。一来我国有健全的民政系统,有全世界最严密的户口登记管理制度;二来从1949到1976年二十多年间的历次政治运动,我们内查外调祖宗三代,几乎没有人的家族史不清清楚楚。因此,像我大伯父那样被国民党政府抓壮丁殁于内战的人,以及因冤假错案死于"夹边沟"等劳改农场的人,动乱中死于武斗的人,"三年困难时期"死于饥荒的人,都是可以一五一十精确统计到个位的。

精确记录每一个死难者,首先是对本国本族的历史负责,是"不虚美,不隐恶"地对历史存真。它是一种"历史资料长编"性质的纪录;至于怎么取舍、怎么评价、怎么"以史为鉴",那是第二位的,是派生的。

历史当然有镜鉴价值,但不能狭隘地理解。历史像一幅画,观者的审美感受因人而异,关注点也是与时俱变的。它根本就不可能是定义明确的教材,就像我们今天读《春秋》和《史记》,很多结论是孔子、司马迁完全想不到的,更毋论我们对官修钦定国史的解读。

铭记每一个死难者,就是平等地关注每一个国民。美国人修越战纪念墙悼念战死者,与他们反对越战的立场并不矛盾。越战决策的错误是政治家和国家的错误,责任不应由普通的职业军人承担。再以日本靖国神社为例,我们反对的是它供奉犯有发动战争和大屠杀罪行的大政客、大战犯,而不是它供奉了一般将士的灵位。普通将士也是战争的牺牲品,是军国主义国策的殉葬物。龙三(阿信的丈夫)为自己动员儿子与别的青年参军而后悔,他若不是自杀,而是面对战殁者的牌位反省,有什么不好呢?

关心每一个人的存亡,珍惜每一个人的生命,是最有效的"爱国主义教育"。《战国策》有个故事说,中山君大宴群臣,羊羹不及司马子期,子期一怒之下投楚而伐中山。"树活一张皮,人争一口气",不关心具体的国民,"爱国主义教育"就是做虚功。有人说,拯救大兵瑞恩不合算,为救他一人倒赔上了更多的士兵。可是,他们没有算算拯救与放弃对士气民气正负影响的大账。这事关国家与民族的认同,爱国主义不只是教人勇于牺牲,而是使人觉得这个国家这个团体把"我"当人而不是当炮灰当工具,因而值得为之献身。

这样讲仍然是形而下功利主义的盘算,而根本的应该是对每个生命的尊重。尊重每一个生命是一种文化,是一种现代文明。尝在泰国缅甸交界的二战遗址桂河大桥游览,参观了一座盟军死难者纪念公墓。夕阳斜照一块块整齐排列的刻有死难者姓名的长方如小旗平展的墓石,心中涌起一股感动。死者长眠无言,但他们活在我们的记忆与感恩中。我们会更加珍惜自己与别人的生命……

不正视历史,我们怎能开辟崭新的未来?

【微评】铭记每一个在历史事件中死难者的名字,是一种文化态度,容易,也难。容易者,以一国之力,爬罗剔抉,总有弄清楚的一天;难,是因为总有人想要掩盖,想要让人遗忘,而"瞒"与"骗"又恰恰是"御人术"的"精髓"。

辑五

徐皓峰

黎明即起

"黎明即起,洒扫庭除"是《朱子家训》的开篇语,也是老辈人一日的开头事。每想此句,不禁唏嘘,我这一代人早不拥有早晨,即便朝九晚五的上班族,一日之始,是闹钟惊醒,塞口东西,出门奔走。

老辈人的早睡早起,是个什么概念?四点钟自然而醒,方算一个早晨,四点钟醒,身体最舒服,可以试试,比五点钟舒服。

一个民族改变了一日开始的时间,便换了心理,我们与老辈人甚至不是一个人种。晚睡晚起的民族和早睡早起的民族,审美和思维方式肯定不同。

福克纳曾在好莱坞写剧本,目的是"家里能有个游泳池",好莱坞对他的策略是"不死不活养起来",他写的剧本不管好莱坞剧作原则,好莱坞也不管,照样买单,让别人改写。

八九十年代,作家群体普遍转化为影视编剧群体,小说叙事接近于好莱坞电影剧作,读者和观众划了等号。我们做不成"不死不活"的福克纳,因为我们的电影业尚不是好莱坞,非生即死。

我没有受过文学训练，所受的叙事教育是电影学院的剧作法，那是九十年代初，之前最好的中国电影常是拿首诗改的，如《一个和八个》如《黄土地》。苏联解体，老师们松了口气，苏式政宣型故事片被摈弃，让我们学"真正的苏联"——《被遗忘的祖先的影子》《愿望树》，剧作本属诗歌系统。

小说法和剧作法合一，以好莱坞为终极标准，是当今特色。二十年来，特色是个坏词，往往说的是反常现象。我写小说，也有极强的目的性，为将来拍成电影，青年立志时，毕竟是做个导演。

特色之下，小说法和剧作法合一，但能否改改终极标准？比如，诗歌。

我们常把好莱坞叙事说成是逻辑性强，认为是了不得的优点。但在电影院里的观察，发现讲求逻辑，是气血两虚的需要。人们常在极度困倦下，来到电影院，稍一动脑，便呼呼睡去。

好莱坞剧作法是建立在"观众要么智力不足、要么精力不济"的基础上的，这是好莱坞的秘密。美国电影宗旨是赚孩子和劳动者的钱。

好莱坞的电影观是病理，逻辑清晰、视觉热闹，是对脑力不足、精力不济的药方。问过几位五六十岁的人，看好莱坞近年电影，如《福尔摩斯》系列、《蝙蝠侠》系列，走出影院，常有虚火上升之感，隐隐不适。

好莱坞，不利于养生。

问："你们觉得什么电影利于养生？"

答了个《归心似箭》，斯琴高娃青春时风韵之作，她是个村姑，救了个遗落民间的解放军伤兵,求爱遭拒,伤兵要去找队伍,为江山辜负了美人。

虽然我们都知道,胜利之后,村姑们大多被城里女学生淘汰,但电影里那个基层小兵重整河山的情怀,真诚得令人动容。

原来养生的是"江山美人"。上一百年,理念毁灭生活,是比比皆在的悲剧。但在电影世界,获得一个理念是终极快感。当今大众电影的虚火上升,是拿不出什么理念,好歹好莱坞有个"拯救世界",港片有个"别欺负中国人"。

电影总结生活,我们现在最爱总结的是"活着真好""我们都被骗了""你毁我,我就毁你""放弃智商,回归家庭"——

六七十年代的好莱坞经典,都是好莱坞的反例,好在心胸辽阔,观后精神一爽,如《猎鹿人》《美国往事》,这批越战老兵批判了社会,但给了一个生活延续的理由,或对屡屡遭到背叛的道德准则,给予了终极肯定。

大众电影,本是做大众理念。

而老辈人早睡早起的中国,不适合当今的好莱坞文化,那时的人们以新衣为礼,以精神饱满为礼。觉得自己气色不好,羞于出门见人。

人与人相对,亮着精神气,所以人间爽利——这是小津安二郎电影的主要特征,也是八十年代之前中国电影的主要特征,虽然表演观念更新了,新一代演员不会再重复前辈的表演,但我们至今看赵丹、崔嵬、王晓棠、龚雪,并不觉得他们表演过火,反有一种敞亮的好看。

精气神足,便会有另一种电影。

问过医院的按摩大夫,疗程以病人不厌烦了,为结束标准。身体好了,还按,就觉得不舒服。逻辑剧情和视听热闹,相当于舒筋活骨,但筋骨好的人会觉得不耐烦。

九十年代之前,国人筋骨好,瞅美片瞅港片,就是瞅个新鲜,真觉得不耐烦,看过一份赴南极考察船的报告文学,船上备了大量香港武打片录像,人人都烦死了。

我这一辈人现今已骨衰筋疲。另一种电影,成了个念想,知在我辈不可能复现。

看书法历代留迹,透着一股"脑力健"的气魄。脑力健,所以说事的小说是下等,不耐烦于事,要抒情,所以诗歌地位高,也因为脑力健,对现实的观察力和判断力强,所以不耐烦编造,要写史。

中国小说的叙事传统,齐如山讲,许多文人为了让自己的诗流传,才写小说的,所以古典小说中插的诗词多,写小说为走私。

史,有正史(国事)、族谱(家史)、县志(地区史)、个传合集(僧道史),地位均比小说高,一些文人的地位轮不到写史,写小说是为了证明自己的史学修养,高档茶馆里的说书,不是评书演义,而是"讲古",讲古是说史,得有真学识。

小说是为照顾小市民阶层,谈奇说怪,偏颇玩艺,对时代没有概括性,也不是真性情,所以跟诗、史相比,地位低。明亡遗民,志志不忘修《明史》,亡国了,便要求个概括性……

这都是需要脑力的。

不言而喻的,便不需要再注释说明了,所以省略为诗、史的美学。

一些汉代儒家经典、唐代道家经典的注释和清代小说的眉批,往往是为了捣乱,混淆视听,将真意隐蔽。

古人以减省来营造意境,说满说显了,便无意境。不是猜谜,谜底是单一的,而营造意境是为了让人有更多体会。可惜现今人拒绝体会,只求告知。

于是叙事传统不成立了,叙事者迎来了时代变局,我们不需要罗贯中讲什么"浪花淘尽英雄",只需他告知好人坏人;也不需要曹雪芹讲什么"还泪祭花",只需他告知谁跟谁睡了。

现今,对一个导演的批判语,往往是"他没有能力讲一个整故事",而不是八十年代的"他没文化"。

其实我们追求好莱坞故事模式三十几年了,一个导演身边聚集了那么多编剧能人,故事基本是环环相扣,因果明显得都抢眼了,为何还被说成漏洞百出?

因为没有理念的电影,总是漏洞百出的,观众得不到终极满足感。没有精神实质,电影批评也成了逻辑游戏,进入纯智力游戏阶段,大家就容易迷失。游戏厅里的孩子,明知无聊,也总是玩不完的。

电影成了电子游戏,开始是精神亢奋,最终变成了智力体力的消耗,消耗成了最终目的。消耗带来消费,所以电影市场可以维持下去。

另一种电影,在情节上是敢于偷工减料,在人物上敢于不掏心掏肺,却因为有一个开阔心胸的理念、有一份值得辨析的真情,却让人觉得完整。

情节的完整并非完整，人物行动的心理依据也非依据。完整，对于观众而言，是心绪满足，而不是技术达标。

就国画而言，近乎无人的《溪山行旅图》的地位远比人满为患的《清明上河图》地位高，在于一个是心绪，一个是头绪——生活的各种头绪；而心绪则是生命品质。

叙事艺术，不管小说电影，首先满足的是求生欲望——以何种品相生活下去？

【微评】这是一篇有趣的文章，提出了一个很有意思的观点，将电影与人的精力联系起来讨论。其实，作者皮里阳秋，想说的内容似乎还不止这些……

唐 韧

手指与玫瑰花

人们为了说清婚内爱情的性质,用过无数比方,众所周知的"围城说""坟墓说"比较泄气;《圣经》的"肋骨说",今天的女性多不肯接受;董桥先生把婚前到婚后的爱情变化定性为"从相吸到相依",比较乐观、鼓舞……但我以为谁的比方都不如托尔斯泰的"手指说"恳切而理想。

《战争与和平》里,长得不漂亮的玛丽小姐,嫁给了英俊的尼古拉伯爵。自惭形秽的心态总使她觉得丈夫冷淡她。当她向丈夫说出她不安的原因时,丈夫说:"我爱我的手指头吗?我不爱它,不过试一试切掉它吧!"

"手指说"准确地道出了婚内爱情与其他爱的不同的质地:

真诚的夫妇之爱,其味类似自己对自己的爱。

相应地,其他的爱就是对自己以外的人或物的爱了。

如同你可以爱玫瑰花,爱它的红,它的神态,它的芬芳,甚至爱它带刺的泼辣;你可以爱莲花,爱它粉颈低垂的羞涩,爱它若有若无的清香,爱它婷婷袅袅的仪容……但那跟你对自己的爱都不是一码事。

有谁会为自己的手指神魂颠倒呢？它远不如花朵儿美丽娇嫩，它也许肥胖或干瘦，太长或太短，也许长着难看的指甲和汗毛，皮肤没光泽，可能生有跰子，也许还带有伤疤或者泥垢，你整天让它给你端碗、握笔、抓笤帚或抹布，拉门把手，搬桌椅，拎垃圾……它服服帖帖随你调遣，你心里的每一道命令它马上就去执行，哪怕让它去抓燃烧的煤块或者到腐蚀性的液体中去捞重要的东西，所以你才有"得心应手"这种经验之谈。而且，尽管它对你这么好，你却从不知感恩，也从没想到要跟谁去夸赞它炫耀它，为它写一首诗唱一首歌，给它拍个照片镶在镜框里，随身带在皮夹里。

你对它没有一点点的不放心，它根本就是你的一个部件。你在说"我"的时候，从来包括它在内。不信你给它戴一枚漂亮戒指，看看人家是夸你，还是夸你的手指"真漂亮"？你对它不必言爱，因为它对你压根不是"他"或"她"。只有当手指可能被切掉的时候，你才发现你可以丢掉百万朵玫瑰花，也不能丢掉它。

不错，"肋骨说"也说出了女人是丈夫一个部分的意思，而且肋骨比手指，似乎还更重要，但它却是单向的，让女性带有某种附属的屈从感，托翁却不是这样理解。还是在《战争与和平》里，托翁最喜爱的女主角娜塔莎婚后不肯遵守"聪明人们（特别是法国人）鼓吹的金科玉律"——女人婚后要更注意外表，以便让丈夫在与她结婚之前一样为她神魂颠倒。她认为抖松卷发，穿时兴衣服，唱浪漫歌曲来诱惑丈夫，"就像把自己装饰起来引诱她自己一样奇怪"。这还是托翁的同一个"手指说"——只不过从女人这方面再述说——丈夫就是自己，人不需要引诱自己来爱自己，也不担心自己会离开自己，娜塔莎完全可以声称丈夫是她的"手指"，是双向的比喻。

"半边天说"放在家庭里是最不地道的，听上去仿佛"册封"，隐约预设着拥有整个天的人，才有权恩赐别人"半边天"，否则，一个天减去半边，只剩半边，又为何从没有男人自称"半边天"，也没有女人称男人"半边天"？这加法很不科学，算来算去，"天"怎么总像有一个半。

中国古代散曲中还有"抟泥人说"，说夫妻原是单独个体的泥人，结合时打碎重新和泥再抟两个泥人，你中有我，我中有你，《亮剑》中李云龙之妻还把这首曲子手书赠夫作为婚姻法则。但是"抟泥人说"侧重表述了两个人在气质、气息、品格上的相通之处，与托翁的"手指说"比还不够透彻。

只可惜，今天的社会上流行的还是托翁所蔑视的"聪明人们鼓吹的金科玉律"，在许多文学、生活杂志和妇女杂志上，教的都是婚后不可随便，不要忽视诱惑技巧，否则就会遭遇第三者的抢劫的课程。许多妇女受其指点，精心研究粉蜜霜膏时装仪态，大打婚姻保卫战，但是战胜者似乎也并不多。而有些像玛丽小姐一样其貌不扬的女人，却反能将爱情进行到底，我总觉得她们和她们的丈夫，是"手指说"的无师自通者。

【微评】婚姻并不是爱情的坟墓，而是爱情另一种方式的延续。婚姻中的爱情应该是怎样的一种呈现方式呢？这真是值得思考的问题。不过，用尼古拉伯爵的"手指说"来形容婚姻中的爱情，似乎并不那么准确？

朱正琳

学习死亡
——在铁生的烛照下读蒙田

作家史铁生去世时，不少人又想起了那句流传久远的名言：探究哲理就是学习死亡。网上多有引用者，而我自己在一篇纪念文章结尾也取其意写道："他用自己的一生学习死亡，从这个意义上说，他是一位哲人。"与铁生的交往不算多，但从第一次见面起，他就给我留下这样一种越来越深刻的印象：这个一生与病魔结伴而行的人，早已与死神达成某种谅解。果然，当死神真正降临时，事情便的确像是在履行一份谅解备忘录，那样的简单明快、从容不迫，一时竟传为佳话。回过头来再读他的书，发现那些空灵的文字愈显空灵，仿佛都是与死神交谈前后所做的功课。无怪乎有人说，死亡是他的作品共有的母题。

眼看着一年快过去了，过几天（12月31日）就是他的周年忌日。心念动处，再一次打开《蒙田随笔全集》，再一次静下心来读那个名篇——《探究哲理就是学习死亡》。这一回得铁生烛照，我的阅读自然会多了几分领悟。

蒙田的这句名言,是从古罗马西塞罗的一段话化出。西塞罗的说法是:"探究哲理就是为死亡作思想准备,因为研究和沉思从某种意义上说可使我们的心灵脱离躯体,心灵忙忙碌碌,但与躯体毫无关系,这有点像是在学习死亡,与死亡很相似;抑或因为人类的一切智慧和思考都归结为一点:教会我们不要惧怕死亡。"

西塞罗说了两层理由。第一层理由大约是出自古老的灵魂说,把死亡解读为灵魂脱离肉体。对于我们现代人来说,这种灵魂和肉体截然分立的古老二元论,一般已很难被完全接受了。但用在铁生身上,却仍有若合符节之处。——铁生心灵的活跃与肉体的沉寂形成强烈反差,多少年来一直在冲击着每一个走近他的人。第二层理由则是至今依然通行的。据梁文道先生介绍,美国耶鲁大学有一门哲学公开课就取名《死亡》,而"美国'社会研究新校'(New School for Social Research)的哲学教授克里奇利(Simon Critchley)花了半年时间,结集古往今来一百九十位哲学家的死亡故事,遂成一部《哲人其萎》(The Book of Dead Philosophers),把一部哲学史活生生变成了死亡学习史"。这一百九十位主角各有各的故事,但在面对死亡之际都有着一份淡定与从容。在这一点上,铁生的故事与他们的故事是相通的,都可看作对西塞罗名言的最好诠释。而对于我来说,铁生的故事当然来得更为真切。

铁生不是一个传说。我所见到的铁生,已然是一位微笑着坐在轮椅上的智者。但据我所知,他的"学习死亡"却并不是一个像耶鲁大学公开课那样满堂生辉的课程,而是一个有过无数次沦陷和挣扎,因而有过许多晦暗时刻的生命历程。当然,其间存在着一种努力,一种显然需要极大勇气的努力。说那种努力艰苦卓绝,怕还是有嫌轻飘。我想,那样一种努力,对于"学习死亡"的人来说也许不是可有可无的事——有谁生来就拥有智慧?

老蒙田想来是知道这一点的,所以他一上来就呼唤勇敢。他首先指出,理性的全部工作就是让我们快乐地生活,而勇敢的目标也是如此。接下来他说道:"在勇敢之上闪烁的幸福和无上快乐填满了它的条条通道,从第一个入口直到最后一道栅门。然而,勇敢的丰功伟绩主要是蔑视死亡,这使我们的生活恬然安适,纯洁温馨,否则,其他一切快乐都会暗淡无光。"是啊,如果没有勇气直面死亡,很难设想铁生的生活哪里还有快乐可言。其实我们也一样,没有勇气直面死亡,生活说到底就不过是苟且偷安。不是吗?还有,如果没有勇气直面真相,又哪里有智慧可言?所以叔本华也说:"真理在更多的时候是一个勇气问题。"然而,俗话说得好:想透了,也就没什么好怕的了。——勇气似乎也可生于智慧?看起来,智慧与勇敢从来是相生相伴的,也许本就是一个钱币的两个面?

请看老蒙田的精彩结论:"对死亡的熟思也就是对自由的熟思。谁学会了死亡,谁就不再有被奴役的心灵,就能无视一切束缚和强制。谁真正懂得了失去生命不是坏事,谁就能泰然对待生活中的任何事。"从这个角度再去回望铁生的一生,就更能明白"学习死亡"的含义:成为勇者、成为智者、成为自由人。而这,也才是哲人二字的正解。

【微评】直面死亡,是一种勇气,也是一种智慧。其实我们很多人既没有勇气面对作为我们生命形态的死亡,更不会去思考它。用作者的话说,我们都应该像史铁生一样,用一生去学习死亡。

王周生

更有尊严的病名

那天在医院候诊,遇到一位中年妇女带自己的母亲看病。母亲文文静静,坐在医生面前。女儿向医生诉说母亲的病情:阿拉娘,早饭吃过就忘记了,东西放好转身就不记得了,煤气开了就不晓得去关,吊子烧坏脱好几只了……医生,侬看看伊,阿是老年痴呆症?

母亲嗫嚅着:我只不过,记性不好……

医生问了母亲一些问题,母亲很迟钝。医生开了单子让她做脑部CT。女儿接过单子并不急着走,忧心忡忡问医生:我妈妈到底是不是老年痴呆?医生不耐烦,说:是不是老年痴呆症,做了检查再说,下一个!

母亲站起来,满脸委屈,自言自语说:我不是痴呆……

看着这一幕,心里真是难过。当着病人的面,左一个"痴呆",右一个"痴呆",人生了病本就悲哀,还要接受一个让人自卑和羞耻的病名。我婆婆生前得的就是这个病,早年她是燕京大学毕业,先学物理后学医,何等聪明又何其优雅,怎能接受"老年痴呆"四个字!所以,只要药品说明书上有这四个字,她就拒绝吃药。为了婆婆的病,我查过许多医学书,包括译成中文的美国《默克诊疗手册》。我搞不懂,为什么西方的"阿尔茨海默症"到了我们这里,就译成"老年痴呆症"?这"痴呆"两字,足以打击病人的自尊,让他们感到自卑和无助,又怎能利于治疗?对于疾病的命名,我们为什么不能更人性化,更少歧视?

最早意识到译名问题的是邻国日本。据日本厚生省考证,"痴呆"一词最早出现在1927年日文词典上,是从英语单词dementia翻译过来。而1806年出现在英文牛津字典中的这个"dementia"疾病,在100年之后已被一位医生的名字替代。1906年,德国医生阿尔茨海默(Alois Alzheimer)在一个研讨会上公布了一位51岁女性患者的病历与解剖资料。这位病人丧失记忆,语言障碍,情绪不稳,判断力下降,渐渐卧床不起,最终因脏器衰竭死亡。经解剖,她的大脑因神经元缺失而萎缩,纤维化并有斑块堵塞。从此,医学界就用阿尔茨海默命名这种疾病。这种病不是简单的功能老化,有几十种疾病可以产生这些症状,其中年龄,是最为重要的因素之一。

2004年,日本厚生省决定修改这一疾病名称。因为"痴呆"这一译名产生了消极的后果,给患者及其家属带来了心理痛苦,不利于早期患者接受治疗。厚生省在网站上列出六个替代病名供网民选择,这六个候选替代病名为:认知症、认知障碍、遗忘症、记忆症、记忆障碍、阿尔茨海默综合征。除了这六个备选名称之外,网民也可以提供自己认为更合适的名称。更改疾病名称,并非我们想象的那样简单,须得顾及历史、传统与现实。如果采用一个过于优美的语词替代"老年痴呆",反而不能确切地表达疾病的实情,也不能给家属和护理人员传递科学的信息，无法使他们意识到所要面对的辛劳和付出。说到底，生这个病，真正痛苦的不是病人，而是身旁的亲人。日本厚生省要求网民考虑替代名称必须简洁易懂，不使病人感到受辱，不让病人心情变糟，又要与"痴呆"一词含义相近，避免产生认识与治疗上的混乱。

2004年12月，日本厚生省根据网民投票结果，正式将"痴呆症"改名为"认知症"，并决定在2005年日本保险制度中，把"认知症"作为法律用语正式使用。接着，2010年，我国香港地区经网上讨论，也将"老年痴呆症"改成"脑退化症"。

而我国台湾地区，这些年来，医生们也一直避免使用"老年痴呆"一词，他们在诊疗中使用"失智症"一词。

从"老年痴呆症"到"认知症""失智症""脑退化症"，这一医学名词的变化，体现了社会的进步。世界在人性关怀上，正一步步往前推进，我们什么时候也能跟上时代的脚步，向前推进呢？

曾经和几个医生讨论此事，大家觉得有必要，但并不感到紧迫。有的说，叫不叫"老年痴呆症"关系不大，关键在于治疗，再说，我们一个医院改有什么用？有的说，改名称是小事，如今治疗费用才是大事，病人为医药费愁死，你们文人却专注于改一个疾病名称！

这些医生说的不无道理。他们在医院里，每天打仗似的，遇到的都是生老病死，谈论的都是治疗费用与技术手段，我的这一想法，在他们看来显得十分奢侈。可是现在，中国人的寿命大大延长，发达国家经历了60年至100年时间才进入老龄化社会，我们只用了18年就已经跨入。我们无论在软件和硬件方面，都还没有做好充分的准备。可是身旁"认知症"患者一天天增加，65岁以上人群，已达4%至5%！

"勿以善小而不为"，我心有不甘。诚然，与医保、医疗技术硬件相比，疾病改名或许并不急迫，可这不是"善小"，它体现了一个国家和地区医疗卫生的人文水准。说到底，关注病人的尊严，就是关注生命的尊严，只有每个公民有了尊严，国家才有尊严。这些年，发达国家不仅疾病命名更趋人性化，而且还非常关注对弱势群体的用词，比如"智障者奥运会"，如今叫"特殊人奥运会"。他们还在正式文件和公开场合摒弃了"老人"（older）这一用语，代之以"长者"（elder）的敬称。在对待老弱病残和社会弱势群体方面，发达国家做了一系列实实在在的事，值得我们借鉴。

如今，翻翻中文医学词典，触目惊心的不止"老年痴呆"一词，如"癫痫""红斑狼疮""易性癖"……这"癫"字、"狼"字、"癖"字，让病人备受刺激，早有医学工作者呼吁更改。中国的文字如此丰富，难道我们找不到既准确又人性化的词语来表达这些疾病吗？

行文至此，忽生疑虑：此类事，究竟归谁管？如今当官讲政绩，官员擅长形象工程，一座大桥、一幢摩天楼、一条铁路、一个医改方案……这改病名，算哪门子事？形象工程算得上吗？

还是打住。

【微评】所谓人文关怀，其实并不是一句空话，大到国家政策，小到病名的确定，什么时候我们知道"疼人"了，这个时代大概就会好了。

陈丹燕

童 话

　　一个人在儿时读童话，看到的是神奇的世界。一个小人，躺在自家干净温暖的小枕头上，听母亲读童话，满脑子都是奇妙的想象，他以为那就是自己长大以后，将要进入的世界。那时的童话，好就好在，小人看到了世界的公平，好人总归是要战胜坏人，小红帽总是打得过大灰狼，灰姑娘也终于可以与王子幸福地生活在皇宫里。达到这个理想以前所经历过的九九八十一难，都因为胜利而变得非常浪漫，一点也不苦。小人这时要是提问，一定有积极的主题，从吃菠菜的重要性，到世界上到底有没有神，都是想象自己将会在那个美妙的世界里大有作为。都是对将来的人生抱着无限的好感。那要求世道公平的种子，就是这样种在了心里。

　　一个人在成年后再读童话，除了特别的爱好，大多数人是因为已为人父母，身体已经从婴儿床的位置转移到小床边的矮凳子上。夜复一夜，要为自己的孩子读童话书了。这是个所谓蓦然回首的时刻，那些似曾相识的故事，从人生湍急的进程中冉冉升起。度过了青年时代抛弃童话幻想的激烈，此刻，一个人在童话书面前再次检验童话中对世界的理想,那个古老的好人有好报的清平世界,心中总是悻悻然的,因为此时最深的感受就是:生活原是不够公平的。

成年之后,每个人都多少有了对自己已经进入的世界的怕,因为经历了磨难,所以也有了对经历九九八十一难的退缩。成年人的心,在童话面前,显出了它的疲惫和倦怠。

一个成年人,读白雪公主给孩子听的时候,有时心中会蓦然一惊:他突然想到,也许事实根本就不是皇后使计谋害白雪公主,而是白雪公主不喜欢后娘,使计陷害皇后呢!一个人在成年时候读童话,常常都能在一团温柔的故事里读出背后深深的恶意。这种恶意的发现,是与他对生活的理解联系在一起的,后来的生活,摧毁了儿时璀璨的愿景。许多人是在此时发现,自己小时候心中的美好世界已经坍塌了,因为从前的童话也已经变质了。

一个人要是在老年后还有机会重读童话,本身就是幸福。因为无论境况如何,他都已锻炼出了一颗安适的心。简单的故事在丰富的阅历面前,呈现出从前无法想象的寓言性。很难想象,那些简单的句子是如何饱含了人生中无限的感触。那看上去幼稚的公平世界,是如何幡然新生,散发着多少磨难终于无法毁灭的向往。人的年龄和阅历都是无法夺取的财富,如果这个人没有白白度过自己一生的话,他终将变得更加智慧和宽容,在这时,他能找到童话中那个清明世界在他心中的共鸣。这时候他真正与童话共鸣,他能与童话的信仰融为一体。只是带着一点点悲哀,因为他知道许多事,在童话中存在,也在心灵的理想世界中存在,只是自己一生都无法到达。

　　一个人如果一生都阅读童话,那么,他会渐渐持有对童话的信仰。一个人在童年和老年时容易接近童话的理想,是因为人生的这两个阶段,有更多的心灵生活,而不需要与现实苦苦搏斗。

　【微评】童话的世界是一个过于单纯的世界,对于成年人来说并不相信有这样的世界存在,所以会借助于自己的经验或者对于世界的理解,对童话进行更加厚黑的诠释。——但是,童话,不正应该是我们人类的一个梦想吗?

张大春

剩下几个字

对于接受者来说，教养既可以是游戏，也可以是折磨；正因为这个缘故，对于供给者来说，教养问题便显得迷人又艰难。身为一个父亲，那些曾经被孩子问起"这是什么字？"或者"这个字怎么写？"的岁月，像青春小鸟一样一去不回来。我满心以为能够提供给孩子的许多配备还来不及分发，就退藏而深锁于库房了。老实说：我怀念那转瞬即逝的许多片刻，当孩子们基于对世界的好奇、基于对我的试探，或是基于对亲子关系的倚赖和耽溺，而愿意接受教养的时候，我还真是幸福得不知如何掌握。

那一段时间，我写了《认得几个字》的专栏，其中的五十个字及其演释还结集成书，于2007年秋出版。美好的时日总特别显得不肯暂留，张容小学毕业了，张宜也升上了五年级。有一次我问张宜："你为什么不再问我字怎么写了？"她说："我有字典，字典知道的字比你多。"那一刻我明白了：作为一个父亲，能够将教养像礼物一样送给孩子的机会的确非常珍贵而稀少。

一

张容在小学毕业之后的暑假里经常保持无所事事的状态,他说多睡和多吃蛋白质食物一样重要,练琴只练八分钟,发呆和看漫画的时候已经具体呈现了公务人员上班期间的神情仪态。我忽然灵机一动,跟他说:"来谈谈字吧。"我有了题目——

"你觉得最有情感的字是什么?"

"'恨'吧?"

"为什么不是'爱'呢?"

"'爱'这个字可能会在其他地方出现,所以不准确、不集中,情感就不完整了。"接着他表示:既然要说"最有情感""最能表现情感",那么这个字就应该只能表达这个字的意思。

"可以举一个'爱'不表达'爱'的例子吗?"

"像爱尔兰、爱丁堡。"

"翻译的地名不能算罢?"

"当然算啊,它不就是个'爱'字吗?可是并没有情感在里面啊!"

"除了地名以外呢?"

"'爱之味'的'爱'也没有表达情感,它是品名。"

"'恨'呢?"

"'恨'很强烈,而且没有别的地方会用这个字,除了真的'恨',没有别的东西会用'恨'来当符号。"

我猜想孩子已经在他们的直觉里发现了我们用字的成见、甚至意识形态。人们使用语言,对于美好、幸福、愉悦、欢快……的向往和耽溺总令我们将表达这些情态的符号无限延伸,使之遍布成生活的名相。从而,它们反而不准确了。孩子察觉了这一点,却不劳抽象性地分析或演绎。他们很直接,要问他们情感方面的事,答案总是一翻两瞪眼。

二

对孩子来说,难的字,不一定是难写的字。

张宜刚上小学、开始使用字典的时候,意外地发现"匚"(音"方")和"凵"(音"夕"或"喜")是两个不同的部首,前者左上、左下两处皆是方角,收笔为一横划;后者左下是一圆角,收笔末端须向下略作弯曲。这两个字在一般的计算机打字软件里是没有差别的,在小学生用的字典中也必须依赖放大镜才能辨识。我花了很大的力气才一一辨明这两个部首辖下之字有什么区别,但是转眼还是忘了。

至于张容,说他永远弄不清的就是"以"和"已"。"以为""已经"总是会写错。我只好把甲骨文、小篆拿出来比对,让他认识"以"原先代表"始",代表"原因";而"已"则意味着"止",意味着"完毕"。这两个字在初文阶段的字形就像两只蝌蚪一般,只不过是"头下尾上"与"头上尾下"的区别。他看了之后显得非常惊讶,将字纸颠来倒去,说:"怪不得我分不清楚。"

"这样比对解释过以后,会比较清楚了吗?"

"当然不会清楚的啦,这就是要让你分不清楚的字嘛!"

我逐渐体会出一个道理:无论是大人,或者孩子,但凡学字、用字,都是透过一层表象的符号,去重新认识和迷惑着数千年(甚至更久)以来不同的人对于符号的专断定义。"以""已"二字之经始而终,终而复始,有始有终,无终无始,引得我呆想良久,其中一定还有连绵不尽的奥秘……

三

张容、张宜一致同意:他们的爸爸应该是生活在一百五十年前的人。据我所知,那时代,刚好新生了一个字。

太平天国在道光末年造反,绵延了十几年,即将进入转折点。石达开自广西挥军北上,渡长江,迫成都,想要以四川为据点,这是他效法诸葛亮的战略,却没能成功,就受困于假议和、真屠戮的诡计,在他想要建立据点的都城受了剐刑。同时被屠杀的还有为数两千以上的"发逆"。

若真在一百五十年前,我会留起头发玩儿命吗?还是龟缩于偏乡僻壤,以识得几字立业,教导两三蒙童,埋骨于尘埃蓬草之间?我问两个孩子,在他们心目之中,身在一百五十年前的爸爸会干什么?张容认为我会苟全性命于乱世,张宜则认为我会去当大流氓。

在那个时代,为了防堵"发逆"流窜,清廷在各地山区设立岗哨,借用了广东方言里一个形容"山曲之处"的字——卡——来表述种种设施。这大约是大造字时代结束之后极少数新造的字之一。太平天国一旦覆灭,遍山横野的岗哨都荒废了,这卡字也死了,短命得很。直到有了truck(卡车)、card(卡片)这一类英文译音的需求,才又借其音而使之复活。

一百五十年过去，一个无中生有的字失而复得，随时在我们的生活中出现，完全和旧义脱离了关系。它让人想到人生之中种种失之毫厘而差以千里的际遇和选择，而觉得万分惊险——老塾师？还是大流氓？你只能选一次。

四

孩子学习汉字就像交朋友，不会嫌多。但是大人不见得还能体会这个道理。所以一般的教学程序总是从简单的字识起，有些字看起来构造复杂、意义丰富、解释起来曲折繁复，师长们总把这样的字留待孩子年事较长之后才编入教材，为的是怕孩子不能吸收、消化。

但是大人忘记了自己还是个孩子的时候，对于识字这件事，未必有那么畏难。因为无论字的笔画多少，都像一个个值得认识的朋友一样，内在有着无穷无尽的生命质料，一旦求取，就会出现怎么说也说不完的故事。

我还记得第一次教四个都在学习器乐的小朋友拿毛笔写字的经验。其中两个刚进小学一年级，另外两个还在幼儿园上中班，我们面前放置着五张"水写纸"——就是那种蘸水涂写之后，字迹会保留一小段时间，接着就消失了的纸张——这种纸上打好了红线九宫格，一般用来帮助初学写字的人多多练习，而不必糜费纸张。我们所练写的第一个字是"聲"。

拆开来看，这字有五个零件，大小不一，疏密有别，孩子并不是都能认得的。不认得没关系，因为才写上没多久，有些零件就因为纸质的缘故而消失了,乐子来了。一个比较成熟的小朋友说:"这是蒸发!"

我还没来得及告诉他们:"聲"字在甲骨文里面是把一个"磬"字的初文(也就是声字上半截的四个零件)加上一个耳朵组成;也没来得及告诉他们:这个"磬",就是丝、竹、金、石、匏、土、革、木"八音"里面最清脆、最精致,入耳最深沉的"石音";更没来得及告诉他们:这个字在石文时代写成"左耳右言",就是"听到了话语"的意思。

这些都没来得及说,他们纷纷兴奋地大叫:"土消失了!""都消失了!""耳朵还在!"

既然耳朵还在,你总有机会送他们很多字!

【微评】汉字的点划转折间,其实有生活、有情感、有思考,总之,汉字是一种智慧的游戏。而对于汉字的一往情深,实在是对于一种文化的一往情深吧。

朱天心

用自己的语言和方式

　　这是近年台湾最大的一场反核大游行几日前的下午，一位来访的青年与我的对话。

　　青："想问你的反核立场，会去游行吧？"

　　我："我是一个认真的反核者，所以这次不去游行。"

　　青："听起来矛盾得很。"

　　我："因为我很当真，所以不愿意跟不当真、只出一张嘴呼口号、没有内容、瞎起哄赶时髦的人一起——"

　　青："反核是件很神圣的事，为何把他们说成这样？"

　　我："我知道有些比我还认真的朋友和长期参与反核运动的此次会参加，我说的是这回话语权在他们的台面上和游行发起人——"

　　青："什么是认真和不认真？大目标当前，需要分这些吗？"

　　我："认真的人，早就在生活里实践，搭公车捷运走路、家用电器的使用减至最低、过简约的生活……准备好了过一种无需核电和能源依赖的生活，惟其如此，才不致被不管会不会发生的缺电和高电价裹胁，被台电或政府长期恐吓。"

青:"你说的是之后的非核家园吧,但当前大敌是核四(编注:第四核能发电厂是一座位于台湾省台北县贡寮乡的核能发电厂,简称核四,由台湾电力公司经营。),而且你这说法似乎暗示只有这么过活的人才有资格反核,这样岂不自我限缩了集结的力量,而且你这种说法很危险,会被……"

我:"会被拥核的或台电拿去误用?"

青:"那倒不至于,只是多了杂音、弄松了议题。"

我:"那正是我最在意的,一个运动若只容一种声音一种表述是很叫我害怕的,就像我在意的是运动者的生活实践,那不是资格(道德),而是诚意(有效性),你才有劲能说服自己和别人,也才能深化已被唤起的人,而不只停留在要人表态。反核如此艰巨的工程,如何只以表态对待?"

青:"诚意?艰巨?好奇怪喔!你到底了不了解反核和反核四的差别?这次行动应该聚焦在反核四,连反核都先不开战场——"

我:"老实说,我不仅反核四,我反一切核电,我还反碳排放最高的火力发电,我反一切劫掠地球、对地球不友善的能源使用,所以我始终觉得真正的敌人是我们人类想过丰足安逸生活的牢不可改的恶习。"

青:"你弄得更乱了,我们回到原点,你在意的所谓运动者的诚意究竟是什么意思?"

我:"三年前,台湾有'疯绿电'组织,宣示反核和反污染、竭尽的传统发电而主张代以再生能源,他们很带种地表示愿为此付出数倍的电费换取,起码,他们面对了那不方便的真相:核电若真的百害无一利,不会有那么多国家那么长时间的悬而不决。

"我直说,诚意是陈露玲(原注:台湾排名一二的金融集团总裁夫人)发起反核同时也类此宣示'我愿付高电价换取安全的生活,但电费不涨及低收入户,我愿意说服我老公及企业友人届时不因电费调涨而抗说鬼叫';诚意是蔡康永宣示'今后凡一百公尺内的路程我绝不搭计程车',是林志玲'日后我愿意以身作则新衣再穿'……不然你如何能一丝不改变自己的生活而又妄想完成神圣的反核大业,那不是装可爱,就是无知。"

青:"这真是自乱阵脚了,要知道核四就要插燃料棒了,当前应该摆下一切差异和争执,阻止这灾难。"

我:"不巧我是很在意过程的人,造次必于是,颠沛必于是,若基于策略考虑在过程中让自己的价值信念暂放假,先不管目标达成与否,我只觉自己未战先输,好叫人沮丧。"

青:"但这次因福岛吓出一堆怕死的中产阶级,机不可失,先放下个人的小小坚持吧。"

我:"(民不畏死,奈何以死畏之。)"

以上及以下出现的圆括号内容是当日困于礼貌未出口的。

青:"你看到网上流传一份《联核爆》,仿核变次日的报纸头版,如马英九走访美国,帝宝一元求售……"

我:"(我一向左翼的友人你呀,什么时候你居然担心起帝宝的房价,过往的你不是应该会说'总算有一天我与陈露玲小S蔡康永是平等的了'。)"

青:"好不容易有个运动根源于人性的怕死,这多有力量不是?"

我:"我承认怕死很真实很人性很有力量,但史上了不起的运动都呼唤人'勇敢''不怕死',即便是反战,也是谈'和平'而不仅只'怕死',只根植于利己(有时会乔装做'为下一代')的运动,是半点召唤不出我的热情的。"

青:"所以你还是不跟大家一起走?"

我:"我用自己的语言和方式实践吧!"

青:"(你呀真是个保守固执不合群的老家伙呀!)"……

那日,我终明白了青年(包括我自己的青年时期)何以显得神圣,因为他只需或只打算拥抱一种价值,拒绝并排开与此冲突的其他种种,因此他显得纯粹、坚定,不至像那些不再青年(虽亦有信念)的人那样瞻前顾后、多思虑多犹豫、话说得既不简单也不大声……

(那泛着钢蓝色光的纯粹,我自己都怀念。)

但无法永远小楼自成一统,哪管春夏和秋冬吧,我且将自己的信念价值野放,体露金风,冷峻平实的面对诸神冲突和随之必然的非难、质疑和挑战,并因此修改、放弃(多狼狈啊!)或更坚持己念。

支撑我的,或仍是韦伯那段话吧,"人必须在一个不知有神、也不见先知的世界中自己寻觅、坚持自己的价值和信念;人不能有幻觉,对世界的道德地位不能有童骏的乐观,更不能期待任何此世或他世的力量或秩序,来保证自己行为的后果在道德上的地位……一个人如果不能冷峻平实地面对世界的现实,则他所有的只是和现实无关的信仰以及亢奋激发的盲动,现实的逻辑会调侃他的热情、击垮他的信念、扭曲他的理想、把他的努力化为空幻……"

与过去的我自己,和现下的青年们共勉。

【微评】这个世界最缺少的是理性的思考,而这恰恰是我们能够保证世界之舟不至于偏颇倾侧的力量。可惜的是,在汹汹的市声之中,我们很少能够听到这样的声音。

李　皖

就当他们是"小清新"

四五月间,"星外星唱片"一口气引进出版了八张CD:黄小桢《No Budget》《草莓救星》《羽毛河》《Nylas》《Nylas》,熊宝贝乐团《灰色》《929》《929》《也许像星星》,黄玠《绿色的日子》《我的高中同学》。

在大多数人都不再买CD、唱片发行商的出手愈加小心翼翼之际,"星外星唱片"的这次手笔,显示了某种判断。我猜,它跟"小清新"近年来的持续受关注有关。

跟众多概念类似,"小清新"或许也是个虚幻的云团。这样说是因为——没有哪个艺人说自己是"小清新",也没有哪个群体说自己是"小清新",但"小清新"还就堂而皇之地存在了,甚至,每个人都还感到了它的壮大之势。

现在看这八张唱片,虽然首版于不同的年代,风格也不尽相同,但它们确能跨越时空与类别之隔,成为一个群像。它们都是台湾风和日丽唱片公司出品,都属于独立音乐。风和日丽唱片,甚至扯出旗号,是——"台湾第一独立音乐厂牌"。

黄小桢的《No Budget》，最初是一个手工制品。它标榜"无预算"，事实上，录制时连公司都没有，就是黄小桢一人，对着录音设备，嘭嘭嚓嚓一阵乱弹乱唱。它有13个音轨，最短的一个只是15秒，印出歌名，就叫《15秒练习曲》了。1996年冬，200盒《No Budget》由黄小桢和她的朋友们亲手包装的卡带，在台湾大学附近寄售。

《No Budget》残缺的音效，是朋友们凑钱，黄小桢花四小时在录音室留下的。这录音制品有一种完全的真实感，弹唱的状态似乎是完全即兴的。歌手的情绪很激烈，也很突兀，有时突然爆发，却又毫无征兆地戛然而止。这样的一张所谓专辑，也就留下了某一段时间黄小桢某一段生命的切片。

2009年，《No Budget》CD复刻版量产重现。此时，这盒卡带已经被音乐圈奉为传奇。

"草莓救星"是个六人的团体：主唱吴晓萱，花名"蜡笔"，词曲也都是她；另有三男两女弹吉他、打鼓和弄DJ；还有外围的颤音琴、手风琴、小提琴；整体的效果，是把一支吉他摇滚乐队变得好像简约的小型交响乐一般，如云如霞，曲式开阔，意境绮丽辽阔。

《羽毛河》(首发于2010年)唱的什么？不是特别容易说清。总体而言，那都是些特别美的情感，好像又有点伤感，总之特别地艺术，美得惊心，但最终还是失落的。

《琐碎的小事》唱：世界尽头建了座花园给你/我们可以一起做些小事情/一起谈天气/一起玩游戏……就这样不要醒过来/睡梦里多愉快/……不用在乎人生的真假/你知道我会一直陪伴

你——这样的词,像针尖一样,刺进了耳朵,我们依然低头微笑。虽然模模糊糊,但我们也似乎明白了它说什么,刺痛如此明确,又美好得要昏睡。

"草莓救星"搬出了两个兵,主唱蜡笔和吉他手ARNY,组成了"Nylas"。主唱还是兼词曲,吉他手改玩笔记本、电子乐。这一回,蜡笔是一个幼儿园小女生,一个语气夸张的小精怪。配着11段曲,"Nylas"自己杜撰、绘制了九个童话故事,这使这张《Nylas》(首发于2009年),用耳朵听是一个电音童谣歌集,用眼睛看则是一个童话故事绘本。"Nylas"张扬童趣、想象的境界,崇尚童稚的灵性,奇想满天飞,从中似蕴含着无拘无束、友爱善良、开心享乐、尽情幻想的人生主张。《太阳马戏班》明说道:"天暖花开不想做工/我只要当一条懒惰虫";《废物晒太阳》则发出宣言:"我只想当一个废物晒太阳/做一天没用的人又怎样?"

与《Nylas》做法类似,熊宝贝乐团《灰色》(首发于2008年)也做了一个绘本。它只有两支曲子,乐境都极为昏暗,晦涩带亮色的女声,在电吉他长长的回声和噪音墙浓重的阴影中,仿佛是在隧道和疑云蔽日的重压下,费力地寻找着光线——

> 上帝给我一些时间让我温热让我感觉让我渴望这世界美丽而悠远/上帝给我一些时间让我呼吸让我沉淀让我看看这世界美好而残缺//我因而明白这人生短暂如萤火闪闪徒劳而无害/我因而明白这人生短暂如萤火闪闪徒劳而无憾(《萤火》)

吴志宁的状态跟这有些相似,但乐境是宁静而明亮的。他是乡土诗人吴晟的儿子,"929"乐团,实际上是围绕着他个人组成的(《929》首发于2005年,《也许像星星》首发于2008年)。听吴志宁的歌,就是听校园民歌延续到三十年后的样子,纯正干净的声线,自省式的追问,木吉他的氤氲,校园民谣清秀的思绪,在风中一团团升起,一团团散开。这是一种青春期的状态,人生与世界有无数问题,找不到答案。学子的思考,由于入世不深,尽管抽象;内心纯洁,或许也可以叫想法天真;纠缠着字词和概念,作寂静且残酷的搏斗,生命的意识很强,生活却很远。

没什么好快乐没什么好悲伤/除了你不再爱我这世界都一样/心爱的人走了天空变成灰色/我们都是棉花糖迟早会溶化//I CRY I SMILE EVEN I DIE(《棉花糖》)

"我还是哭我还是笑哪怕我是在死去"!敏感愁闷的青年,在这样的放声呼喊里,一定会深感被表达的幸福吧。以寂静包裹动荡的民谣,用小小的纯真对抗着大大的世界,美丽得就像泪珠,安慰得如同被世界怀抱。

"929"的成员黄玠,自身也是一位歌手。从音乐形态看,《绿色的日子》和《我的高中同学》(分别首发于2007、2010年),似乎与吴志宁是一模一样的,也是干净清雅的男声,自然清淌的木吉他,点缀着如小鱼波光般的小乐器,载浮起优美清新的校园民谣。

但黄玠与吴志宁,骨子里是完全不一样的两种。如果说吴志宁是一位少年诗人,那么黄玠写的词,就是划拉到哪里是哪里的流水账。词对于黄玠只是个不足多虑的搭配,拿把琴,弹着,话跟着冒出来,那状态就像写一个便条,写一封信,旋律已经开始,思绪正在飘,"亲爱的,我跟你说,今天……"

黄玠歌曲的魔力,主要是一种自然冲动的率真,从一个和弦到另一个和弦,流动出来,热情地冒着泡,旋律是那么好听。这一点很像黄小桢,所以应非偶然,黄小桢做了他的录音,还做了他制作、编曲的搭子。

这八张CD充满了裙带关系,艺人之间相互串台,像一个大家族。独立音乐厂牌本来就是这样,不只其出产的各类音乐间有亲缘关系,艺人与艺人间,确有实实在在的亲缘关系。

今年4月21日的《南方周末》,以学者周志强的研究为骨干,关注了"文青"—"小资"—"小清新"的流变。简言之,它们是分别产生于1980年代、1990年代和2000年代并在稍后一段时间潮流起来的群体景观。周志强这样分析这三者的区别——"文青"有一种信念,相信文学、艺术可以带来美好人生的乌托邦理想主义信念。"小资"更多是一个消费概念,是在现有地位没有达到奢侈程度的情况下,用消费来购买想象性身份的一群人。"小清新"是21世纪消费主义文化泛滥后,想象性地抵抗消费主义文化的一个族群。

"文青"更多的是用笔塑造自己的体验,是一种思考活动。"小资"更多的是一种消费活动,是非常感官化的对幻觉的购买。"小清新"注重美学体验,认为这些体验很重要;它是"文青"的朋友,是"小资"的敌人,但无"文青"的理想主义色彩。

观察非常敏锐。现实中尚蒙昧的场景,"啪"地亮了。

但是,也可能太亮了。太注重细节的时候,可能忽略整体。在看到"文青""小资""小清新"的区别之前,必须首先看到它们的共同处——他们其实是同一拨人。在文化艺术这一个场域,"文青""小资""小清新",喜欢的是同一些碟片;而同一些碟片,比如风和日丽这八张,欣赏它们的,也还是那一拨人。1990年代叫"文青",2000年代叫"小资",2010年代叫"小清新",区别确实细致清晰若此,却不过是时代的表情不同,是时代的重压下集体扭曲的方向不同。

再剧烈的变化,都有永恒的不变,这就是人类社会的内在结构。不管时代如何变幻,不管物质主义如何猛烈,都有珍视精神生活、珍视美学体验的那一拨人。热爱文学,热爱艺术,也就是这一拨人。时代变化,其原身却始终都是那个原身,以这三十年看,本分地说,就是文艺青年。

"草莓救星"有一首歌,《瘟疫青年》,似回击那些嘲笑的声音说:我保持沉默,专心找生活的缝隙,留意生命中隐匿的惊喜,有什么不好呢?这描述,也符合"小清新"的姿态。如前所见,风和日丽的这些人,真的也没说出什么大意思。他们的思想,谈不上是什么思想,不过就是清浅朦胧的心思;音乐,也不是什么振聋发聩之声,不过就是与大众娱乐略相区隔的小文艺。

但"小清新"的小,"小清新"的无足轻重的清浅,不是他们自己造成的。今天所谓艺术生活,实在已经被娱乐、被商业、被金钱崇拜、被工具理性五马分尸,埋到了地下。不求决绝的突围,就将生活设定在今天的这个涡旋中,就寻求日常中的艺术可能,不听小清新,你还能听什么？换句话说，这世界无意义，你又能怎么样？商业感官淹没人心，正以数以亿元计的豪华阵容压下，我自己弄点小手工、专注于小文艺，也就是个性存在，也就是艺术不死；清浅朦胧的心思，亦不过是这文艺青年当下的可能。

在众人中，一个人必须获得自己的身份确认，才会感到自己存在，才会喜悦于自己活着。创作者和倾听者，都是获取确认的途径。社会潮流浩浩荡荡，正呈现着人类史上罕有的规模，多数人欣喜异常，扑腾跳跃；也有些人觉得闹，而更珍视着内心的世界。八张风和日丽唱片，全部有着奇怪的尺寸，封面设计也特别，没一个歌手形象，全是手工+数码的卡通模样。它们插不进唱片架，只好站起来，立在一排排CD背脊的外面。

【微评】从"文青"到"小资"再到"小清新"，音乐价值的蜕变背后是时代文化的节节败退。小清新并没有什么不好，但是与那种无可奈何的妥协相比，这一点点小小的倔强似乎就只能是小儿女的任性了吧。

邵燕君

"小时代"与"金钱奴隶制"

不管我们如何评价郭敬明的文学创作,有一点都不得不承认,他对中国当代文学确实有着独特的贡献,其贡献就在于"小时代"这三个字,精当地概括了我们所处时代的核心精神,这三个字的概括力和表达力甚至超出很多著名作家的"时代大书"。

"这是一个梦想闪耀的时代,这也是一个理想冷却的时代;这是最坏的时代,这也是最好的时代,这是我们的小时代。"这段电影宣传词可以算是"小时代"的注脚。"小时代"对应的是"大时代",伟大的时代。在伟大的时代里,不但个人有梦想,社会整体更有着共同的理想。它们建构着一个彼岸世界,提醒人们,人类毕竟走出丛林多年,在丛林法则之外,还进化出一套文明法则。在那个文明层次更高的社会里,人们可以更幸福地生活,更合理地做人。只有在一个理想彻底覆灭的时代,丛林法则才会堂而皇之地傲然于世。彼岸世界坍塌了,世界被压成单向度的平面,在这里,金钱是最大的怪兽,唯一的真神。人们只好退入黑暗森林,如原子般孤零零地漂泊,连梦想都那么Tiny,只关乎个人利益,只闪烁着金钱的光芒——这就是"小时代",我们生活的时代。从这个意义上说,《小时代》不是普通的为迎合青春期少女制作的"小妞电影",而是相当准确地折射了社会现实,尽管可能是无意识的。

从观片感觉来讲,我觉得两部《小时代》都不难看,公平来说,作为一部年轻外行导演的处女作,应该说是比较成功的。我只是感到难过,因为我在美男俊女鲜衣美食的缤纷画面下,看到了赤裸裸的金钱奴隶制;更让我难过的是,让我感到屈辱的屈服,在影片内外,无论是创作者、角色人物还是观众都浑然不觉,或者觉得理所当然。

影片以林萧为视角,这是一个出身弄堂的平民少女,她像是传统叙事中的灰姑娘,也可看作"成长小说"中的一个成长人物。她生活中有两个"大魔头",一个是实习公司的老板宫洺,一个是闺蜜中的"老大"顾里,TA们都是出身豪门的金钱信徒,不但有钱有势,而且信奉有钱就应该有势。影片用大量细节表现了他们的高傲、冷漠、刻薄以及怪癖,他们的世界里没有平等的概念,下属就是奴隶,闺蜜就是跟班。在传统的叙事中,这样两座大山的出现就是用来被推翻的,人们期待着TA们被成长中的主人公征服凌虐,或嘲弄戏谑,一抒不平之气。然而,什么都没有。从始至终,这两座大山巍然耸立,而且越来越高大,越来越完美。他们不但是最有钱的,而且是最精英的。他们傲慢的背后是责任担当,苛刻的背后是品质保证,刻薄的背后是刀子嘴豆腐心。在所有人都惊慌无措的时刻,他们是拯救者,是大靠山。于是,他们的羞辱变得可以忍受,怪癖甚至有点可爱。而林萧们不但是较贫穷的,而且是较低等的,她们永远以精神上的弱智和身体上的出丑而表现出某种"低贱的无辜",陪衬着,搞笑着,以此完成对有钱有势者的顺服膜拜——这一点上,扮旦角的林萧和扮丑角的唐宛如异曲同工。最终林萧"无辜"地傍上了两个男女大款——以崇拜的名义、以迷恋男色的名义、以姐妹情谊的名义,甚至夹杂着受虐快感。于是,我们看到,这不是一个灰姑娘成长的故事,而是白雪公主归顺恶毒皇后的故事。无论占据多少戏份,林萧都不是主角,主角是顾里和宫洺,因为TA们是生活里的主角。

所以,对林萧的解读不能再沿用以往解读"成长小说"的方式,在"小时代",她有一个新的名字:屌丝。屌丝,按照我自己的定义,就是被阻隔了正当上升通道的下层有志青年。而所谓"屌丝的逆袭",就是按照压迫者的逻辑取得被其认可的成功。为了获得入场券,屌丝们必须不择手段。一切青春理想都与他们无关,他们必须出卖"二代们"不愿出卖的东西,人格、自尊、初恋、婚姻——这就是《致青春》中陈孝正的故事、《北京爱情故事》中石小孟的故事,也是林萧们的故事。所不同的是,"70后"还有力气撕裂伤痛,"80后"就只能精致地包装,装酷卖萌,青春励志。"歌者当歌,不管好时代坏时代;有人瞩目就好,不管大时代小时代"(电影《小时代》片尾曲《小小时代》)。"小时代"是犬儒的时代,就是在没有机会做人的时代,只想做一条开心的狗。

《小时代》是有模本的,其核心情节、价值观、人物设置甚至某些细节都模仿了美国好莱坞2006年出品的电影《穿Prada的女王》(又译《时尚女魔头》,根据同名畅销书改编,译林出版社2007年2

月推出中译本）。影片里也有一个林萧那样的女大学生安妮，她是一个典型的理想青年，素面朝天，胸怀大志，为了毕业后去《纽约客》工作而先在一家顶尖时尚杂志实习。没想到，迎接她的是"女魔头"老板粗暴的奴役和公然的羞辱（比如，故意用从前女秘书的名字称呼她，就是明白告诉你，你是Nobody，这其实是对作为西方价值观基石的个人价值的公然践踏）。安妮是简·爱的后裔，却没有了简·爱的骨气。不是她不够勇敢，而是她背后的价值观不够坚定。在"时尚女魔头"铁打的金钱价值观面前，她的启蒙价值观是那么的学生腔。心悦诚服的一刻发生在丑小鸭变天鹅的瞬间，当安妮穿上设计师为她定做的晚礼服时，那种炫目的无法抗拒的美让人似乎可以放弃一切。而在一个时尚帝国里，美丽和金钱是一体的。

　　《时尚女魔头》的影片结尾处，安妮终于反抗了，回到了原来生活的轨道。但这太像一个"光明的尾巴"，因为影片内部一直在演绎着相反的逻辑。这或许只是对习惯于主流价值观的好莱坞观众的安抚。在小说里，两种价值观的冲突更加激烈，由此我们也可以看到，越靠近主流传媒，金钱价值观越大获全胜。不过，最大获全胜的还是我们的《小时代》。在这里，完全看不见另一种价值观的存在，也谈不上任何的反抗和挣扎。如果正如齐泽克所说，人类目前普遍处于"启蒙主义的绝境"，郭敬明们的特殊性在于，他们生活在一个封闭的"小时代"，是一个被隔断前史的"后启蒙时代"，对于曾经经历"革命的时代""启蒙的时代"的祖辈父辈们的失落悲哀，他们无从体会，就像一个"85后"学生对我说的："老师，您说的那种生活我们听说过,没见过,像鬼一样。"

  这其实是看《小时代》最难受的部分,我感到荒凉,但无以言说。我们真的有资格说些什么吗?"80后"是文化自给的,如今又在哺育"90后"。我们这些前辈们到底为他们做了些什么?每当我想说些什么的时候,总想起讨论中一个学生的质问:当你们批评我们只崇尚物质的时候,有没有想过是谁把一个精神如此荒凉的世界留给我们的?

  【微评】对"小时代"的态度,一方是觉得理所应当,另一方是"痛心疾首",但问题是,恰恰是正在"痛心疾首"的那一方,将这个时代变得如此荒凉……这是这个世道最大的悲哀。

俞晓群

只想听一听音律,娱乐一下

听林志炫演唱《Opera》,全曲长四分钟,没有一句歌词,也没有肢体表演,只一个"啊"字,一唱到底。林志炫说,这样的神曲一天只能唱三次,再唱会发不出声音。

《Opera》原唱维塔斯,俄罗斯英俊少年,当今海豚音的翘楚。他演唱此曲时,如鬼魅般的声音摄人魂魄,使整个世界为之倾倒。我却喜欢林志炫的演绎,喜欢他的风度,喜欢他委婉的声线,喜欢他内敛的东方情调。

闭目聆听,如见一条白色丝带,在天海间飘荡。天与海,极目一色,湛蓝欲滴。我的思绪随之游弋,走向远古……

早年读古代典籍,最感慨之处是古人对音乐的崇尚与政治化。他们说,只知声不知音的人,无异于禽兽;只知音不知乐的人,只能做庶人;只有君子才知道乐的原理。君子"审声以知音,审音以知乐,审乐以知政,而治道备矣。是故不知声者,不可与言音;不知音者,不可与言乐;知乐则几于礼矣"。(《礼记·乐记》)

孔子名言:"君子三年不为礼,礼必坏;三年不为乐,乐必崩。"把礼与乐抬到等同的高度。司马迁阐释：乐和民声，礼节民心；乐者为同，礼者为异；乐由中出，礼自外作；大乐必易，大礼必简；乐至则无怨，礼至则不争；大乐与天地同和，大礼与天地同节；乐由天作，礼以地制；仁近于乐，义近于礼；作乐以应天，作礼以配地。正所谓："夫上古明王举乐者，非为娱心自乐，快意恣欲，将欲为治也。正教者皆始于音，音正而行正。"

在这样的界定下，音乐有了高低、善恶之分。自古有治世之音、乱世之音和亡国之音的区分，它们都有许多故事。

先说治世之音，黄帝之《咸池》，包容天下德行；颛顼之《六茎》，预示对民众施行恩泽；帝喾之《五英》，有英华茂盛的含义；帝尧之《大章》，是闳扬彰明的意思；帝舜之《大韶》，是承继帝尧的恩泽；帝禹之《夏》，其意为大，总汇尧舜的德行；成汤之《濩》，意在拯救下民；武王之《武》，主张以武力平定天下；周公之《勺》，表示酌取先王之道。

这样的音乐好在哪里呢？当孔子在齐国听到帝舜时代乐曲《大韶》时，称赞道："尽美矣，又尽善矣。"他激动很长时间，不知道肉的滋味。当他听到周武王时代乐曲《武》时，又叹道："尽美矣，未尽善矣。"美则美矣，只是杀气太重。

再说乱世之音，子夏列出了四种乱世之音：郑音、宋音、卫音和齐音，他说："郑音好滥淫志，宋音燕女溺志，卫音趣数烦志，齐音骜辟骄志，四者皆淫于色而害于德。"卫灵公时，卫国的乐师师涓善于制作新曲，用它们取代古声。他曾经创作了四时之乐："春有离鸿去雁应苹之歌，夏有明晨焦泉之华、流金之调，秋有商飚白云、落叶吹蓬之曲，冬有凝河流阴沉云之操。"师涓演奏这些乐曲时,卫灵公沉湎心惑,忘了政事,所以大臣规劝道:"虽然这些曲子发扬气律,但它们终究是靡靡之音,与风雅不相符合,师涓是不应该让君王听这种乐曲的。"

最后说亡国之音。有名的如桑间濮上之曲,它产生于商代乐师师延之手。师延才艺高超,他"抚一弦之琴则地祇皆升,吹玉律则天神俱降"。由于他不肯为纣王演奏淫乱乐曲,被囚禁在阴宫之中,准备处以极刑。师延在狱中演奏古雅乐曲,纣王听到后说:"这是远古淳正的乐章,不能给我带来欢乐。"仍然不解除对师延的刑罚。师延无奈,只好演奏一首"迷魂淫魄之曲",纣王听后乐不可支,终日不倦,这样一来师延才逃脱了炮烙之厄,但是殷商却因此而灭亡了。师延听到周武王伐纣的消息后,抱着乐器投入濮水之中。

到了春秋时期,有一次卫灵公在去晋国途中,来到濮水之上。半夜听到一种奇妙的鼓乐声,而他周围的人都说没听到。于是卫灵公将乐师师涓召来说:"我听到一种鼓乐之声,我周围的人却都没有听到。这里一定有鬼神在作祟,请你再倾听一遍,并且记录下来。"师涓按照君命正襟危坐,一面抚琴,一面倾听,并且把它记录了下来。第二天,师涓对卫灵公说:"我已经得到了这首乐曲,但是还需要练习一下,才能演奏。"又过了一天,师涓说:"我已经演练好了。"于是他们来到了晋国,见到晋平公。平公在施惠之台上,设酒宴请他们。喝了一阵子酒,灵公说:"在来晋国的路上,我听到了一首新的乐曲,希望能在这里演奏一下。"平公说:"好吧。"于是,师涓坐在晋国乐师师旷的旁边弹奏起来。一曲未终,师旷制止了师涓的演奏,说道:"这是亡国之音啊!不能听。"平公问:"为什么是亡国之音呢?"师旷说:

"这首乐曲系商代乐师师延所作,是一首靡靡之乐。武王伐纣时,师延抱琴投入濮水之中,所以你们一定是在濮水上听到这首乐曲的,最先听到它的君王,会给他的国家带来灾难。"平公说:"我只是喜欢它的音律,请继续弹吧。"师涓便继续演奏完了这首乐曲。

曲终之后,晋平公说:"没有比这首乐曲更感人的音乐了吧?"师旷说:"有。"平公说:"可以演奏一下吗?"师旷说:"不行,因为君王还没有达到那样的德行和境界,不能听。"平公说:"我只喜欢它的音律,请演奏吧。"师旷不得已,只好演奏起来。乐声一起,天空中飞来了一群红色的仙鹤,聚集在宫门前;又演奏了一会儿,仙鹤延颈而鸣,舒翼而舞。

平公大喜,站起来向师旷表示谢意。又问道:"还有比这首乐曲更感人的音乐吗?"师旷说:"有。当年黄帝的乐章可以惊天地、泣鬼神,但是君王没有达到那样的德行,听了就会带来灾难。"平公说:"我已经老了,只想听一听音律,娱乐一下,请演奏吧。"师旷无可奈何,又演奏起来。当演奏第一段时,有一团云雾从西北方涌起;再演奏下去,狂风骤起,大雨暴至,吹飞了房屋上的瓦砾,人们四处奔逃。平公惊恐万状,伏在地上瑟瑟发抖。此后,晋国大旱三年,五谷颗粒不收。

一梦醒来,《Opera》还在耳边余音袅袅。我悟到,如今世事变迁,许多时候,政治都可以走向娱乐化、低俗化,音乐失去高尚的意义,也没有什么奇怪了。

【微评】在中国的儒家看来,音乐不仅仅是一种娱乐,而是与德行、伦常甚至政治相关联的仪式,在我未必以为然,但是音乐那种沁人骨髓的力量是毋庸置疑的,所以,它或许真的不能仅仅以娱乐目之。

恺 蒂

曼特尔的那杆枪

曼特尔这个女人真不安分。去年2月，因《伦敦书评》/大英博物馆的一场题为《皇室之肉身》的演讲，她成为被声讨的"毒舌妇"，就连当时在印度访问的首相卡梅伦竟也在道听途说后抽空谴责了女作家。为什么？因为她在演讲中提到当时身孕四月的凯特王妃，那几句关于"衣裳架子"和"生育机器"的评论被花边小报勾画圈点无数倍放大，竟成了重磅炸弹。作家对战王妃，胖女人对战苗条女，不孕者对战准妈妈，当时真让花边小报狂欢了一番。

最近，在写作《镜与光》的间隙，曼特尔出版了短篇小说集《刺杀撒切尔》，收入十个短篇，标题又把曼特尔推上争议的浪尖，引来不少辱骂和仇视。有人骂她将铁娘子从坟墓中挖出来鞭尸，太低俗，丝毫不顾及逝者家人的情感。有人说她"有病""脑子有问题"，指责她充满仇恨，发给她恐吓信。撒切尔的前公关顾问说女作家是低级趣味，建议她去看心理医生，并呼吁警方对她进行调查，因为她公开承认了谋杀的动机和意愿。

面对这些指责，曼特尔在多次采访中，丝毫没有以文学的虚构性为理由替自己辩护或解脱,而是公开承认,她的那杆枪,瞄准撒切尔已经三十年了,这次确实是扣动扳机了。曼特尔说起小说的缘起:当年她在温莎镇一条僻静的小街上有套三楼的公寓,从卧室的窗口,能看到一家私立医院的花园,1983年8月6日中午,她站在卧室的直拉窗前,突然看到三天前刚做完眼科手术的撒切尔走进花园,进入她的视线,身边毫无防卫。曼特尔说她立刻就目测了距离,她的拇指和食指自然比划成手枪的形状,"当时我就想,如果这里站的不是我,如果是别的什么人,那么她就死定了。"于是,一篇小说的轮廓在她的脑海里成型:同样的公寓,同样的窗前,一位家境优越的女子,一位有些寒酸的爱尔兰共和军,一杆枪。

小说的背景是撒切尔发动阿根廷战争之后。这条安静的小街上有成荫的古树,高大的百年老屋,砖墙色如蜂蜜,木门透着光泽,春天时,樱花绽放,一阵春风春雨后,人行道上就铺了一层粉红色的花瓣毯。这些房子被分割成公寓,住的多是知识分子,窗口里经常飘出音乐声:莫扎特、巴赫、威尔第。这条小街与保守的温莎其他区不同,撒切尔住进这条街上的私立医院,引来一批记者守候,街上就充满着仇视的氛围,就像女主人公与邻居聊天,说她的想法是"一把匕首,要直刺她的心脏"。那个周六的早晨,女主人回家等候管道工来修理锅炉,但听到门铃声后放进来的,却是一位陌生男人,她以为是哪个小报的摄影记者,要借用她家卧室的那扇窗户。于是,男女主人公的对话就很诡异:

"如果拍到好镜头你能赚多少?"

"无期徒刑,没有假释。"

"这又不是犯罪。"

"我也这么认为。"

"一件件,他取出那些金属配件,虽然我很无知,但我也知道那可不是摄影师的工具。他开始进行组装,他的手指非常灵巧,他一边工作,一边哼着小调。"女主人公明白了,这是一位暗杀者,今天要来取铁娘子的命。

女主人心甘情愿地当了暗杀者的同谋,她的理由更像来自女人:"我受不了她那男人婆的样子,还有她虚假的声音。她经常要说她那个杂货商爸爸教会她多少东西。其实,如有可能,她就会改变自己的身世,她想生在有钱人家,她那么热爱有钱人,那么崇拜有钱人。我也受不了她的庸俗和无知,而且她竟以无知为自豪。她毫无同情心,她的眼睛为什么需要做手术,是因为她不会哭么?"

暗杀者的仇恨不同,他说起三百万失业者,说起两年前绝食而死的十位爱尔兰共和军,特别是那位六十六天才饿死的桑得,他的谋杀,不是因为铁娘子可憎的发型、拎包、走路的样子,也不是因为她不会哭,而是为了爱尔兰。

在一杯又一杯的英国茶后,时间终于到了,这位行动前的枪手如同在祭坛边准备祭奠仪式,女主人取出毛巾让他擦干手心里的汗。"我想问,当该发生的发生时,会很响么?我应该坐在哪儿?我要坐么?还是站着?站哪儿?在他肩后?也许我应该跪下祈祷。"

曼特尔是不怕指责和谩骂的,在BBC关于此书的一次电视采访中,坐在沙发上的她手中一直在玩着一支笔,最后,采访者问:"看你是不会把你手里的这支笔放下来的。"曼特尔狡黠地一笑,说:"每个人都要挑选合适自己的武器,对我来说,就是这支笔。"

那么,既然她的《刺杀撒切尔》的故事从三十年前就开始构思了,为什么到现在才完成?是在等待撒切尔的去世给她空间么?曼特尔的回答是否定的。她说之所以花这么长时间才完成,完全是技巧问题,"因为一直难以确定故事中的两位主人公的关系,他们如何审视他们各自的故事和社会背景,他们串通一气,但原因却相当不同。"

曼特尔毫不掩饰她对撒切尔的憎恨,"现在想到她时,我还能感觉到一种沸腾着的憎恶。她对英国造成了久远的伤害,但我不是小说中的人物,我只是拿着笔记本站在窗前。""我从来没有投票支持过她。但我可以退后一步,把她作为一种现象来关注。作为一名公民,我因她而受罪,但作为一位作家,我因她而得益。"

让一个旁观者觉得有趣的是,撒切尔去世已经一年多,但这样一篇虚构的短篇小说的出版仍能引来这样的震动,真让人惊讶。

【微评】曼特尔的《刺杀撒切尔》引来了舆论一片哗然,而她居然不以"虚构"来为自己开脱,反而强调了自己想刺杀撒切尔不是一天两天了。撒切尔夫人是英国的一个传奇,但就是有人对她恨之入骨,而更重要的是这个热爱撒切尔夫人的国家,居然容忍了这样一个奇怪的作家。

孟　晖

苏轼的春梦

假如记载可信的话,虚龄二十一岁的苏轼在出川应试的路上,曾经在华清宫的废墟畔有过"春梦"一场:

> 轼初自蜀应举京师,道过华清宫,梦明皇令赋《太真妃裙带词》,觉而记之。今书赠何山潘大临邠老,云:"百叠漪漪水皱,六铢纵纵云轻。植立含风广殿,微闻环佩摇声。"元丰五年十月七日。

这是《东坡志林》"梦寐"一章中以"记梦赋诗"为题的一则苏轼"自述"。然而,就在同一章中,稍后又出现了一条"梦中作靴铭",说苏轼任职杭州的时候,梦见被宋神宗召入禁中,并有红衣女童捧来一只红靴,让他在靴上题写文词,"既毕进御,上极叹其敏,使宫女送出,睇眄裙带间有六言诗一首,云:'百叠漪漪水皱,六铢纵纵云轻。植立含风广殿,微闻环佩摇声。'"一个男性梦见暗示着异性身体的女人裙带,要算典型的春梦了。关于第二场春梦，文献中还有一种说法，说是发生于苏轼在黄州之时。后人因此就觉得不解，一种春梦居然有两三个歧出的版本，这有什么意思呢？睡觉做梦还能做出一个系列剧？如果是编造的故事，那么又何必如此？

有意思的是，在宋人笔记中，宋神宗这位天子似乎屡屡与题有文人墨迹的女人裙带发生关系。南宋人王明清《挥麈余话》中记载一则轶事说，擅长书法的沈辽曾经应人之约在一条裙带上墨书题词，结果这条裙带被辗转买入宫中，居然由受宠皇妃系在了身上。初登君位的宋神宗看到之后大为不悦，定义为"士大夫……为倡优书淫冶之词于裙带"，导致沈辽最终削籍为民。然而，《钱氏私志》中却有着情调截然相反的传说：有一年中秋之夜，时为翰林学士的王珪被宋神宗单独召入禁中"赐酒"，"夜漏下三鼓，上悦甚，令左右宫嫔各取领巾、裙带或团扇、手帕求诗"，而王珪则有求必应，挥笔不停，"尽出一时新意，仍称其所长，如美貌者，必及其容色"，搞得皇帝与妃嫔们都非常高兴。

观察文献可以看到，宋代女性热衷的时髦之一就是找机会请名士在自己的裙带、领巾之类服饰上题写诗词，并且那诗那词最好是名士当场即兴讴颂衣服主人之美好魅力的专题作品。文人们应约或主动向陌生女性献上赞美之词，只要意涵优雅，不涉亵狎，就不算耍流氓——不过他们的这类作品其实往往相当轻浮。这一风气是否也如笔记所述那般传入皇宫之中？皇妃、宫女们是否真的会把写有诗词的裙带系在身上？我们似乎没有理由怀疑古人文献的可信性。不管怎样，苏轼的两场春梦，都必须放在这一极特殊的风雅当中,才会容易理解。

春梦一号,其实暗含着相当软情色的情节——风华正茂的苏轼居然把自己的才华挥洒在了杨贵妃的裙带上。在传奇中,李白的三章《清平乐》也不过是写在金花笺上而已!如果苏轼真的曾经做过这样一个梦,那么无疑反映出他在初出茅庐之际的自信与自负,反映出他对不远的未来的期许。春梦二号,含义就幽昧朦胧得多了。仅仅从情节的层面上来看,故事是说,苏轼当初那一场成功"穿越"时题上墨迹的、杨贵妃的裙带,居然经由冥冥的力量再度逆穿时空,出现在神宗身边的宫女身上,神宗在注意到这条裙带之后,特别宣召苏轼入宫,以题靴的方式检验了一下他的才华,最后,又特意派系有那条裙带的宫女送苏轼下殿,以此让他明白圣心的用意。这个所谓的"梦"大概是一个婉转的隐喻,也许是苏轼自己编排出来借以表述心迹;也许干脆是他人的杜撰,是人们对苏轼在那一段危厄时期的遭际的一种理想化、神秘化的解释。

其实,沈辽因题裙带而被黜、王珪在中秋夜于皇妃们的裙带上留墨,又怎能确定就是事实呢?也一样可能是一种隐喻,一种辗转地编排成型的传奇模式,一场宋代士大夫集体成就的"春梦"。有意思的是,在这一类型的明显是异性恋气质的春梦中,真正的"梦中人"其实是一个男人,一个至尊的男人——天子。坦白讲,相对于这一种"春梦"所蕴含的复杂纷纭的深层内容,我更满足于欣赏它在字面上的美丽。紧张、残酷、混乱、让所有卷入者在心理与生理上都备受伤害的政治斗争,却能催生出如此缠绵婉转的隐喻的表述,这,也是一种能力,一种极其丰盈的文化才能具有的能力,套用今天的话说,是真正的"软实力"。

【微评】中国文人很少表现出自己对于情爱的追逐,即便偶有表现,也会被分析出各种政治的企图。苏东坡,本来算是一个超然的人物了,但是一旦用精神分析的方式去追究,一些浪漫背后的东西也就显现出来了。这多少让坡粉们失望的……

张　莉

就因为我们有记忆
——关于电影《归来》的随想

3月12日,我受邀观看《归来》,据说那是第一次小范围放映。看电影的路上,我充满期待。仅就小说《陆犯焉识》的故事构架而言,里面有许多场景都无法实现。每个小说读者都能预见,《归来》面对的是一次有难度的创作。

电影一开始便是小说的结尾,前二十分钟非常直接地面对了惨烈年代,一上来就是高潮,令人震撼,堪称经典。

接下来便是陆焉识的二次"回家",这一次是正大光明的回家。但家已不是家,陆焉识再也不可能重建他作为人的完整生活。尽管不可能,但还是要尽其可能。陈道明这位优秀的演员终于在大屏幕上遇到了一个如此贴近他精神气质的角色。他赋予陆焉识以一种神奇的吸引力:有情怀、向往善好、百折不弯。陈道明对人心的理解力使陆焉识这个人物变得可信、可敬、活生生。

当然,还有巩俐饰演的陆妻冯婉瑜。这个人物不仅历经磨难,还要面对衰老和失忆,这对演员来说极具挑战。犹疑、不安、隐忍、对丈夫深沉的无私的爱,全在电影开头这位女性半含眼泪的眼睛里。在这位沉默、谦和、执拗的女性那里,时代、现实、他人、女儿,全是伤害,全是插在心上的利刃。巩俐以她的表演贡献了一个有生命力、令人伤痛、值得尊敬的女性形象。我们无法在这个人物身上看到伤口,也听不到她的哭喊。但是,无处可诉的苦楚远甚于鲜血淋漓的直接呈现。

看《归来》会想到谢晋的《芙蓉镇》,想到这是两代导演关于"文革"的隔空对话;会想到《活着》,想到张艺谋如何自我突破。《芙蓉镇》里"秦癫子"也是被打倒的知识分子,在扫街的动作中,他有"耍"的一面,那是一种有关乐观的戏剧性表达。《归来》中的陆焉识则不同。陆焉识的表现方式是写信——在外人眼中波澜不惊,但内心却温柔多情,他更关注自我情感生活的整全。这也意味着,《归来》和我们之前的那些"伤痕电影"不同在于,它希望面对日常,它关注灾难的隐性影响,以及灾后如何重建。

《归来》依然是"伤痕电影",却不是浅表的呈现。电影中,陆焉识晚上给冯婉瑜盖被子,冯婉瑜大叫:"方师傅,你不能这样!"这是让所有人都非常震惊的细节,它说明了这个女性何以失忆。那是普通人对普通人的作恶,是平庸的恶。陆焉识拿着勺子去找方师傅,但没想到方已被带走,春节也无法与家人团圆。施害者瞬间变成一个受害者。此时屏幕上只有陆焉识背影特写,他悻悻而归。

4月25日,作为批评家,我受邀与张艺谋导演就《归来》进行深度对话。当讨论到方师傅这一人物设置时,张艺谋说到了"黑色幽默",在他看来,那个拿着勺子去又回的陆焉识象征了中国知识分子的匹夫之勇,突然热血上身但又无处可去,有些"窝囊"的生存状态。这是创作者的自我解读。而在我看来,则是这个读书人无能为力。他面对的不是具象的仇人,他面对的是时代、是空无、是大面积失忆。换言之,对他而言,活着难,归来更难,重建有尊严的个人生活更是难上加难。

所有的美好都已失去,永远不再回还。这两个普通人只能用密密麻麻的字纸和风雨无阻的等待跟失忆搏斗,跟像怪兽般的命运搏斗。"信"显然是张艺谋的精心设计,在对谈中,他兴之所至,甚至模仿陆焉识的口吻念出那封令人感慨的信:"当我们看到小马驹挣扎着站在开满黄花的草地上,我们感觉春天真的来了。"写下这封信的人心中该有多么强烈的活下去的愿望?读信场景里有尊严感,也有属于人的意志力。在那个九死一生的环境里,这个读书人就是要靠这样的写信行为活下来,他要拼命维护和建立自己的情感世界,这是美好也伟大的行为。"信"是《归来》中核心的意象,这些信是灾难记忆本身,也是希望和信念本身。

镜头最后定格在两张无望等待的脸上,旁边则是"陆焉识"的名牌。一个是回家的陆焉识,一个是没有回家的陆焉识。但无论哪个,都是在等待,等待之于他们,是希望也是无望。这一个陆焉识怎么不知道那是荒谬的等待?但是,知其不可为而为。他要去,要在,要和她站在一起。即使冰冷的铁门永远紧闭,也要站立、等待。

夫妇二人风雪中伫立的场景,应该成为我们民族记忆的一部分。因为它使我们对人、对人这个物种保持敬畏。人心如此脆弱,如此不堪一击；但人心又如此强大，它可以拼却身家性命，也要抵御记忆黑洞的侵袭。人之所以为人，就是因为我们有心，有守持，有记忆。

《归来》注定有多重解读空间，有人看到爱，有人看到婚姻，有人看到信任，有人看到记忆，有人看到命运的残酷。这完全基于观众的年龄，和对世事的认知程度。巩俐和陈道明富有质感的演绎完全把观众带进了情境。他们对人物的准确诠释会突然击中观众的心，一个背影，一把勺子，一首《渔光曲》，无数张字纸，都让人心痛、神伤——这两个人物关系代表一种抵抗，一种念想，一种与无望有关的执迷。

当然，最重要的是导演。张艺谋变了。跳红色娘子军还清晰地打着他曾经的刻印，但是点到为止，镜头并不迷恋。所有的渲染都远去。久已成型的张艺谋审美趣味削弱了。这是渴望突破的张艺谋，他为自我做了一次减法，进行了艰难的蜕变。

我以为，尽管《归来》有它注定弥补不了的缺憾，但它是张艺谋继《活着》之后的另一部代表作。《活着》中，张艺谋修改了小说里很多人物的死亡方式，最后结尾也刻意变得温暖的，但《归来》最后的等待显然要比《活着》复杂，也更深入。因为《归来》使我们不得不想到无数与陆焉识同样归来却没有完整家庭生活的人们；也使我们想到许许多多再不能如陆焉识一样如期归来者。

那天，在张艺谋工作室里，我看到了《红高粱》《秋菊打官司》《活着》等多部电影图片，它们属于张艺谋，也属于中国电影的艺术片时代。遥想包括张艺谋在内的第五代导演们，当年都是新锐，而今也都到了五六十岁的年纪。现在恐怕是这代导演对人心、对历史、对过往的探究最为深入的时期吧？从《归来》中,从和张艺谋的对谈中,我能感受到他的诚恳、执著,以及自我更生的勇气。

在今天,中国电影市场火爆,但有勇气、有艺术追求的作品却珍稀。在今天,艺术片"活着"不易,"归来"更难的景况早已成为不争的事实。

真希望《归来》能成为一个开始,中国电影应该有回到艺术品质追求的能力。

【微评】不知为什么,我们这个民族总是习惯于刻意地遗忘,或许是我们所承受的苦痛与灾难太多,不抖落一些,就无法轻装前行,但我更担忧的是,抖落的或许不是负担,而是我们应该有的警惕与思考……

辑六

杨福家

邓斯特先生的追求

——从环保建筑说到名校目标

日前,笔者参观了位于伦敦郊外的"希望屋"与"零能建筑"。所谓"零能",是指"不用矿石燃料(如石油、煤炭等)产生的能源"。

零能建筑是供八十余户家庭居住的一个建筑群,共七排,每排六组,每组两户。各排均为三层楼。第三层为单身住房,一室一厅,厨房加卫生间,共45平方米,外加室外屋顶小花园;从后面楼梯直上第三层,独门独户。下面两层是一套住房,三间卧室在第二层,两个卫生间分别在一、二层。一厅、一阳光房和一厨房均在第一层,共109平方米;前门外也有一小花园。这是供中产阶层的住房,不算大,更算不上豪华。我们"闯入"的是一个四口之家,一对夫妻加双胞胎。伦敦的冬天很阴冷,夏天有时也有高温天,但由于独到的设计,墙壁保温层厚30厘米,冬暖夏凉,冬夏均不用空调,但有先进的通风设备。做饭用的电磁炉、冰箱、热水、照明等用电,全靠太阳能。在屋顶与外墙上面装有很多太阳能板。

屋门口停有"生态电动车",在泊车位前有充电插头,也是靠太阳能供电，充电不必付钱。

看到这里，读者会问：上海夏天连日高温，能有零能建筑吗？回答是肯定的，因为太阳能制冷技术已经成熟。宁波诺丁汉大学的1 000平方米的低能耗建筑即将建成，它将经受摄氏40度高温的考验。

负责设计伦敦零能建筑群的公司有二十余人，其创始人邓斯特先生是15年前从爱丁堡大学毕业的建筑师。在做学生时，他就对节能建筑感兴趣，毕业后即利用他所有资源买了一亩地，开始建造节能家园。他与夫人住入临时棚屋达三年之久，在12年前迁入我们去参观的"希望屋"。由于该屋在12年前就初步建成，又是边建边改，在今天就算不上先进，其保温材料更远不及我们参观的"零能建筑"内的材料。"希望屋"建筑面积为150平方米，共三层。其用电量为同类建筑的30%，主要靠太阳能。据说，在使用新的太阳能装置后，用电有望进一步下降。因为这里风力太小，无法使用风力发电。在我们参观时，连日阴雨，靠太阳能供应的热水水温为摄氏38度。到了冬天，英国日照很短，加上所用设备陈旧，对他们四口之家，热水温度就上不去。为此，他们用了生物资源锅炉，据说他们使用的是英国第一台。燃烧的原料是用麦秆压成的、圆柱形的小颗粒，由此产生的二氧化碳排放量远低于麦秆生长过程从大气中吸收的二氧化碳。因此，此屋被称为零二氧化碳排放屋。

我们这次参观由邓斯特先生亲自陪同，并在他的"希望屋"里与他和他的夫人共进午餐。使我们最为震撼的并不是"希望屋"，不是"零能建筑"，也不是相关的高技术或先进设备，而是邓斯特先生在

15年前就想到了"节能减排",在他中学期间就开始接受"人类只有一个地球"的环保教育,并开始产生了一种责任感。可以说,他受到的教育不仅使他增长知识,成了建筑师,而且,更为重要的是,使他懂得了"怎么做人"。陪同我们参观的有一位来自我国长沙的吴女士,现任该公司助理建筑师。她说:"邓斯特先生作为建筑师,具有对人民的一种强烈的责任感。在他看来,有没有责任感是能否成为优秀建筑师的首要条件。他的服务对象是普通老百姓,他的目标是节能、减排、廉价。"

正是出于他的责任感,出于他的兴趣与好奇心,他生活朴素,把所有盈利全部再投入到公司的研发。为了表达对他的敬意,在他设计的小区有一条路就用他的名字命名。但他陪我们走过这条路时,却有些腼腆地说,这不是他的意愿。他是一个好人,为社会做了好事,成了受社会欢迎的人。他的建筑艺术和他的人生一样丰富多彩。

从邓斯特先生的人品与经历,笔者想起了上月在哈佛大学毕业的一位学生的父亲在参加了毕业典礼后的感言:"哈佛等名校与普通大学相比,有什么不同?从所学知识与技能方面,或许没有什么大不同,最大不同之处在于人文修养的教育与熏陶。现代教育的弊病在于把学校变成了单纯的知识贩卖店,一流名校注重文化的传承和对学生人格的全面培养,人文修养才是教育的根本。"

是的,哈佛等名校把培养公民作为学校的根本任务,把追求真理作为校训。如果我们不能培养出有诚信的好公民,即使要追求、实现与推广"节能减排",都会有困难的。

正是在今年六月哈佛的毕业典礼上，荣获名誉博士学位的世界首富比尔·盖茨在演讲中说："人类的最大进步并不在科技的发现和发明上，而是如何利用它们来消除不平等……消除不平等才是人类的最大成就。"在比尔·盖茨结婚时，他的已患晚期癌症的母亲，用她仅有的力气说："从社会得益很多的人，社会对他的期望也很高。"（引自《美国世界周刊》2007.07.22陆小宝文）这些话的意思是：想自己，也想别人；公民姓公，心中有民。

只有具备了这样的理念，培养一批又一批受社会欢迎的、不断做好事的好公民，我们才能从根本上解决目前人类面临的种种危机：能源短缺、二氧化碳过量排放、污染日益严重、贫富差距扩大，等等。也只有这样，我们才能走向一个真正和谐的世界。

【微评】追逐名校，似乎已经成为一种迫不得已的"时尚"，但是我们有没有真正想过，名校缘何而"名"，与一些真正的名校相比，我们的"名校"们究竟缺了些什么呢？

黄德海

追随内心的眼睛

20世纪70年代,美国反叛浪潮余波未息,微电子技术异军突起,一个新的时代渐渐展现出其迷人的面容。硅谷得风气之先,成为一时无两的人才高地。其时其地,偶然闪现的思想火花,就会不小心点燃整个世界。乔布斯置身的,正是这样一个神奇的时代,这样一片神奇的土地。而且,他是那么年轻。

永远年轻的,其实是乔布斯的眼睛。自少至老,对照乔布斯不同时期的照片,不难发现岁月和疾患的镰刀在他脸上刻下的痕迹,一头浓密的长发也渐被稀疏的短发代替。唯有那双眼睛,一直锐利,专注。

不是每个人都这么认为。1985年,就在乔布斯即将被赶出苹果之际,他跟自己千方百计挖来的公司总裁斯卡利闹翻了。斯卡利夫人赶来问责,并要求乔布斯看着自己的眼睛。乔布斯照做了。斯卡利夫人大吃一惊:"当我看大多数人的眼睛时,我能看到他们的灵魂。可我看你的眼睛时,只看到一个无底洞,一个空洞,一个死区。"

如此相反的观感,这双眼睛的秘密是什么?

2005年，乔布斯在斯坦福大学的毕业典礼上讲述了自己的人生故事。临近结束的时候，他回忆了自己年轻时着迷的一本杂志——《全球概览》的停刊号。在这一期的封底上："有一幅清晨乡间小路的照片，就是那种如果你有冒险精神，会在搭便车旅行时看到的景象。照片下面有一行字：'Stay Hungry. Stay Foolish.'"照片下的两个短句，是这次后来非常著名的演讲的标题。

佛家有一个词，叫"初心"，喜爱禅宗的乔布斯喜欢这个词——"初心正如一个新生儿面对这个世界一样，永远充满好奇、求知欲、赞叹"。失去初心，人就会"被卡在固有的模式中，像唱片中某一段固定的凹槽，永远无法摆脱出来"。乔布斯一直把自己作为初学者，说"我仍然在新兵营训练"，藉此脱离以往的成功模式，"Stay Hungry"，不失初心。

"Stay Foolish"，已有人译为"呆若木鸡"，典出《庄子·达生》，强调专注。对乔布斯来说，专注不只是全身心的投入，更是对重要事物的认知。创业初期，在乔布斯生命中扮演了重要角色的迈克·马库拉已经指出这一点："为了做好决定做的事情，我们必须拒绝所有不重要的机会。"或许是这个启示太过重要，或许是本性使然，在此后的日子里，专注都是乔布斯诸多特质中极其重要的一条。2011年8月接替乔布斯担任苹果CEO的蒂姆·库克曾说："他能够集中精力于几件事情上，拒绝其他许多事情。"后来，乔布斯给出了关于专注的一个简要版本，"决定不做什么跟决定做什么同样重要"，因为选择比努力更重要。

跟乔布斯一样，我们面对的，是一个选项过多的时代。只是，未必会有人能如乔布斯一样，经常用死亡来提醒选择的重要："记住自己很快就要死了，这句话帮助我当人生面临重大抉择时作出正确决定。几乎每件事——所有外在的期待，所有荣耀，所有对困窘和失败的恐惧——在面临死亡那刻都将烟消云散，只留下真正重要的东西。"乔布斯为自己留下的真正重要的东西，是"追随内心"，"勇敢地去追随自己的心灵和直觉，只有自己的心灵和直觉才知道你自己的真实想法，其他一切都是次要"。

出于对追随内心的强调，乔布斯向来没有做市场调查的习惯。在晚年跟自己的传记作者沃尔特·艾萨克森的一次谈话中，他提到："我记得亨利·福特曾说过，如果我最初是问消费者他们想要什么，他们会告诉我，'更快的马车！'人们不知道想要什么，直到你把它摆在他们面前。"

这样狂妄的自信没有沦为笑柄，是因为乔布斯除了追随内心的强烈愿望，还拥有把一个完美的产品摆放在人们面前的能力。这一能力要求拥有者能感受事物将生未生之际的"形先之象，象先之气"，在内心看取一个产品的明确未来。说得简单些，就是要重视先机，像艺术家的重视灵感。早在苹果公司把施乐PARC的领先技术指标变成现实的时候，乔布斯就引用毕加索的话说："'好的艺术家只是照抄，而伟大的艺术家窃取灵感。'在窃取伟大的灵感这方面，我们一直是厚颜无耻的。"

一个看得见未来的人，必然是苛刻的。举凡乔布斯的完美主义，极简偏好，甚至他让人无法忍受的乖戾脾气，都与他要把那个看到的未来原原本本置入现实有关。他要用自己所有的力量，敦促所有人，来完成那个在别人看来是幻觉的未来。这一苛刻甚至会延伸到产品看不见的部分,"优秀的木匠不会用劣质木料去做柜子的背板,即使没人会看到"。

斯卡利夫人当时看到的,或许只是乔布斯眼神中的苛刻,错过了其中更深入的部分。而那双眼睛,却在磨砺中越发年轻、明亮,不断传递着一个追随内心者的人生传奇。

还有一件事。2001年,乔布斯在接受《新闻周刊》采访时说:"我愿意把我所有的科技去换取和苏格拉底相处的一个下午。"与那些伟大的灵魂相处,也正好是苏格拉底本人的愿望。在《苏格拉底的申辩》里,柏拉图笔下的苏格拉底说:"同这些(生时正直,死而为神的)古人交谈和往来,对他们进行考查,将是无法估量的幸福。"只是,在灵魂的鉴别上,苏格拉底向来严苛,不知道乔布斯能否有机会兑现这个奢侈的交换。

【微评】觉得乔布斯厉害,不是因为iPhone或者iPad,而是他说:"我愿意把我所有的科技去换取和苏格拉底相处的一个下午。"乔布斯厉害大概就厉害在这里。

陈蓉霞

可说的是事实,不可说的是生活

维特根斯坦有一名言被广为传诵:"凡是可以说的东西都可以说得清楚,对于不能说的东西我们必须保持沉默。"那么,什么是可说的,什么又是不可说的?可说的就是世界上发生的事实,比如,科学就是力求要把事实说个清清楚楚明明白白。而不可说的则包括生活本身。此中大有深意。"生活"而非"活着"的根据是什么?就活着而言,道金斯的"自私的基因"论似乎就是活着的理由,亦即基因的本性即为最大程度地复制自身,这种复制即体现为生殖,这就是支配地球上"芸芸众生"行为的逻辑。但这种理由或逻辑仅是对非人的生物而言。对于人生,我们当然不会就此心满意足,仅因为知道自己的行为受道金斯意义上自私的基因的支配。

但人生的意义又是什么呢?有时生活让我们承受太多的无奈,甚至荒谬,细细思量,其中有何意义可言?当然在黑格尔式的哲学看来,人当下所经受的苦难不公,总该在更高的目标中得到救赎,从而获得自身的意义,比如达到更高的善、实现更大的正义等等。其实宗教也正是以此方式来寻求安慰,比如天堂的召唤等等。但人生最真实的意义,不正在于所有曾亲历过的大悲或是大喜,其实都是过眼烟云,无所谓意义?生活的理由就是生活本身,它无须言说,无可言说。生活中的荒诞乃至残酷的荒谬就在这种无可言说中自动显示出来。原来这世上还有一种高贵,就是对此保持沉默。所谓大悲无声。问天,天何言哉?

不由得想起当代物理学大师费曼。费曼对于科学中可以言说的事实充满了好奇,他一生都在追求这样的言说方式,并以此而自得其乐。但费曼却经历过人生最惨痛的时刻。他有一个相爱至深的女友,13岁相识,19岁订婚,26岁时结婚。订婚后女友却患上了肺结核。要知道,在当时的情况下,肺结核不仅是不治之症,而且它还会传染!就冲着这两点理由,谁还敢同一位肺结核病人结百年之好?但费曼却义无反顾地做到了,理由不是出于责任,而是出于爱!正是这一理由更令人感动,因为责任也许基于外在压力或是某种怜悯等等,但爱,却是一种多么纯正的心愿,犹如飞蛾扑火,无怨无悔。他的妻子对此也无须承担任何心理负疚感。当然,费曼不愧是一个科学家,他说他知道细菌是从哪里来的,因而非常小心,未让自己传染上。童话般的生活终究逝去,几年后费曼的妻子艾琳确实死于结核病。出于可以言说的理由,费曼没有太多的震惊和抱怨,也没有仰天长哭。他说,"我要对谁生气?我不能气上帝,因为我不相信上帝存在。你也不能对细菌生气,对吧?所以我心中没有愤怒,也不必寻求报复。我也没有懊悔,因为我真的无能为力。"读者也许一不小心就会得出这样的结论,瞧,这就是科学的人生观,多么实用。

然而，生活还有不可言说的一面。那是在艾琳死后的几个月，费曼经过一家时装店，橱窗里挂着一条漂亮的连衣裙，他不由得想，艾琳会喜欢它的，因为艾琳穿上它一定好看。可是，艾琳已经死了。想及此，费曼才流泪。妻子逝世后，这是他第一次流泪。如此真实的悲痛，是无论何种道理都无法言说，也无法安慰的。是的，对于生死，古往今来的哲人洋洋洒洒已说了多少宏大的道理，但可以言说的就无法直抵人的情感深处。然而，仅是一条连衣裙，生活中一个细小得难以张扬的情节，却令费曼从心底深处流泪。

费曼后来如此说道，"人都会死，只是时间早晚的问题。但是跟艾琳在一起的时候，我真的很快乐，这就够了。在艾琳过世之后，我的余生不必那么好，因为我已尝过那种滋味了。"对于流行作家来说，这也许是一个再好不过的题材，可用来说明浪漫爱情的真谛。但费曼的话令我想到的却依然是维特根斯坦的精辟见解，永恒即在当下的瞬间。何以见得？这是因为常理大多把永恒理解为时间上的无始无终，但维特根斯坦却说，永恒恰是一种"脱时间性"，于是，永恒就成了当下，成了瞬间。瞬间拥有过的即是永恒。对于费曼来说，他曾拥有过艾琳的爱情，那样的滋味，岂不是生命中的永恒？当然，从另一层面来看，费曼终生记得艾琳的好，这是因为艾琳教给了费曼科学以外的东西，人有时也要不理性，这可不是愚蠢，而是情感层面的应有之意。除科学之外，我们还有爱，费曼确实也表达过类似的意思。若用维特根斯坦的话来说，对于人生的这一境界，就是一个须保持沉默的领域，它无法通过理性的语言来述说。就此而言，哪有科学的人生观之类的金科玉律？

当有人问费曼,此生他有无遗憾时,沉默了一会,费曼的回答是,"当然有,我很遗憾可能没有机会看着我女儿米歇尔长大"。当时的费曼已身患癌症,他知道自己也许来日不多,才有这样饱含泪水的遗憾。作为一个20世纪传奇般的天才物理学家,费曼没有说自己的遗憾是与某个科学发现失之交臂之类的大道理,而是尘世间一个平凡父亲最为深切的焦虑担忧和无奈。惟其不是大道理,才是人生真实的写照。

想起辛弃疾的词,对于本文来说,以此收尾贴切不过:少年不识愁滋味,爱上层楼,爱上层楼,为赋新词强说愁。而今识尽愁滋味,欲说还休,欲说还休,却道天凉好个秋!

【微评】其实,人生至情就是最难言说的,有时候,面对一些事情,我们只能站着不发一言,但内心却早就被情感的波涛吞噬了。这就是生活最残忍也最动人的一面。

严　锋

社交时代

忽如一夜粉丝来，千人万人微博开。一个幽灵，一个社交主义的幽灵在全球徘徊！这一切是怎么发生的呢？就我个人而言，要追溯到一年多前的一个饭局，在座的有陈村、路金波、李蕾、黎宛冰等人。路金波说到有个熟人向他炫耀：金波，你知道我现在都有3 000粉丝啦。金波淡然一笑：你知道我有多少粉丝？多少？　30万。（现在他的粉丝已经130多万了。）

他们从头到尾都在说一个东西：微博。而我完全插不上话，最后含恨而去。据说在若干年前的美国，午餐时分大家也只说一个东西：电影。假如你不关注本周电影票房的排行榜，你在社交方面的前途就很渺茫了。微博证明了一个真理：只有一件事比被人谈论更可怕，那就是不被人谈论。酒席上人人都在谈微博，酒席回来再到微博上谈酒席。微博装饰了你的梦，你装饰了别人的微博。

这就是所谓"社交媒体"给我昭示的"社交"的第一要义：如果不会使用社交媒体，你在社交媒体之外，在传统的社交场合，都会越来越难以与别人社交。强势如此，令人胆寒。相信很多人一开始都是这样被微博的吧？一旦进去之后，很快就会对"社交"的内在意义有了切身的体会。去年6月，我到美国戴维丝加州大学讲学。到那里的第一晚，浴室水龙头造型奇特，不知道如何才能放出热水，房东又不在家。我把龙头的照片上传到微博，几分钟后就洗上了热水澡：原来那个龙头是要向外拔的，而且要非常用力。如果没有博友的鼓励是没有那个勇气用强的。过几天，信用卡无法使用，微博各路银行专家和金融达人让我脱困免饿。再过几天，电脑出故障，微博又瞬间让我重新备上课。这真的很让人产生毒品一样的依赖感。

还不仅仅是毒品。网上有个格言，叫"外事不决问谷歌，内事不决问百度"。从前我们查词典，翻百科全书，找参考资料，现在我们问搜索引擎。但搜索引擎是死的，即使百度问答上有真人答疑，那也是猴年马月，遥遥无期的事。现在好了，我们完全可以把微博看成是新一代的活的"人肉"搜索引擎。和上一代机器搜索不一样的是，你还可以和这个引擎进行对话和讨论。

还有吵架。去年7月，方舟子质疑唐骏学历，我毫不犹豫地加入了支持他打假的微博大战。突然，他掉转枪口，翻出一些陈年往事，指责一些记者为"造谣记者"，一些媒体为"无良媒体"。我认为他不应该计较那些琐屑的个人恩怨，而应该集中火力打假，就发了一条微博：

"成也极端，败也极端；打假也方舟子，打倒一切也方舟子。坚持科学方舟子，唯科学至上方舟子。难道在中国，泥沙俱下，玉石皆焚，脏水和孩子一起泼掉是唯一的选择？一切都在变味，大家都在混战。中道何在？中道何在呀！"

发完就去睡觉了，结果一觉醒来，发现该微博转发上千，评论几百。这一切都因为方舟子转发了一下。方舟子还算客气，只是说我"人模狗样"讲"梦话"，他的粉丝可就没有那么温柔，把我祖宗八代都细细地问候到了。还有认为我是唐骏一伙的，有质疑我文凭，认为我是西太平洋大学毕业的，说我相信风水，反对转基因，传播宗教……种种匪夷所思的指控，令人哭笑不得。

微博上讲理是一件很困难的事，不仅因为140字限制了理性的展开，更因为这是一个情绪化的空间。许多人挟怨气而来，怀着更大的怨气而去。有意思的是，作为一个社交媒体，人们到这里的初衷是为了沟通，但最后却证明了沟通的困难，哪怕使用的是最先进的沟通工具。到头来，沟通变成了情绪的宣泄。争论不是为了真理，不是为了超越自己的局限，而是为了证明自己，肯定自己。微博不但复制了现实中拉帮结伙、党同伐异的人类行为，还把这些行为进一步放大。

大家都知道吵架是一件很累人的事，微博吵架尤其如此。每个人都想说最后一句，但现实中这种"最后一句"情结总会受到各种限制：要上班，要回家，要吃饭，要睡觉，等等。但是微博的可怕就在于它可以超越时空的限制，把吵架无休止地拖下去。你可以啃着面包与远隔千山万水、原本是八杆子也打不到一块的对手吵；你可以打过盹接着吵；你还可以在等红灯的间歇用手机微博客户端骂对方一句，然后心满意足地猛踩一脚油门。

这就是碎片化的社交，随时随地的社交，无限的社交。某一天在上微博的时候,我想起了马克思的一句经典名言:"人的本质不是单个人所固有的抽象物,在其现实性上,它是一切社会关系的总和"(《关于费尔巴哈的提纲》)。先知就是先知,马克思就是今天以 Facebook 和微博为代表的新一代社交网络的先驱。沿着这个思路继续想下去,如果社会性是人的本质,那么,随着社会性的强化,人性又会朝怎样的方向发展?自我意识不断扩张?集体性进一步强化?

在许多科幻小说中,都描绘了人类未来个体的思维打破彼此间的壁垒,通过联网式的机制,逐渐相连融合,汇聚成一种类似超级大脑的集体意识。微博难道就是这一过程的起点吗?

【微评】狄更斯曾经说过,"这是一个最好的时代,也是一个最坏的时代",互联网所带来的社交时代,就是这样的,它用翻云覆雨手成就人也毁灭人,而我们每个人沉浸其中不能自拔,甚至被乌合之众的力量所左右,我们是不是应该好好想想互联网之于我们的意义与价值了呢?

叶倾城

浅处与深处

我没事喜欢看我QQ上众人的签名，有一段时间，仿佛很流行："爱，请深爱。"我想：也许，高处立，宽处行，浅处爱，深处活，才能让人游刃有余。

我怎能说，我不曾是怀春少女。怔忡的黄昏夜色里，对面走过一个身形高大的男子，刹那间，白日梦温柔笼罩我……一定神，男子早已走远，花妖树精般可能从来没出现过。

我"时刻准备着"那么久，看见一缕光就迫不及待抱住不放，烈焰焚身那么痛，我却心甘情愿。那其实不是爱情的星星之火，只是幽幽的，鬼地飘来的一线磷火，在我怀里渐渐熄灭，只在我的锦缎生命里留下一个烧焦的洞。

某一个晚上，我心许的男子敷衍地说："我有时间给你电话。"而我的良师益友兴冲冲说："来吧，好多人都想见你；对你更上台阶大有好处。"我左右为难，说了什么样的谎才委婉推掉后者。唉，我很可能是放弃了我的半生，来等一个从不曾打来的电话。"我给过你什么承诺吗？"没有，是我自欺欺人而已，男子从不知道他对我这负面影响。

　　某一次考试,我考得一塌糊涂,差得我都不好意思告诉人。而我更加羞于提起的是:那是因为,前一天晚上,我与人吵架了。吵架的由头是什么,我已经不记得。吵架的后果呢?不重要。结局早已写好,口角或者恩爱都不能改变。只是,我怎么糊涂成这样,一念之差,贻误重中之重。没人对这次失利负责,只有我自己。男子对我,只有满满的问心无愧。

　　那些伤害,我绝口不提,却念念不忘。而再回头,伤口可以在时间里痊愈,但我错失的幸福转角,已经被我远远抛在脑后,不会重新出现。

　　爱情是多么跋扈的一件事,要人的全力以赴,它也是一种宗教,而人,真的没有能力,同时供奉爱神与财神。

　　如果让我重回青春,我但愿我曾是一个有定力的女子,不等待某个男子若有若无的脚步声,而专注背英语单词——我在记忆力最好的年纪,没有下苦功,就意味着我在中年之后,要花十倍的时间与精力。当我重新行进在山山水水,我应当为祖国的大好山河而感叹,因为这一生,我可能只来此一遭,而不是,不断地看手机,心神不宁,一回宾馆就打电话,吵架,哭。甚至在玉龙雪山的巅峰,不断徘徊,有纵身一跃的冲动。

　　我是在人生盛宴上的女子,第一份牛排就吃得片甲不留,胃里再留不下一份空隙给学业、社会交往以及平和生活。饕餮是七宗罪之第一重罪,深爱就是爱情里的饕餮。

　　李敖的歌这样唱:"别人的爱情深,我的爱情浅,别人的爱情似海深,我只爱一点点。"一点点的爱,足以让生命绚烂。生命,还有许多其他的滋味,值得细细品尝。

【微评】爱情的浅深,有时候真的没法用实际的利益来考量,甚至由不得你来左思右量,所以这段文字也只是一种梦与梦之间的呓语而已。人的可爱,就在于面对一份情感,我们总是奋不顾身的,不去问是否会遍体鳞伤。

黄昱宁

打开窗门讲沪语

大学寝室里的聊天是方言杂烩的盛宴,我记得当年最开胃的一道小菜是讨论那种冬日街头随处可见、瞥一眼就心生暖意的小吃。"我最爱吃烤地瓜了,"山东同学喜滋滋地说。"哦,我们那里叫煨番薯,"广东妹在终于弄明白那是什么东西以后,恍然大悟。我也跟着笑,用上海话告诉她们,从小,我只知道把这甜甜软软的玩意唤作"烘山芋"。

烤地瓜,煨番薯,烘山芋,九个字里没有一个重复,构词形式却高度一致;偶尔交汇,仿佛看见思维在穿透了语音的屏障之后相逢一笑,默契于心。

不过,细想下去,方言的独特性还是会执拗地浮出水面。就说这学名"甘薯"的"山芋"吧,上海人在前头轻轻巧巧加了个"洋"字,就直接拿来称呼另一种植物(马铃薯)。同样的物件,到了北方就完全从其生长的特点出发,干干脆脆地叫它"土豆"。从"洋山芋"的意义分析,显然上海人吃到马铃薯要远比接触甘薯晚,所以相对于同样来自异域(查资料,原产地是南美)的后者来说,前者就更具有舶来品的意味。我猜想，但凡上海人当初跟广东人一样叫"番薯"，那么，后来引进马铃薯时也会义无反顾地称之为"洋番薯"。至于"洋"和"番"到底是不是语意重叠，搁在一起是否显得冗余，是否还存在更精简的命名方式，那绝对不成问题——上海话历来有这样的宽容度。不信，你想想，时至今日，阿拉上海人不是还把"洋番茄"叫得很顺吗？

上海话"叠罗汉"的杂耍功夫俯仰可见。沪语常以"头"为名词后缀，若译成普通话，有一部分是可以用"子"来代替的，比如"篮子"之于"篮头"、"盒子"之于"盒头"（这两种说法在沪语中并存）；但也有很多，是别处（至少是吴语区之外）鲜见的用法，比如纸头、布头，更有甚者，小时候喝猪肺汤，听外婆一声声叫什么"肺头"，纳闷了很久。你如果硬逼着上海人讲"一张纸"而不是"一张纸头"，肯定会活活把他别扭死。

如果说上述前后缀还不能充分说明问题的话，那么，下面两个例子是直观到了极点的。昔日上海人家多用铅制的水桶，渐渐的几乎所有的桶都给叫成了"铅桶"。"一桶水"是没问题的，但"一只桶"似乎就没有"一只铅桶"叫得顺溜。时移世变，塑料桶大行其道，但时不时地，你还是可以听到满耳的"塑料铅桶"，说得恳切、听得自然，反正大家都晓得在说什么。以此类推，如果你习惯了"塑料铅桶"，那么，对于类似"洗（沪语念'打'音）脚面盆"和"洗浴面盆"，也就可以见怪不怪了。同理，如果有个上海人嚷嚷着要"开窗门"，你大可不必令门户洞开——须知，这个"门"字跟在"窗"后面，功能与"铅桶"的"铅"字相当，只能让音节更铿锵，并没有表意的用处。

还有个更戏剧化的例子：初来上海者，大抵不晓得本地人在讲"吃茶"的时候，杯子里可能飘着几片茶叶，也可能只是清清爽爽的白开水。这里的"吃茶"，常常只是饮水的代称。问题是，如果在某些语境中需要强调是真的要泡一杯茶喝，该怎么办呢？这可难不倒上海人，他们会随口说——"来，阿拉吃杯茶叶茶。"

母语这东西，早就融在血液里循环不息，不必经过大脑，自然天天从舌头里蹦出来。但细想来，上海话的拉杂、絮叨、叠床架屋，纵然上升不成严谨的语法规律，却自有它缓和语势、增添情趣的家常妙用。仅举一例：两个人吵架，一方大吼一声"滚"，那一定是出离愤怒了；加一个字成"滚蛋"，则情绪已经有了微妙的变化；加三个字"滚侬格蛋"（滚你的蛋），骂人的那位脸上没准窥得见一丝笑影；地道的上海话还有一句最绝的："滚侬格五香茶叶蛋"，脆生生地喊出来，当真是色香味俱全的调笑乃至娇嗔了。

【微评】方言的消逝，实际上是一种具有地方色彩的生活的消逝，现在即便我们能够用很正宗的"沪语"语音说话，也无法将沪语曾经有过的神韵、精彩表现出来了，因为那样的土壤没有了。经济一体化，是耶非耶，天晓得。

唐小为

一笑就塌的巴别塔

说到外语攻略,通常认为包括扩大单词量,谙熟语法规则,做大量的听力、会话、写作练习。似乎人一旦听得懂老外说的每个字,而且老外也能听懂他说的每个字,就等于掉臂行走于巴别塔之上了。

在美读书七年,越学得多越知搭建巴别塔有多难。最无可奈何的难堪,就是美国人大笑时,你经常只能懵懵地跟着傻笑。即使已在美国做终身教授的人,也会照样在看某个脱口秀节目时卡壳,不知老美们为啥如此前仰后合。大笑的镜子清楚映出我们的"老外"身份。巴别塔蜃楼经不住这一笑。在幽默的"浓雾"中,靠单词量和语法沟通如同拾根稻草做扁担。大脑固执地认为它的解码工作已圆满完成,把你撇在一片笑声中。

语用学认为,语言能力=一部大词典(单词量)+一套语法规则+一部生活百科全书(俗称文化的那一大堆拉拉杂杂的东西)。由于言语解码须有这第三块参与,语言在使用中承载的意义便远大于前两块的拼接。当一句话背后积淀了听者全然陌生的文化元素时，字面义愈清晰，理解起来反愈吃力。想听懂一个笑话，你脑中缺不得与之相关，但又"不好笑"的种种常规场景预设，这些在社会文化长期浸润中形成的"常规"，才是巴别塔下打不死的终极怪兽。

比如美籍华裔笑星新秀黄西广为流传的一个段子，说他参加美国移民考试，移民官问："本杰明·富兰克林是谁？"答曰："我们小区便利店遭抢的原因么？"再问："宪法第二修正案是什么？"仍答曰："我们小区便利店遭抢的原因么？"美听众抚掌大笑。要真正"听懂"这段子，至少要耳闻过移民考试的严肃和苛刻，知道百元美钞上印的头像是富兰克林，也知道正是饱受争议的宪法第二修正案允许私人持有枪支，最好还要了解拿着枪冲进7-11便利店勒索现金是美国电影中——可能也是现实中——最常见的抢劫场面。躺在这些美国"常规"铺就的垫子上，你才能品出这笑话的俏皮和讽刺味道。黄西的一代移民身份也成就了他，中国腔英语和对美国文化元素的深度调侃，这一反差本身就够喜剧的。美国观众的掌声和笑声里，大约也包含着惊异和赞叹：学咱说话还能搔到咱的痒处，牛！

我观察美国中学课堂时，也常遇到这样的情况。一次有学生发了个怪问：有没有哪种动物是不靠吃其他动物或植物获取能量的？一同学立马抢答："浮游生物！""呦呵，"老师问，"你们到底知不知道什么是浮游生物啊？"抢答者带点小狡黠地说："嗨，您不知道么？它们可卑鄙了！"全班笑作一团。老师哭笑不得地敲桌子："跑题了，跑题了！"

估计大多数人都不知道浮游生物吃什么，怎么获得能量，拿这个刁钻答案应对古怪问题也算急智。可"卑鄙"从何谈起？此话"笑点"又在哪儿？咱完全没有线索，感觉很"无厘头"。日后老美师兄看过课堂录像，大笑道："难怪你不懂！"原来美国最流行的卡通片《海绵宝宝》中有蟹堡王和海之霸两家死对头餐厅。海绵宝宝是蟹堡王的大厨，会做美味蟹皇堡，而浮游生物痞老板的海之霸餐厅无人光顾，就处心积虑地想偷蟹皇堡的秘密配方。学生说浮游生物"卑鄙"，指的就是那痞老板的小人行径。笑话的玄机为在严肃的科学讨论中"偷梁换柱"地扯进卡通人物，跑题跑得挺有创意。可由于没在美国做过小孩，对《海绵宝宝》文化一无所知，博士生的理解力还赶不上美国中学生。

单细胞动物"痞老板"的尊容网上就有，两根鞭毛一只大眼，傻里傻气的，很难相信吧，就这么一不起眼的小坏蛋，也是修建巴别塔的一块砖。学外语之水深，可见一斑。

反过来也一样，春晚小品白云大妈只一句"你太有才了！"何以能令中国观众满场爆笑，又马上蹿红为十几亿人耳熟能详的流行语？估计号称中国通的老外也难免云里雾里。若不知中国市场上大忽悠们种种"太有才"的表演，没体验过他们遮马脚的奇谈怪论，看不透下蛋公鸡背后林林总总的社会现实，也只好当作老婆子夸老头，跟着傻笑笑了。这五个小学一年级水平的汉字组合，也能把中国通们的巴别塔笑得一晃悠。

国内中学生大学生在假期拼命报名各种学费昂贵的托福、GRE班，苦背新东方的红宝书黑宝书，提前做交换生到美国适应英语环境,主要目的就是尽早成为美国通。但以数年寒窗,斥资数万乃至上百万,企图钻过美国人一生甚至数代沉积下来的文化幕墙,实属大不易。若更因苦学语言牺牲掉其他学科的修炼,最后与口语先天比咱流利的美国学子较量,优势何在呢?

【微评】上帝通过变乱人们,实现了粉碎人们建造通天塔的梦想,而在现实中,更重要的问题是语言背后的文化,我们不过是借助于语言来展开我们的生活,如此而已。要理解一种语言,其实首先需要理解一种生活。

汪涌豪

垂注于断念达观之美

日本人没想到,这一次,他们是以如此惨烈的方式,让世人的目光再次聚焦自己。焚后劫余,整个世界都在惊叹,大自然肆虐后留下的线条竟是如此粗粝。但当人们在日本人脸上没发现多少灾难的刻痕,这种惊叹更胜于前者。想想地球另一边,美国和芬兰的碘片都已买到断货,近邻中国,食盐的囤积也曾迹近疯狂,《洛杉矶时报》不禁感叹,"灾难无损日本人气质"。

我很好奇这是什么气质。在日三年,岛国山河静美,我的日子寂寞而清好。每周有好几天,我可以什么事都不干,只用来观玩人性,体察世相。当时的感觉,我开朗乐观,彼内向悲观;我相信只要自己努力,万事可以成就,彼认定无论成己成物,都须忍从天命。我甚至觉得这种人性的外在印记也很分明,譬如,比之面朝大地背朝天的中国人,大多数日本人行动坐卧都不尚开展,相反,常不自觉地蜷曲身体,步踏内撇,小而急促;手势含敛,指不出掌;坐姿恭谦,浅尝辄止;有时并睡姿也谨慎小心,多偎缩床边,少仰面朝天,日语称这个为把自己"收小一圈"。究其何以如此,会田雅次以为与日本的稻作文化有关,他说日本人的精神构造始终是农人式的,弯腰低头,将五感拢于内。如此敛手缩背,人或以为是拘谨排外,并由此断定其难有完美的婚姻和圆满的人际。但其实,因体认到一己的卑微,又善于回光内鉴,它对人事反有更细致的观察,精神世界反而更加坚韧强大。

我相信这一解释有其道理,但私心觉得还有别的原因。前几天,趁着打电话问平安,特意向日本朋友请教。电话那头,除了道谢,并无回答。第二天收到邮件,不见有一字半句,只附了鸭长明的《方丈记》。此书与清少纳言《枕草子》、吉田兼好《徒然草》并称日本古代三大笔记,小小情致,寓大哲理,那种才人清言的高上格调,本就招人喜欢。以前因忙,几次拿起放下。想眼下便是机缘,当即找出中文版对读。

全书篇幅短小,文字也朴素。作者是镰仓时著名的隐者,故笔到处,常能声色不动,只因内容不出天灾人祸与人生波折的感悟,所以读来处处惊心。尤其中心部分,从"安元大火""治承飓风""福原迁都",一直写到"养和饥馑"与"元历大地震"。安元大火发生在安元三年(1177年),元历大地震发生在元历二年(1185年)。由77年到85年,短短八年间,列岛火山、地震、饥荒和传染病前后相接,如元历大地震,居然一天连震30次,持续三个月,还引动海啸,让作者禁不住感叹人的任何营构毫无意义。他以"处世不安"与"诸行无常"作全书的主旨,用他的话:"川水流淌不止,绝非源头之水,水泡时散时聚,不曾长久不变,世之人及其栖之所,也如水泡幻化"。自然这个东西就是这样,让懂它的人看一眼就自觉渺小。作者山中日月,朝夕观对，只觉得有些东西不能解释，只有承受，因此全书的格调是悲悯敬畏间杂的。

对这种宿世无常的佛教常谈，中国人很熟悉。佛说"一切有如法，如梦幻泡影，如露亦如电，应作如是观"。但在日本，由《竹取物语》《伊势物语》等书的记载可知，早在佛教传入之前，在古代向中世转换的时候，贵族与庶民的意识中就已有此荒乱的感受。中世的日本人还赋予这种生生灭灭的规律以特定的名词"ことちり"，即所谓"理"。并且，如末木文美士所说，它不同于印度可交由理性分析，而最多感性的成分，所以是一种"无常感"而非"无常观"。《方丈记》中类似"逝川流水"的比喻就体现了这样的观念。此类比喻也见于《日本书纪》和《兼仲卿记》。而其他两部笔记，如《徒然草》要人"务必将无常随时迫近一事牢记在心，片刻不忘"，《枕草子》感叹飞鸟川一日为渊一日为滩，"让人感到人生变化无常"，说的都是同一个主题。一直到18世纪，《叶隐闻书》中，山本常朝教武士应每日默想可能遭遇的不可避免的危险，除"被弓箭、刀枪和长矛撕成碎片"外，就是"被汹涌的海浪卷走"，"被大地震震死"了。日本的神道教常举行各种敬神的仪式来安抚自然力，多少也与这种"无常感"有关。

至于平安文艺的"物哀"意识，中世隐士文学与"幽""寂"等美的观念，看到底，也都浸透着这种思想。日本文学中有"飞花落叶"之喻，中世歌论家心敬常常由对它的观赏而及草头的露水，道说的无非是对生死的达悟。还有，日本有一首给儿童发蒙的《伊吕波歌》，由47个假名构成，内容是"花开香艳终须落，谁能长生永世乐。无为之山争越过,不醉不梦免蹉跎",它同《方丈记》之成为中小学生的必读书,一些日本学者进而将它当作最想留给千年后日本人的"美物"之一,都表明这种观念已经成为日本人国民性的一部分。再推广至日本传统的诸般各色,西行的和歌,宗祇的连歌,雪舟的画和利休的茶,那种顺从天命并回归造化的情感背后,其实都有"诸行无常"的体认在孳乳,在发散。

"难怪连日本的孩子,猝遇大灾,也能泰然面对",我给朋友发去读后感。"还有一点,因为在对无常的体验中,我们懂得不完整的事物更有意义",他的回答虽短短一句,仍使我心惊。联想在上述笔记中读到"倘若无常野的露水和鸟部山的云烟永不消散,世人既不会老也不会死,则纵有大千世界,又哪里有生趣可言"这样的句子,还有从寺院的非均衡布置,到陶器的破残设计,只觉得一种惨酷的生命启示,真是伟大。由此明白,鸭长明们的意思,显然不是要人体认到人生无常而选择逃避。相反,有鉴于活在世间,忧患永远广远,在动气与忍性之间,人该如何耐其难耐,忍其所不能忍,学会平静接受命运的安排,并意态如恒,不动如山,才是切要的功课。如果一个人的体认够深刻,能视死为生的一部分,从而在万物流转中积极追求变化新生,找到向死而生的道路,那才算摄得至高的"无常之美"。当然,若你既有凡人所有的恐惧,却还有神仙所有的欲望,他们也不责怪,所谓"虽无人解,亦无伤也",他们不解释。

所以人们看到,面对大变故,日本人通常选择静默与忍耐。这些天,全世界人都在谈论日本人的牺牲、克制和秩序。有人用谷川竹二《血型与性格》的理论,认为是因日本人中A型血占相当比例的缘故,这种血型的人通常更能忍耐。但德国也多 A 型血,德国人未必有日本人的耐力。其实,准确地说,它更与这种忍耐背后的无常体认有关。忍耐,日语称"我慢"(gamann),佛教《俱舍论》中有"四慢"与"七慢",即过分自我、不能见性开悟的意思,到日本人手里,变成专指人的忍耐与自制,并在生活中推崇备至,身体力行,类似武士临死不惧,产妇临盆不叫,倘如背后没有基于"无常感"的无边悲悯作支撑,哪里能产生这么大的感召力。

在日期间,我还常见到,日本的母亲教孩子冬天着短裤,甚至在冰水中静坐,性格心理学家诧摩武俊的研究证明,母亲的这种教养态度对孩子忍耐力的养成实在大有助益。这样,等他们上学读书,受高年生欺侮用忍;做白领通勤,挤地铁遇痴汉骚扰用忍,总之,由其自小被告知"不能成为别人的负担",到开蒙后《社会生活教育》第一章第一节被强调"不给人添麻烦",都要你万事用忍,以至恋爱的极致也是"忍恋",则猝遇天灾,穿过死亡之谷的人们临大难而无着,也只有调动自来的习得,自我消化畏惧,释放勇敢,既不能指望救星,更不该麻烦他人。如此日锻月炼,日本人性格中的情绪特征与意志特征变得非常稳定,对自己行为的明确程度与控制水平,也就达到了很高的水平。

还有,山本健吉曾说日本人选择生活在易朽的木构建筑中,这使其产生出一种与置身石造城堡的欧洲人全然不同的生命体验。但中国人也生活在木构中呀。原他的意思,似乎就是比中国人,日本人都更能顺从自然的意志。经此灾难,我的体会是,中国人在自然中寻找的通常是身心安适之地,中国人也确实找到了;但在日本人,是更愿意从中体会一种无常的哀感,在此过程中,他可能遭受自然的种种打击,但每一次打击都使他们切近一种"断念达观之美",最后竟得以坦然面对生死。也所以,本居宣长会主"无情",说那应该高兴的事其实并非那么可高兴,该悲哀的事情其实也没有那么可悲;小津安二郎的《东京物语》中,那个死了老妻的平山会平静地对来安慰他的儿媳说:"黎明真美,明天大概会很热吧。"以前,看到类似的地方总不能明白,现在知道,在日本人,这种忍耐其实没有我们想得那么艰难,它甚至还有点美丽,就如同那种将五感拢于内的肢体安排,绝非我们想象的拘谨排外,还有精气内绾、蓄势待发的意味。

我对朋友说,就像中国人也能欣赏盛筵易散与月缺花残,日本人的"我慢"其实与中国古人讲的"处世不求无难""谋事不求易成"道理一样,因为世无难则骄奢必起,故患难为解脱;事易成则志存轻慢,故颠扑是树立。但心里佩服,这种淡定而韧强的心性要靠怎样的打击和挫折才能成就。在我,念兹在兹,是家园的毁弃,亲人的死亡。而在彼,居然当不幸降临时坦然接受不幸,幸福降临时又能忘情享受幸福。此次地震的发生地东北,较之大阪人的豪放幽默,京都人的文雅礼貌,奥州北道的东北人,比之同样坚韧的九州人更有纪律性。这种能忍而守纪的精神气质,大概就是让赖肖尔印象深刻的"习惯于忍受自然灾害并能泰然处之"的风范吧。顺便一说,在《日本人》一书,赖肖尔也说到了灾害助长了日本人的宿命论一事。

再说回我的朋友,也常蜷缩着身子,内向而沉默。与之交谈,经常是我说得多，他应得少，间或回应，也乏滋味。我一直不能确认自己是否喜欢这种样子，所以经常用言语小小地冲撞他一下，结果是，如石沉大海，但他依然认我作朋友。他应该也是这样能忍的日本人吧。这样的日本人应该可以在灾难中崛起的。他们曾不止一次在灾难中崛起。有人说，但这次不同了，核难当前，已有女人在毯子里哭出了声，有老人在菜圃里悬了梁。或许，还会有什么。但我想，一个能尊重自然教诲并忍耐克制的民族，一定会在灾难中重生。帕斯卡的说法，"人终究要比致他于死命的东西更高贵得多"。

谨以无限的真诚为日本祈福，希望它的脸上不仅有坚毅的忍耐，并精神也能渐渐回暖，最终复苏。

【微评】一个民族面对灾难时的态度，恰好是这个民族的精神最好的旁注。我们关注近邻日本，其实并不是别的原因，只是我们之间有着太多的渊源联系，又有着太多的差异不同。目光投射在他们身上，心里念着的却还是我们自己。

边 芹

火,绝望的火

从布达佩斯飞回来,出机场的路上便大塞车,只得从北边火起的圣德尼斯进巴黎,在东北郊黑夜中鬼影憧憧的贫民楼群中放下搭车的一个同胞,脑袋里若没有留下那些火焰的激越镜头,会觉得夜是那么平静,才意识到现实世界与媒体世界毕竟是两股道上跑的车,目的地不同。

早就知道巴黎郊区是个待点火的炸药包,其实穷小子烧车,是常事,一有小青年被警察打死,必闹一场。而媒体往往是前戏不报,一闹才报。这些因为出身、肤色和所住区域,从一开始就被放在社会审判席上的人,出气的机会不多,说话的机会更少。华人能忍则忍了,北非人和黑人则穷也要穷出个道理。加上越穷越出不了高招,除了捣乱,好像没有其他存在方式。

电视在几天之中将全世界的眼球拉到任何旅游书都不会讲到的地方,好似魔术盒一下子翻倒。其实对巴黎人来说,圣德尼斯只是出城高速路通畅时几分钟的闪回。穷区的命都是差不多的,没有森林,夹在高速与环线之间。城市将它不可避免的丑,扔在了这里,好像漂亮的沙龙壁炉总要有个出下脚料的地方。有些地方的命运就像被百年大锁锁定了,当年巴黎公社数以万计的尸体,既没有填平那沟壑,也未能真正打开那把锁。穷区依旧是穷区,只不过一部分人走了,另一部分人又住进去,如此绵延着。

不到法国不知道,郊区(当然不是指富人住的西郊)就意味着城里人享受的优雅被距离切断了,像事发的北郊林下克里希这地方,公交都没有。主流社会成天说你必须尽快跟我们一样,言下是容不得不一样,是有一些聪明且有运气的人挣脱出来了,但到最后黑皮、黄皮总是脱不掉的。以致到了第二、第三代,法律上是法国人,民间照样不认。城里富人区情愿向政府付罚金,也不愿割出一丁点地皮让这些人住进来。活是要他们干的,平时却最好看不见他们。近年经济增长停滞,最倒霉的自然是那些最后挤进这个社会的人。再说这些人身后屈辱的历史,也不是换了护照就能抹去的。

穷人,或者只是来自穷国,难免会被按在冷板凳上,有时凭长相或姓氏,就已经是半个"坏人"。比如忘带身份证,若被警察抓到,不分青红皂白,先关四小时,你一句理没有,这叫法律;找工作、租房子,一报所住区域,对方就再也没音讯了。政治家"机会均等"的口号,落到民间,像滴水入沙漠中,上百年种族优越的宣传早已在民间固成一张无形大网,让任何理想成为水漂。

九十年代初写实电影最红的时候,我看过一部在戛纳大爆冷门的故事片《仇恨》,那部郊区青年与警察暴力的片子,让法国人意识到社会的癌症长在了哪里。然而十五年来再华丽的辞藻都治不好现实的癌,那毕竟只是中产阶级出城堵车时才会多瞥几眼的地方。

　　我其实不想搅入穷和富的争论,穷人须同情而非侮辱。何况同情并非赞美,那是两个概念,混淆不得。说实话我也很少出到巴黎环线以外,偶尔去一次,几乎回回脑袋里跳出这句话:两个世界。但真还就有这么多人被扔在了那里,像人生终点站一样看不出还有什么出口,因为封堵的大门是无形的。挤出去的人会忘掉那里,挤不出去的人就死在那里,无声无息。法国大革命三字诀,平等、博爱只是花边,自由才是内容,这烫手的宝贝握在强者手里是武器,落在弱者手里是永远越不过的陷阱。

　　记得我只去过两次北郊圣德尼斯,那还是地铁终点站通得到的圣德尼斯,但出地铁后还是受到穷的震撼;去东北边的美丽城,一出地铁也像换了人生布景,一个小时的地铁有如十小时的飞行。遗弃中的残破悬挂在每一片斑驳的油漆上,柏油路面和水泥墙壁上的污迹似乎不是来自雨水而是人的胃液,粘粘的,冲洗不去。人群,红着眼睛带着一丝躲闪的人群,在巨大而人工的背景下行走着,仿佛丑角走上没有掌声的舞台,幕布上所有的奢华都失去了颜色。味道,来自东方的味道,从每一扇麻木的门脸里渗出来,浓或淡的,荆棘一般牵拉着行人的脚步。满,人和货满满地堆积着,每平方米都带着化不开的铜臭,越堆越高,好像为了防止愁苦从不经意的地方溢出来。直要等到天空落下雨滴,冰冷地砸在皮肤上,那颜色与味道的喜剧才收场,留下灰色的、谎言收不走的、漫长的冬季。

　　那是闷鼓一样的震动,说不出的,我时常在这时候怀疑"进步"

那美丽的安排,质疑富裕的金字塔是否就是需要垫背的穷人。两百年富得流油的资本主义,最终也未能让穷人挪挪地盘,不管多少逻辑,总有说不过去的地方。难道真是命里注定?抑或只是惩罚?

罪与罚,陀思妥耶夫斯基式的。

有什么东西在这里霉变了,所有的努力化成这大块、青黄的水泥,未有一刻将木偶们带离他们的舞台。我们会找到最贴切的名词,将这一切在一把火以后再度收好,那是我们自己的谎言,漂亮的、贴着金箔的,可以谱上音乐的,在有些地方叫哀怨的幕间曲,在有些地方叫生活的悲剧,像卡鲁索的歌喉,撕扯着心门远远地飘过来,又像运气一样再飘走。

历史书只在翻开来的时候有一点牵拉神经的作用,一旦合上,人都是健忘的。

况且,不幸者的眼泪是流不进去的。

【微评】种族之间的冲突,在经济发展差距越来越大的今天,变成了当今世界不可不关注的一个大问题,不知道若干年或者若干世纪后的人们会怎样看待我们这样一个五光十色又怒火中烧的时代。

谈瀛洲

花为什么开

《五灯会元·七佛·释迦牟尼佛》载有这么个故事:"世尊于灵山会上,拈花示众,是时众皆默然,唯迦叶尊者破颜微笑。世尊曰:'吾有正法眼藏,涅槃妙心,实相无相,微妙法门,不立文字,教外别传,付嘱摩诃迦叶。'"它常被称作禅宗第一公案,其意在说明佛法不必通过文字,也可以通过以心会心,从一人传到另一人。

但我觉得这故事另有深意。因为世尊为什么拈的是花,而不是,比如说,一片叶子,或者是,一根枝条,甚至是,一块瓦砾呢?世尊是否在暗示,生命虽然短暂,却有其美丽与灿烂的瞬间呢?这种美的存在虽然短暂,但它毕竟存在过啊。

还有,世尊为什么是微笑,而不是颦蹙,乃至流泪呢?这难道不是因为他觉得正因为有这样的美,生命也自有其快乐,而不是只有悲苦与丑恶呢?

关于佛教,我们常常只听说它对生命的消极看法,比如被视作它的基本教义之一的苦谛,即人生充满生、老、病、死、爱别离、怨憎会、求不得和五阴盛等众苦,但它其实也有对生命的积极看法。即便《阿弥陀经》中所写的极乐世界,也需要花的装饰:"极乐国土有七宝池……池中莲花,大如车轮,青色青光,黄色黄光,赤色赤光,白色白光,微妙香洁……昼夜六时,雨天曼陀罗花。"佛经里提到花的地方非常多,我这里只不过抄录其中一种提到花的一些字句。

女儿曾经考过我,植物为什么要开花。我说:"那是为了追求自我实现。"她说:"生物老师不是这样说的!"

我也知道生物老师肯定不是这样说的。生物老师和所有科学家都会说,植物开花是为了用艳丽的颜色和芬芳的气味,吸引昆虫来采蜜或食用花粉,顺便也为它们传粉,它们就可以结籽繁殖。

这是个完全实用主义的解释。

只有跟花盘桓得久了,才会有跟科学家和生物老师不同的看法——为什么就不能把植物的开花,理解为它是在让自己的生命有一次灿烂的迸发,仅此而已,没有其他呢?

我所种过的最大、最美的花,比如重瓣茶花、牡丹、芍药、月季、石榴、碧桃,都很少结籽结实,而且即便结籽结实,种子也不能用于繁殖,用于繁殖也会导致品种的衰退。它们长出的植株,很少再能开出同样硕大美丽的花来。

也许你会说,这些都是园艺品种,是人工培育出来的,和在自然界中的品种不同。但是,如果这些植物中本来不含有开出硕大美丽繁复但是不育的花朵的可能性,人类又怎么可能把它们培育成那样呢?

在我写这篇文章的时候,在夏日的阳台上,我的一盆橙色复瓣扶桑正在开放。这株原本来自热带的植物只有三四十公分高,却每天要开出五六朵牡丹大小的复瓣大花,一朵花只开一天,第二天又开新的。这是对自身能量何等的挥霍!

但这样的挥霍只是为了美。它开过的花第二天就萎缩,第三四天就枯干、掉落,根本没有任何实用的目的。

只有那些"低级"的花,也就是小花、单瓣花,开花才主要是为了结籽结实。而这样的花,通常都会受到种花者的轻视。

对于种花,我是一个唯美主义者——

我只爱那些为了开花而开花的花。

【微评】这不是一篇科普文章,作者借助于开花一事表达自己的生命态度。虽然老师经常让小朋友们赞美小花小草,但作者偏爱为开花而开花的花(有点拗口),如此任性的表达实在是很让人钦佩。

曹明华

嫉 妒 心

曾有"东方式嫉妒"和"西方式嫉妒"之争,我曾在《世纪末在美国》一书中写过自己的观察。其实,人类的嫉妒心只有一种。

因为本质相同,无论东方人还是西方人,放在同一环境下,表露便基本一致。

黑猩猩也有嫉妒心。

对于嫉妒心的批判和声讨,或者道德规劝性的开导已所见不少,它们都有一定道理。

这里,我只想看一看进化学家眼中的嫉妒——关于嫉妒心的起源和功效——在漫长的人类进化史上,嫉妒心是如何对人类生存和种的繁衍作出某些贡献的。

首先,"嫉妒"这两个古老的汉字带有"女"字旁,这倒与当代西方进化学家有关嫉妒的第一个注释不谋而合,即:

最最强烈的嫉妒心与女人有关,或与男女关系有关。

它像一道刺耳的警铃!维护着基因那黑暗一面的逻辑……

当你看到你心爱的人与别人调情,因嫉妒而生的强烈的绞痛感会促使你有所行动。

因为直到不久以前，人类祖先们的生命都是冒险般地短促。我们的祖先往往都未曾获得过第二次机会向他们的配偶求爱。

那些高度警惕地维护住了他们配偶的关系（防范了现实中的和想象中的"性入侵者"），他们才最终得以成为我们的祖先。

而那些疏忽大度的，也许逐渐被一代又一代的遗传基因库所淘汰，时至今日，他们很可能已不再是我们中任何人的祖先。

于是他们不嫉妒的良好品性并没有能够被完好地遗传下来。

反而是嫉妒，作为对"不忠"的敏感探测系统，在一代又一代的生存竞争中，被深深地筑入了我们的遗传密码……

进化学家认为，有两种极其深刻的嫉妒：丈夫对妻子肉体不忠的嫉妒和妻子对丈夫情感不忠的嫉妒。

因为一个肉体不忠的妻子，可能会导致她丈夫的基因就此无法延续。而一个肉体不忠的丈夫，还不至于对女人造成如此深重的威胁。

又因为远古以来，男人担当着使生命赖以存活的生存资源的提供：打猎、野外的劳作，等等。男人对于真正投入情感的女人，可能会转移走相当大一部分生存资源，这对妻子来说，威胁可能要高于丈夫对她单纯的肉体不忠。

当时间跨入现代，我们的躯体我们的头脑，仍承袭了千万代生存下来的强悍者和觅偶的成功者的遗产。当然，人类的生存和进化史绝不是一首诗。

嫉妒心，它的运作，往往在潜意识层面进行。

假如一个人认为，他/她将再也找不到比目前的心上人更好的异性了,那他/她的嫉妒心会格外强烈。

假如一个人心存自卑,具有严重的不安全感,那他/她会因嫉妒而深受伤害……

而适度的妒忌,可以是对亲密关系的一种不乏激情的关怀。它将不会随着人类生存和繁衍境况的改善,和人类道德水准的提升而消失——进化学家这样预测。

进化学家关于嫉妒的第二个注释是:

嫉妒心还与维护公正有关。

它演化于远古时期,我们祖先的生存环境中一个合乎情理的动机:对于"公正"监督的冲动,是作为自我保护的一种方式。

这种最原始的嫉妒心令你产生不舒服感,它的功能之一是:探测那些"搭免费公车"的人,或那些贡献比你少、攫取却比你多的人。

因为在我们祖先的环境中,是不存在对其中每一个成员都有像我们今天这样明确的工作职称和职务定义的。

每个人能力的不同、自觉自愿付出的程度不同,以及酬劳获取时模糊不清的规则,所可能引起的不平之心,这并不是一个单纯的心理问题。它直接关系到我们祖先在那苛刻的生存环境中,是否增加或减低他/她的生存几率。这是一个严酷的命题。

进化学家认为,在我们祖先"打猎、采集"的原始时代,对于食物份额的分配,在这样一个最基本的、攸关存活的问题上,也许提供了我们人类社会道德原则发展和进化的最初操练场。

在背后窃窃私语(这种不太良好的习惯),谁得多少、谁没有得到应有的份额,和谁值得领受什么样的份额……这些夹杂着个人的不平和嫉妒心的闲言碎语，也许恰恰催助了"公正"这一抽象概念在人类历史上的诞生，并从此唤醒了一个属于人类这一社会性动物的、极为复杂的分配机制和体系的演化、再演化……

多少年过去了，人类社会的规模、形式、距离等等都发生了翻天覆地的变化，但史前的"基因情结"却还或多或少地占据着我们本能的位置。

在我们祖先的生存环境中所演绎出来的、让基因具有生存优势的规则，最适用于一个小规模的封闭式的群体生存。这种于"公平"维护的企图心往往来自比较。那么，这就取决于他/她将眼界设在什么样的比较范围。眼界愈窄，他/她的嫉妒心便愈容易强。于是，愈是没有见过世面，或没见过什么大的世面的人，他/她愈承袭了我们祖先小范围内比较的"基因情结"，愈容易为一些琐事而心生嫉妒。而对人类社会生活和人类历史看得愈多，愈印证了著名的美国律师 Clarence Darrow 的那句名言："其实，并不存在'公正'这样一件东西——无论在法庭内还是在法庭外。"当然，他指的是绝对意义上的公正，在这个世界上是不存在的。

伊丽莎白·泰勒和玛丽莲·梦露是二十世纪好莱坞最红的两位女星。最近一次偶然的机会，我才第一次观赏了两位巨星的影片：泰勒的《青楼艳妓》和梦露的《如何嫁给一个百万富翁》。我不由得惊讶地发现，人是最怕比较的：她俩的天资或表演，明显地逊色于同台的女角。那么从理论上推断，天资或表演要优于这两位名声大噪的巨星的，应该是最可能对她们产生嫉妒心的。一般来说，人们对身边可比较的、天资或努力并不及自己的人，却获得了大大超于自己的社会性奖励,是最易心生嫉妒的。因为,这违反了"公正"的法则。

但是,还有一种"基因情结",将我们祖先对"公正"的朴素追求发挥到一个极端的水平。他们可以对整个宇宙的绝对秩序表示不满——怨恨上帝的不公平:为什么他们生来没有别人富有,没有别人聪明,没有别人漂亮,没有别人有"机会"?

于是他们嫉妒。

在现代生活中,嫉妒心的功用有时候很像机体的众多免疫功能中的一种:它会发炎,发炎时会很令人不快,会肿痛、会流脓……但完全不会发炎的机体,又往往缺了自我防御的机制。当然,有时候机体会不恰如其分地"过敏"性发炎。

一个规律是:当主体愈健康,这种"免疫"功能的行使和表现也往往愈健康有效。

不然,为什么会有那么多失调的免疫功能——如"自身免疫疾病"等等。这也有如嫉妒心的褊狭使用。

但是,假如大众都完全没有嫉妒心,都一心一意地忠诚和奉献,那么骗子会更猖狂,私欲膨胀者会更攫取,病态而又掌控权力者会更如鱼得水。

其实,现代管理,不也是在某种程度上利用了这种人与人之间在一定范围内的嫉妒心的互相牵制吗?小到一个公司、团体,大到一个地区、或一个国家的管理。

【微评】我喜欢这些翻案的文字,让我们可以看到人类理性以为"理所当然"的思想与观念的另一面。文明有时就是在反抗中前进的。

胡晓明　张　玲

什么是真正的人格成长?
——关于林森浩案的心理学与人文教育对话

编者按： 十年前，震惊社会的马加爵案发生，华东师范大学教古典文学的胡晓明教授与教心理健康的张玲博士，有感而发，从人文教育与心理成长的综合角度，诊难释疑，提出了"如何防止坏根的教育，如何预防精神世界的空心化、沙漠化、恶质化，如何守住绿意葱茏的精神成人天地"的思考(《春者，天之本怀也》，刊于2004年4月2日文汇报"笔会")。十年后，林森浩案又一次震动社会各界。马案与林案，有没有共同性与延续性？又有什么特殊性？胡晓明与张玲再次以各自的专业修养和为人师的不忍之心，长篇对话，深入探讨什么是真正的人格成长，并痛切地向全社会发出呼吁：从小学开始，教育必须从知识本位转向育人本位了！

胡晓明： 同是大学生行为极端化与心理恶质化的罪案，马加爵与林森浩手段都非常恶劣，社会影响极坏。你觉得他们有什么不同？

张玲：与马加爵相比，对林森浩这个人，我的感觉更复杂：又痛恨，又惋惜。痛恨的是，他对身边朝夕相处的同学投毒，在接下来十多天里，他与受害者及其家人多次互动，却镇定自若，守口如瓶。公审和宣判时，他毫无表情，甚至都不看一眼自己的父母，冷漠得不可思议。他还为黄洋做B超，查出一切正常，我不知道作为医生，他这算不算渎职？我之所以惋惜，不是因为他是"学霸"或可能的科研天才，而是我在他的身上，分明看到他有良善的根芽和表现，有面对自己缺点的勇气和自我良善化的努力。在网络里，他非常开放地暴露自己的弱点，尤其是异性交往方面的挫败感，并能以自嘲的方式处理。他承认投毒是卑鄙的行为，并且也愿意承担接下来的一切惩罚。所有这些，都让人感到他的身上似乎还有一点积极因素。这些都是我为他感到惋惜的地方。

胡晓明：最令人迷惑的是作案动机，分析各种结论，似乎都不合情理。他一直坚持投毒只是玩笑，从法律的角度，最不能认可的就是"玩笑说"。采访过林的董倩说难以判断林的回答真不真实。

张玲：我一开始也不能接受"玩笑说"。一个医生用投毒来开玩笑？玩笑开到进重症监护室还不说破？这样的"国际玩笑"简直是在愚弄公众的智商！分明是借口，甚至狡辩，推脱罪责！但是，当我仔细看完了所有材料，我倒是有疑问了：他撒谎么？一个最明显的细节是：当他知道黄洋死讯时，他头脑"嘭"一声，完全空白！这在他的所有表述中，是一个非常具有感情色彩的词，可见这对他的震动之大。在这之前，他还想着他们的谅解！他讲他的实验结果，鼠死的是少数，绝大多数都活下来了，而且经过自我修复，活得更生龙活虎。我还注意到的另一个细节是：他频繁上网查他所用药物的资料，是在投毒后几天，而不是投毒前，而且他说是为了寻找心理安慰。这些隐隐约约的信息，似乎又与林森浩蓄谋已久想让黄洋死相矛盾，而且，纵观他犯罪前后的所有资料，我觉得林森浩的自我陈述中有更深层的信息，我们不应简单地认作借口或狡辩，置之不理。

胡晓明：对呀，我们关心的就是这个深层信息。在回答央视记者时，他反复说他知道他矛盾，但他解释不了。自己解释不了，这其实是一种吁求，是向社会求助。虽然，从法律的角度来说，已经晚了；但是，从全社会都有责任来帮他破解他的生命的疑难角度，并不晚。

张玲：是的，如果真的是一个人不想杀人，但又漫不经心地置人于死地，这样的犯罪动机更是一个值得破解的谜！"没有充足理由的残酷"，对现代社会具有更现实的研究价值！

对于此类案件，社会已有共识，一定与他的心理健康有关，但讲来讲去，大家似乎也就是停留于情绪调节的问题、社会适应的障碍等，然而这只是心理健康的表层指标。思维模式、社会认知与整合的自我等，是心理健康更深层的根源。我们常说，悲剧的命运来自悲剧的性格，其实，悲剧的性格背后，分明有悲剧的认知魔影在晃动。

胡晓明：林把他的犯罪归为："思维直，不会拐弯"，那他还是说到关键点了。不少人将他的思维直，归结为缺少人文教育。我们在谈马加爵案时，也特别强调了这方面的社会与教育问题。然而，我们没有来得及谈到一些更深层的问题，那个定点的靶位没有找到。

张玲：我所说的悲剧的思维方式，是从社会认知的角度来说的。

许多一般认知上的天才都是社会认知上的低智者。林森浩正是这样的典型。他的社会认知存在许多致命的缺陷。我相信,在力图解释自己的行为时,他是真实地面对了自己,只不过,这是一个有着严重认知障碍的非理性的自我。所以,他越是执著地坚持自己的行为逻辑,离现实的理性便越远。而且他对这一遥远的距离缺乏自知力。这便是他的矛盾所在。

一方面,他的思维模式具有非常明显的自我服务的选择过滤性。它会随意地放大和缩小现实。符合自己意愿的材料,他无限放大,甚至成为唯一;反之,则筛掉视而不见。他看到的是他想看的。譬如,《牯岭街少年杀人案》这个电影,分明是讲台湾戒严时期的社会苦闷,肯定不是为了表彰那个杀人的少年,但他断章取义,不顾复杂的背景和整体的逻辑,仅仅抓住片段、直接的意气甚至戾气,为自己所用:有种、大赞!出来混,就别怕死。这种思维的选择性会使他看不到许多基本事实,就像他的父亲,到庭审之后还不承认儿子的杀人事实一样!

这种选择性加上他的成长背景,日久天长就形成他思维的第二个特点:消极、负面、偏激、狭隘、主观、远离基本事实。在他的头脑中充满许多似是而非、以偏概全、扭曲变形甚至带一定的社会攻击性的虚拟陈述。

第三,这种虚构陈述的自我逻辑化,最终导致他的思维极端地自我中心,很少有他人意识,不会设身处地地换位思考,移情能力极低。正如同学的描述:他完全生活在自我之中。在网上与人聊天,他会突然下线;到隔壁串门,他会一言不发、转背就走;合唱时,抱话筒一人狂唱大吼，导致团体惨败；对待女朋友，他的要求是"帮我做实验，陪我上自习，但我要独立思考时别烦我"，明显是"招之即来、挥之即去"。这种思维发展到极致便是做事缺乏底线，甚至连"不能伤害别人身体"这样的底线意识都没有。也许这样一种缺乏他人意识的思维方式，使他对凡涉及他人的事情，都漫不经心、心不在焉、懒得多想。这样做出的事当然"不顾后果"了。

胡晓明：正是以上思维缺陷，导致他自以为是的逻辑："我只是想整整他，没想到他死。"在他的头脑中，科研世界与现实生活世界隐然打成两截，相互分离。"死亡""中毒"更多的，只是实验室里一堆冷冰冰的数据，是一只微不足道的小白鼠，在他采集超声检查数据前的一个人为实验步骤，而不是天人永隔的人间惨剧！

张玲：最关键的是，他对自我虚拟世界与真实生活世界的隔绝，并不自知。他坚持他的行为逻辑，却不知道这套逻辑是多么远离常识。也许，只在那"嘭"的一声时，他的真实世界与他的虚拟世界，才打了一个短暂的照面。只可惜，这"嘭"的一声，来得太晚！也太短！"嘭的一声后，你想什么？""一片空白，什么也不想了，因为都没用了！"本来在"嘭"的这一声里，两个世界打通，他可以看到更多的东西。

胡晓明：除了思维方式有深层密码，人格特质也有密码。大家都注意到林的人格分裂。我有一个简单的直觉：他其实是自己跟自己纠结的一个人。怎么说呢？他是一个"很不快乐"而又颇有力量的人，两方面彼此强化，发展成一套对自己没有办法的自我冲突的人格。他的"不快乐"，原因不是他的父母亲身体不好，年事已高，或经济拮据,这些,他并不太在意。也不是自己的工作和学业的原因,他其实有很多理由快乐起来的,譬如他已经找到了工作,这是大学生、研究生最烦心的事;他的论文发表数大大超过了学校的要求,发表论文是研究生们最焦虑的事。他也有很多同龄人所没有的权力与地位:学生会的副主席、学术部长。但是他相当不快乐。一个表面的原因是他没有女朋友。他一直在异性交往这件事情上,反复受挫。而反复受挫,是负能量不断累积的过程。表面上看起来是"女朋友",但这只是符码,背后是一大病灶。心理学的事情,是所谓"一波才动万波随"。人心如海,海面上的每一沤波,其实都与大海深处的动力有关。

张玲:没有"女朋友"的他,在另一方面,却一直是成功者。他在学业上的成功,从小学到大学到研究生,足以令他昂首四顾、顾盼自雄。他说学习上他还没有觉得什么是难的。然而偏偏在交女朋友这件事情上,他遇到不可克服的难。这正是从一个表面的现象,透出了大海深处的动力:一方面是智力与学习上的战无不胜与能量强大,一方面是异性交往方面的自卑渺小、无力无助,这里就有莫名的躁动、混乱、无序与身心的不能安顿,其中积聚着越来越强的破坏性的动力。

这时候,他搬了宿舍,和黄洋住在一起。黄洋人缘好,交际能力强,随和、亲近、悦纳,与林森浩形成鲜明的对比,使林相形见绌,林的挫败感和自卑感被强化。更何况,黄洋说话略带骄傲,会无顾忌地调侃别人,这也可能在不经意中刺伤林本来就极脆弱的自尊心。他们同住半年后,林在网络里,变得越发冲动,越发富有攻击性。他的自我纠结的破坏性力量慢慢地在转变方向和寻找外向的出口。

胡晓明：如果将"交女友"理解为一种生命的符码，他其实是需要一种阴柔祥和的生命状态。正如他自己说的，弯与曲的思维。他不快乐是因为他的生命状态从小到大，一线单行，根本上是缺失了喜气、满足、悦纳、安详的心态。而一线单行，更遮蔽了这种缺失。没有"女友"的他，不仅使其需求一直得不到满足，而且由于他的"直"，更强化了他的生命的缺陷。用中医的话来说，只是一个"顽阳"，即绝对的"阳"。一直是硬碰硬的、光秃秃的、线条僵直棱角分明的，而他的从小学到大学研究生的单一应试教育路线，一路成功，反而更锐化了他的"顽阳"状态。

"顽阳"的状态什么时候很容易发展成"阴刚"的人格呢？就是当他遭遇到黄洋的时候。黄洋是一个阳光、阳柔的生命，这都是林森浩那阴刚的人格特质所缺乏的。所以林要通过整黄，消灭黄，来成全自己阴刚人格的正当性。

张玲：除了从中医哲学的角度来看之外，从现代心理健康的角度来说，我可以将他的人格特质解读为"自我破碎化"。一个健全的人格，到了青春期，都面临一个重要的心理任务，即自我同一性的寻求与确认。这一任务完成的顺利与否，将形成四种不同的自我同一性状态：自我同一性的延迟、早闭、迷失、完成。前三种，都是不健康的，只有自我同一性的完成，是最终最理想的状态：经过了寻求，也找对了方向。中国教育的最大问题是这方面没有着力。青春期，全部精力放在成绩和考试上。可以说，绝大部分的人寻求都是延迟的。比如林说自己，光顾学习，只读理科书，不读文学经典，也不看成长片,导致不懂为人处世,不谙人情世故。凡此种种,是典型的人格发育延迟成熟。又因为我们的教育不鼓励独立和自主,所以,同一性"早闭"也很普遍。其实有多少孩子,皆未能经由自己独立的寻求和尝试,仅仅遵循社会潮流或父母老师的意愿,就盲目地确立了自己的目标。比如林服从父亲的安排读医,导致他头一年半浑浑噩噩,感受不到"医学神圣",有时恨这个专业。"迷失"是什么?确立人格同一性的过程中,把一些具有一定的反社会的能量与原则,作为立身处世之道。为了成功,不择手段。比如林对社会的敌意和偏激评价,与人交往中的锱铢必较和记仇,以及过于极端的报复等等。

所以,他一边讲医乃仁术,一边在投毒;一边无偿献血,捐款救灾,一边为区区水费计较;一边悲天悯人,一边小肚鸡肠,嫉妒报复。就是在与自己的战争中,走向了不归路。

胡晓明:上次谈马加爵案时的观点,很多都要再一次谈:譬如如何改变功利取向的社会强势,盲目趋新趋智的文化崇尚,成长的单面化,越来越稀薄的人文空气等。在这过程中,教育的作用是极大的。首先是到了大学再来抓,已经太晚了;其次,当今大学的本质是忽略生命成长教育的,大学教授不做生命导师(也根本做不了生命导师),心理健康中心管心理障碍。仁义礼智信,孝、敬、让、自尊而尊人、以他人为重的传统礼则,与沟通、协调、同情、宽容、妥协、悦纳等现代价值,都没有真正落实到教育的脉络中。谁来真正关心大学生的灵魂发育与人格成熟问题?我多年以来真切体会到,文学、电影、戏剧,包含着太丰富多样、又深细又宏大的人格与生命的深层密码信息,本来,我们的大学生们,可以在其中解读、吸收、反省,化而为成长的资源。可是这些,在校园里都没有发生。文学的课堂无关身心大局,学生手机里电脑里只是八卦、搞笑与青春期替代性满足,大学生18到22岁最需要的东西,当今大学里往往没有给他们。眼看世界大学教育的潮流与趋势,越来越从道德与人格的完善,改变而为所谓"追求卓越",而这个卓越不过只是一些学术市场的指标而已。

张玲:是的,要避免下一个马加爵、林森浩,全社会都应及时地、清醒地意识到:重点不是大学,而是小学、小学!依我之见,中国教育最大的问题在这里,应尽快将教育从知识本位转向育人本位!

美国的小学教育,没有知识学习的太多要求,但育人目标却非常明确和严格。礼貌、友善、分享、守规则、环保、自由但不妨害他人,宽容与饶恕等等,是最看重的育人目标。他们的学生守则非常具体:靠右行走,为别人开门等。而且,一旦写出来,就一定执行。

联系林森浩的思维缺陷,特别值得一提的是"说理教育课",主要关注学生合理思维方式的建立,关注个人理性与公共理性的培养。从小学一年级开始,直至大学,循序渐进,每年都有不同的目标。比如四年级:能够区分"事实"与"观点","原因"与"结果";七年级:进行"说理评估",即评估论据是否适当,有无偏见和成见;八年级:注意思维的统一性、连贯性、逻辑以及内部的一致性和结构;九到十年级:评估在说理中是否有对方意识,防止"说理谬误",如自我中心、过分简单化、虚假两分法、虚假公理、树假想敌、自我合理化、防御性认知等等。我想,如果林森浩经过这样系统而全面的思维训练,不说他能完全走出他的思维误区，至少他会对自己思维的非理性有起码的自知力。

【微评】一个震惊全国的高校投毒案，因为身份的特殊而引起社会的关注，而本文的作者们并不停留在简单的新闻性上，而是深刻剖析了这样一种"没有充足理由的残酷"背后更深层次的社会文化、人格心理方面的问题，发语警哲，耐人深思。

周　毅

好老师（后记）

遇到好老师，是人一辈子的福分。还记得黄永玉先生的一个比喻，说，小学老师的恩情是奶，中学老师的恩情是粮。虽然有区分，可都是能入人血脉的东西。

在"笔会"创刊60周年的研讨会上，就曾有嘉宾对"笔会"的文章给出了"纯正"的评价，他说，"笔会"的文章，最适合学生看，最适合成长期内的年轻人，让他们养成对"纯正汉语写作"的概念。

这真是很高的评价了。虽然，"笔会"的编辑原则中从来没有以高中生为特别读者对象、以语文教育为潜在原则，但一直有一些优秀的语文老师在阅读、推广和推荐"笔会"文章，并多次入选各地中考、高考试卷。还记得一次偶然听说，骆玉明老师在"笔会"上的一篇文章《司马迁，生与死的话题》，复旦附中的黄玉峰老师向学生推荐，让他们发表各自的看法，结果引起热烈的讨论。那时，我心头是一下生起对那些学生的羡慕的，他们被多么平等、认真地对待，黄老师是在与他们分享他的精神世界啊！同时也感受到黄老师拥有一种"得天下英才而教之"的广大和幸福。能在年轻的心灵土壤中播下种子，是幸福。

转眼今年"笔会"70周年了，还是想编文集纪念一下，又想与我们平时编的有些不一样，尝试引进一点"他者"的眼光。其中，我们想特邀一位好老师，来编一本以年轻人为读者对象的选本。这次我们邀请了年轻的郑朝晖。

郑老师是寒假中被我们一个电话急匆匆招呼来的。如此不"生分"，是因为有人向我们介绍他喜欢读"笔会"。见到的郑老师，是一位儒雅的人，他说他愿意试一试。

我们给他快递了"笔会"最近十年的年选本。两个月后，收到他的选目。并且，他给每一篇文章都信笔写下一小段"读后"。看这些短语的时候，我是被感动到了。他读得细，关键是，他读得"真"。他没有我们因对作者情感牵连而有的条条框框，也显示了比我们更多的对年轻人的了解和关爱；他只对文章不对人，毫不回避地选了某些作者好几篇文章（虽然后来鉴于篇幅，还是一人一篇），他也可以直截了当地说：在诸多怀念巴金的文章里，我很喜欢这一篇。

我看到这些文章在他的阅读下，焕发了新的生命。

现在，这个选本已经在您面前了。这是一个青春人文读本，它不关乎应试，不关乎课堂教育，它关乎青春人文心灵的养成。这就是一个好老师的超越之处了。他会关心考试之外的一些东西，而这种关心，会在以后更长久的岁月中显示出支持的力量。

谢谢好老师！

图书在版编目（CIP）数据

把信写给埃米莉/郑朝晖编.—上海：文汇出版社，2016.8
　ISBN 978-7-5496-1806-4

　Ⅰ.①把…　Ⅱ.①郑…　Ⅲ.①散文集—中国—当代
Ⅳ.①I267

中国版本图书馆CIP数据核字（2016）第170049号

[青春人文读本]
把信写给埃米莉

原　　编/周　毅　舒　明　潘向黎　陆　灏　谢　娟　吴东昆
特约选编/郑朝晖
封面作画/冷冰川
责任编辑/何　璟
装帧设计/周　晨

出版发行/文汇出版社
　　　　　上海市威海路755号
　　　　　（邮政编码200041）
经　　销/全国新华书店
排　　版/南京展望文化发展有限公司
印刷装订/上海雅昌艺术印刷有限公司
版　　次/2016年8月第1版
印　　次/2016年8月第1次印刷
开　　本/890×1240　1/32
字　　数/220千字
印　　张/11

ISBN 978-7-5496-1806-4
定　　价/39.00元